人物誌 03

神的故事

【星佑 著】

好讀出版

作者序

在這本書的一開始，要跟讀者分享的是，這本書並不如大家想像中道教的嚴肅、無聊，它跟其它道教經書並不相同，它的取向是較文學性、故事性，如一般的短篇故事集，只是對象是我們轉化成道教中神仙人物，之中有許多是我們認識但卻不熟悉，諸如保生大帝、八仙、三太子李哪吒等之類，本書將他們發生的故事與民間信仰重新編寫而出，藉之讓眾人了解道教世界的故事。

相信大多數人小時後曾有過這樣的經驗，每到農曆的某個節日，媽媽會拉著你的小手，穿梭在擁擠的人群中，四周雲煙裊裊的飄送，當時你的心底想的卻是，旁邊攤子上各式各樣的新奇玩具跟好吃的食物，這時若不識相的吵著要買東買西，通常換來的是一頓挨罵聲，所以只好依依不捨的告別它們，跟著媽媽繼續前進，來到一間門口雕滿著龍虎的廟宇。再往裡面走，眼前可以看到幾尊栩栩如生的人像，此時媽媽會忙著點燃手中的香，塞了幾根給你後，要你跟著她向人像鞠躬禮拜，而這樣的經驗隨著歲月，最後藏在我們的記憶中。長大後的我們明白，這樣的活動叫做拜拜，然而爲什麼選擇在那天舉行祭拜？我們從長輩的口中得知，有的是爲了紀念神明的誕生，如台語中常聽到的媽祖生。

有人習以爲常的拜，在每年固定的日子，從事著相同的行爲，但有點好奇心的人可能會問，爲什麼這些人可以成爲神仙並且接受大家的祭拜？那他們是如何成爲神仙的？在他們身上是否發生過動人的故事？這些疑問雖然隨著科技的發達，問的人漸漸變少，不可否認的卻是，我們仍然繼續拜著神，相信著民間的信仰，當然在心中也就曾閃過這些疑問。

而這本書便是收集著自古以來流傳於民間的神仙故事，有的是大家耳熟能詳的關聖帝君關公、媽祖娘娘、文昌帝君、玄天上帝，有的則是較陌生的一些故事，然而不管你是否曾經聽過，不可抹滅的是，這些故事蘊藏著中國幾千年來的民間信仰，陪伴我們的祖先度過多少風風雨雨的困境，讓他們在失望、傷心、難過中，找到繼續生存的意義，因此從閱讀裡，我們便可重新獲得祖先們遺留的精神，認識他們對生活的態度。希望藉由筆者的重新詮釋，同樣的能讓你們有新的意義，陪伴你們快樂的閱讀時光。

目次
Contents

【遠古先秦時代】

【隋唐時代】

【宋明清時代】

遠古先秦

時代

01 世界萬物的始祖——盤古真人

前言

盤古，一位開天闢地的英雄，也是宇宙萬物的始祖，經由他的努力，造化人類世界。而在道教的世界中，盤古的身分由盤古化爲元始天王，或是我們俗稱的元始天尊。

在遠古時代，天地之間尚未分開，就像是一顆雞蛋，宇宙呈現一片虛無的狀態，盤古眞人就是生長在雞蛋的中央，他秉受著陰陽之氣，相傳他自號爲元始天王。盤古在這渾沌的天地間生長，經過了一萬八千年後，有一天，猛然醒來，發現四周均是一片漆黑，他不喜歡這樣的環境，於是左手拿著鑿，右手持著斧頭，用斧劈，或是用鑿開，一陣巨響後天地便分開。天地之間的大氣，清澈的陽氣上升爲天，混濁的陰氣下降爲地，混沌天地從此分開。盤古擁有比天地還神聖的能力，他一天之內可以有多種變化，爲了怕天地又再度合起，他用自己的身體撐住天地，而尚未成年的盤古仍在生長中，他每天長高一丈，於是天就被他撐高一丈，地也長厚一丈，一共經過了四劫，每劫四十一萬年，在這個時候，天數已經非常的高，地數也非常的深，盤古更是長的雄壯無比，因爲盤古的努力，之後才有所謂的三皇出現在世間。

當天地已經定型後，盤古的力氣也隨之耗盡，於是他開始想睡。死後的他身體起了微妙的變化，他的呼吸變成了雲氣，聲音化爲雷霆，左眼爲日，右眼爲月，四肢五體各自成爲四極和五嶽，他的血液變成江河，筋脈變爲地理，肌肉化成田園土地，頭髮鬍鬚成爲星辰，身上皮毛變爲草木，齒骨形成金屬石頭，精髓變爲眞珠美玉，汗流變成了雨水沼澤，一個生氣蓬勃的世界從此誕生，盤古也成爲宇宙萬物的始祖。

這是有關盤古開天闢地的傳說，除了這則故事外，另有一則關於盤古的傳說。傳說盤古住在大羅天的中央，也稱之爲玉京山，山上的宮殿總是散發著一股光芒，那裡鋪滿黃金，有著無數的奇珍異寶。盤古藉著每天呼吸天上的精氣，喝著地上的泉水，因此得以長存而不滅。有天，盤古到地上巡遊之時，遇見由石縫中誕生的太元玉女，一位自稱太元聖母的女子。盤古對太元玉女一見鍾情，便當下跟她歡好起來，又將她帶回天宮居住。就在同時，天地間陰陽二氣也得到化育調和，沒有所謂的熱寒。

盤古每經過一劫，便跟太元聖母歡好一次，逐次地產下子女。首先，生下的是有十三個頭的天皇，俗稱爲「扶桑大帝東王公」，他的法號爲元陽父。後來又生下一個擁有九光的玄女，法號爲太眞西王母。盤古的這兩個子女，男的象徵著始陽之氣，女的則象徵始陰之氣，即是我們所稱呼的「木公」、「金母」。擁有十三頭的天皇經過了三萬六千年後，生下十一頭的地皇，地皇也經過了三萬六千年，生下了九個頭的人皇，我們所熟悉的大庭氏、伏羲氏、神農氏、祝融氏、五龍氏都是他們的後代，而他們分別住在五嶽之上。

延伸閱讀

盤古的故事最早見於三國時代徐整的《三五曆紀》，現存的古籍尚未發現更早的盤古記載，不過在屈原的〈天問〉中，有個類似的英雄人物。道教的元始天尊，其實是以盤古的形象作基礎，兩者均是萬物之始祖。只是在道教的傳說故事中，將兩者事蹟混合而發展出自己的一套傳說，《隋書．經籍志》、《元始上真眾仙記》中，則有記載關於元始天尊或是元始天王的事蹟。在古代的詩人世界，也常提及盤古，他跟女媧似乎象徵著中國始祖的男女代表，兩人在特徵上都是人頭蛇身，像是夫婦一對，會不會中國自稱是龍的傳人，這所謂的龍其實是蛇。現在我國的東南各省邊疆民族，也流傳著類似的傳說，可見這故事相傳之久、影響之遠。

02

統領眾仙女的聖母──西王母

前言

在道教的世界中，西王母是個影響頗深的人物，她賜給后羿仙丹，能夠讓嫦娥奔月，甚至相傳道教始祖之一──張道陵，也曾得過西王母的指點，因而能夠得道成仙，王母在天界的地位崇高，掌管著眾家仙女。

在故事傳說中，西王母是元始天王與太元聖母，以西華至妙之氣所生下的女兒，即是後來我們所俗稱的金母，她在天界的身分，就像是地上皇宮的母后一樣，天界眾家仙女均歸她管理。相傳，西王母住在虛無漂浮的崑崙山上，從古以來，歷代許多的君王都曾派人找尋她，但未曾聽見有人眞正到達。而她所居住的崑崙山上，有座瑤池聖宮，西王母便是住在這座豪華宮殿，在聖宮的庭院中，種滿了各式各樣的神仙藥草，像是傳說中的長生不死藥。聽說這藥草長的粗大無比，同樣的庭院另一處，有個蟠桃園，園中的蟠桃每三千年結一次果，凡人只要吃一顆便可長生不老，吃兩個就可成仙，除了三千年一結的蟠桃外，另有六千、九千年結果一次的蟠桃樹，王母娘娘每年還在三月初三這天，舉行天界的蟠桃盛會，宴請所有的仙人。

雖然很多人想尋找西王母但都失敗了，不過還是有人努力不懈，終於見到西王母。傳說中，西周穆王學會些神通後，曾乘坐八龍之駿晉見西王母，西王母特地設宴款待他，而穆王則獻上白玉、玄璧等珍物，宴會過後西王母邀請穆王共遊仙境，經數日之後穆王才離開聖宮。

在漢武帝時代，也流傳著一個西王母的故事，當時一心求神仙之道的漢武帝，在東郡送的矮仙人口中得知，西王母念武帝的求道之心，便決定在七月七日降臨人間（公元一一〇年）。果真在那年的初七之夜，天空沒有一片雲，震耳雷聲隆隆作響，瞬間一片紫光之色乍現，不久，西王母率領群仙來到皇宮殿前，跟隨她的仙人，分別坐著白虎、麒麟、白鶴而來，仙人身上還散發出一種白色光芒，等到西王母降臨後，眾家仙人便如同來時般的退去。西王母降臨之後，由兩位侍女陪同上殿，面朝向東方而坐，她的容顏絕世，身上穿著黃金之衣，腰佩帶著分景之劍，梳著太華之髻，戴著太眞簪瓔的頭冠，腳下踩著鳳文之鳥，看上去只有三十多歲的樣子。

漢武帝即使身爲帝王之尊，對西王母也十分的恭恭敬敬，武帝率領著東方朔等眾家大臣，跪拜著向聖母請安，這時聖母命令侍女端出七顆蟠桃，準備賜給武帝食用。武帝品嚐仙桃，覺得美味無比，於是偷偷的藏起三枚核桃，想要自己種來吃，沒想到還是被西王母發現。西王母笑笑的對武帝說，你拿那些果實也沒有用，這些蟠桃需要三千年才結果，你等不到結果的那天，武帝聽完後只好哀怨的放棄作罷。

西王母看漢武帝有虔誠的求道之心，便對他說：「你喜好長生不老之道，雖然很好，但你生活的方式過於淫樂，這樣的話是不可能長生的，也就更別想成爲神仙了，我可以將元始天王賜予的口訣傳授給你，若加上你潔身自好，認眞照傳書實踐的話，雖未必能成天仙，至少是個地仙。」說完便駕著仙雲消失在雲端。

延伸閱讀

在中國的神仙世界，西王母被視為天上仙女之首，西王母所住的瑤池聖宮，在後來的神魔小說中也不斷出現，最著名的算是《西遊記》中，孫悟空偷吃蟠桃的故事。《西遊記》中記載，孫悟空曾擔任看守蟠桃的職位，適逢王母宴請眾家仙人，孫悟空發現自己並不在受邀之列，便發火的偷吃蟠桃，還大鬧宴會。除了《西遊記》外，八仙過海的故事跟蟠桃盛宴一事有關。唐代的李白則寫過一首有關瑤池聖宮之歌：

清平調詞

雲想衣裳花想容，
春風拂檻露華濃。
若非群玉山頭見，
會向瑤台月下逢。

宋、瑤池獻壽圖

03 羿射十日與嫦娥奔月

前言

傳說在上古時期，天空共有十個太陽，有次一起出現在天空，人民苦不堪言，最後是由勇猛的射日英雄——「羿」射下太陽，解救這場災難，而羿和她的妻子嫦娥也有段動人的故事。

傳說在堯帝的時代，天上共有十個太陽，他們曾有次全都出現在天上，一時人間到處充滿著酷熱，草木根本無法生長，土地也漸漸開始龜裂，連金屬都像快被融化的樣子，這樣民不聊生的情形，讓當時的君主堯帝非常的頭痛。而這十個太陽，傳說中是東方天帝和月亮女神的兒子，長年住在遙遠的東海，也就是扶桑國，原本在正常的情況下，都是每一個太陽輪流出現，所以人們看見的時候，通常都只有一個太陽。這樣的日復一日，卻讓太陽們厭倦，他們一起討論過後，十個太陽便說好同時間出現在天上，雖然他們十分開心，這一來卻苦了地上的生物，他們無法忍受十個太陽的酷熱，人當然也一樣。愛民的堯帝見到這樣的情形，只有每天向上天祈求，希望能解決這場災害。天界看到這樣的天災，爲天下蒼生的生命著想，便派了神射手羿下凡來，希望給十個太陽一個教訓。

羿剛到人間，便搭起了弓，手中緊握著箭，

咻咻的一聲，打算給十個太陽一個警告，卻沒想到太陽因此一命嗚呼。死後的太陽掉落地上，一瞧原來是隻三腳烏鴉，羿雖發現自己的錯誤，卻也只能繼續射下另外八個太陽。本來他還打算射下第十個，但農民說如果沒有太陽，草木也無法生長，在眾人求情下，才放過最後一個太陽。羿解決問題後，大地恢復生機，草木也得以生長，人民從酷熱中解脫。除了射日的功業外，羿也替人民除去了地上的野獸、妖怪，地上的人民和堯帝都非常感謝他。

雖然羿為人民除害，解救大地，但因他殺害了帝后之子，帝后便罰他與他的妻子嫦娥，永遠留在人間不准回天界，並施法將他們變成了凡人。變成凡人的羿，每天都憂心重重，害怕有天會死去，無法長生不老，後來聽說崑崙山上的西王母擁有長生不死藥，羿便決定尋求靈藥，歷盡了千辛萬苦之後，終於來到崑崙山頂。西王母念他為人民除害有功，所以賜給他兩顆不老藥。在羿回去之前，西王母特別交代了一段話，她說：「這長生不老藥是三千年才結果的神藥，吃了一個之後，便可以長生不死，若是吃了兩個，便有升天的可能，要他千萬記住。」羿聽完後便下山回家。

回到家中的羿，高興的告訴嫦娥這個好消息，並相約在月圓之夜，一起服下仙藥。但嫦娥對於被貶下凡之事耿耿於懷，又聽說了羿與河神之妻宓妃有曖昧關係，便請巫師有黃替她占卜，結果得到一個好卦，獲得信心的嫦娥，便決心一人服下仙藥。她趁著羿尚未回家的月圓之夜，一口吃下所有的仙丹靈藥，不久便覺身體輕飄飄，越升越高，漸漸地朝向天空飛去。飛升的嫦娥原本打算返回天界，卻想到不知道天帝原諒她了沒，抬頭一看，見到皎潔的明月，不知不覺地被吸引，於是決定向月宮奔飛。

回到家的羿，發現妻子不在，仙丹也不翼而飛，才明白嫦娥偷吃了仙丹。這時到了月宮的嫦娥，看見月亮並不像外表想像的美，只有一顆桂樹和長年搗藥的玉兔，便落下傷心的淚來，回頭看見四處找尋自己的羿，更加的難過萬千，卻也不能更改事實，兩個人只能一個在人間，一個在天上，終年遙望彼此。

延伸閱讀

關於嫦娥與羿的故事結局另有一說，傳說在正月十四夜，嫦娥曾派一位童子到羿的住處，跟他交代說，明日十五夜月圓，把米作成丸子狀，放在屋子的西北方，呼喊嫦娥的名字，到時嫦娥便可下凡，羿照此作，夫妻終於倆得以會面。

羿與嫦娥的故事在中國流傳已久，其它延伸而出的故事尚有羿與宓妃、羿與逢蒙的故事，關於羿和嫦娥夫妻更有許多歌頌的詩作，像是唐朝李商隱的詩作〈嫦娥〉，便說到「雲母屏風燭影深，長河漸落曉星沉。嫦娥應悔偷靈藥，碧海青天夜夜心。」可見嫦娥與羿的故事之感動人心，甚至在現代仍是流傳的佳話。不過嫦娥常在詩作中，化身為月亮的她，有時也代表著孤寂，故李白曾有詩作：

「把酒問月」（故人賈淳令予問之）　李白

青天有月來幾時，我今停杯一問之。人攀明月不可得，月行卻與人相隨。
皎如飛鏡臨丹闕，綠煙滅盡清輝發。但見宵從海上來，寧知曉向雲間沒。
白兔擣藥秋復春，嫦娥孤棲與誰鄰。今人不見古時月，今月曾經照古人。
古人今人若流水，共看明月皆如此。唯願當歌對酒時，月光長照金樽裏。

04

八卦始祖——伏羲氏

前言

中國的八卦相傳很早，而觀天地、鳥獸之文以造八卦，通神明之德、萬物之情的伏羲氏，便是相傳創造八卦之人，中國蘊藏八卦之理的是《易經》一書。

盤古開天闢地後，萬物便自生變化，受著天地之氣而演化成各種不同的生物，同時代的人類生活十分純樸，他們懂得利用萬物大地，過著順乎自然的生活，因而能夠十分長壽。

傳說在遠古時，出現了一位統治天下的聖王君主，他的身軀是像龍身的樣子，打他的腹部就會發出雷般的聲音。他的出生有段故事，聽說他的母親，有次經過雷澤的時候，看見地上有個大腳印，覺得好奇並且踩了過去，回家後有了身孕而生下伏羲。伏羲有著超乎一般人的神力，他常常仰視觀察天上的星象和地上的紋路變化，可以便以身體、外在事物作譬喻，藉此原理創造了八卦，用它來通達神明之德和類比萬物之情。八卦的符號是用「—」表示陽，「--」表示陰，用陰陽作基礎，每三爻爲一組稱爲一卦，共有八卦，再以八卦演化出六十四卦。

跟伏羲同時代的人民，並不知道耕作的方法，而是以採野果、打獵的方式生活，於是只要遇到野獸較少的季節便會餓肚子，伏羲看到這樣的情況心裡很不忍心。某一天，他獨自一人到河邊時，看見魚群聚集的盛大面貌，心裡想，若是能找到一套方法將魚捕到，便可以在不能打獵的時候捕魚吃。隔天，在樹下乘涼的伏羲，抬頭仰望樹枝，發現了一隻蜘蛛在結蜘蛛網，結完後便靜靜的在一旁等候，不久一隻飛來的蟲子便掉入陷阱，被網子補住。伏羲便從這裡獲得啓發，按照蜘蛛結網的方式，在河邊作了一樣的網，往河中一撒，等個數分鐘後，拉起網子眞的捕到魚，伏羲將這樣的方式教給人民，人民也就減少挨餓的機會了。

伏羲看到這裡的人民不用煩惱生活的時候，就決定離開到下一個地方，把他學到的生活方式傳播下去。卻在他離開當地不久，村子來了一個妖怪。這妖怪長的一副龍頭馬身的樣子，他在水中製造好幾個漩渦，人民也就無法順利捕魚，更糟糕的是，他會把水溢出原來的河線，沖壞了房屋，甚至有人葬身水禍中。人民即使自覺要戰鬥，但手無縛雞之力的人，怎打得過龍馬，頂多被吃掉罷。

在人民痛不欲生、求救無門之時，伏羲騎著六頭龍，飄然的回來。聽見人民的痛苦、發現村莊滿目瘡痍，心裡痛苦萬分。伏羲來到河邊，打算跟龍馬一決死戰，但說也奇怪，龍馬一看見伏羲，所有的暴戾之氣都消失，變得十分溫順，伏羲也就收伏了龍馬。龍馬在收伏後，又受到伏羲的感召，下定決心彌補過錯，便利用諳水的特長，爲人民疏通河流減少水患。

延伸閱讀

伏羲的傳說有很多不同的源流，有的說他是雷神的義子，也有攀登天梯的傳說，也有說他是木德之帝，死後是木神之官（根據《呂氏春秋》記載）。直到後來的唐代，在西域的敦煌石窟中，仍可發現伏羲和女媧的蛇身交尾的壁畫，可見他影響中國人的觀念很深，在許多觀念上也和道教息息相關。全唐詩中有首詩作提到伏羲製法之事。

瑟　李嶠

伏羲初製法，素女昔傳名。
流水嘉魚躍，叢臺舞鳳驚。
嘉賓飲未極，君子娛俱并。
倘入丘之户，應知由也情。

05 呼風喚雨的赤松子

前言

在中國的境內，左右著雨量的神仙，責任可說十分重大，因爲以農立國的人們，常常因雨量的多寡而影響生產，所以傳說中的雨神赤松子，地位便顯的更加重要。

在我們先祖的時代，人人相信鬼神是無所不在的，萬事萬物都有個神存在，於是山有山神、海有海神，因爲神明越來越多，漸漸地先人們習慣將天地之間的神鬼分成三類，所謂的天神、地祇、人鬼。我們認識的像是日、月、星、風、雨等屬於天神，而社稷、山川、五嶽、四海是地祇，每一個人的祖先便是人鬼，這些都是先人的智慧，於是影響著收成多少的雨量，當然也有所謂的雨神。

然而遠古的時代，什麼時候才開始有雨神？相傳在炎帝、神農的早期遠古時代，並沒有雨神這個職位，甚至也沒有供人祭拜的雨神神祇，人們也從來不用擔心下雨的事。直到某一回，先人們居住的地方，發生前所未有，連續幾年不下雨的大旱災，附近較小的溪河早就乾枯，而連原本水量充沛的大河，也將近枯竭，大地都像快要裂開的樣子，在嚴重缺水下，植物無法生長，人民更是生活艱困，當時的君王十分擔心這樣的情形。君王爲解決這個問題，四處探訪各地賢人，他聽說在深山的遠處，有個人會祈雨之術，打聽清楚祈雨的巫師所在地，君王便盡快地出發前往，準備請他出任雨師一職，相傳這人就是赤松子。

赤松子的模樣長得十分古怪，上身總是穿著草做的領子，下衣則是用皮做成的裙，和一雙總是不穿鞋的腳，和渾身覆蓋黃色的毛衣，極像個野蠻人的樣子。赤松子住在遙遠的深山，每天呼吸大地的氣息，他本來都是自我修練，後來爲了更增進道術修行，於是拜赤眞人南游衡岳爲師。赤松子的生活作息不同常人，他常常服用一種藥散，這藥散能讓人水裡來、火裡去，而能夠毫髮無傷，相傳這項道術他也曾傳授給神農氏。

擁有廣大神通的能力的赤松子，不但可以呼風喚雨，五日便下一場雨，稱爲行雨，十日稱之爲谷雨，十五日爲時雨。而當狂風暴雨之時，赤松子能自由的來去其中，完全不受風雨干擾的樣子，人們曾親眼所見，於是更崇拜他的神力，尊敬他像個聖師一般。

赤松子擁有異於常人的能力，時常乘著仙雲到崑崙山上西王母的瑤池仙宮遊玩，也會乘著風雨，自由自在的來往人間天上，相傳神農的女兒聽說他的神力，便請赤松子收她爲徒，習道於赤松子的她，之後得到赤松子的眞傳，也可來去天上人間，最後消失在雲海之中。

延伸閱讀

在古代的社會階級中，巫師被認為是唯一可以與神鬼溝通的人，他們會施用法術，赤松子擔任的雨巫職位，說的便是這樣的一個古代社會現象。巫師常被賦予擁有特殊能力之人，所謂的法術包含很廣，像是咒語、道符，可以為人民驅禍、治病，甚至祭祀的活動也少不了他們，他們可以占卜吉凶、預測未來，這些人可以說是後來道士的始祖。古人喜歡赤松子的人不少，像是屈原的《楚辭．遠遊》寫到「聞赤松之清丘兮，願承風乎遺則」，張良也說過：「願棄人間事，欲從赤松子遊」這都是先人對赤松子的期盼、追隨的心聲。

06

農業與醫藥之神──神農氏

前言

所謂的炎帝也就是神農氏，他不僅教民種植五穀，也是嚐百草製百藥的人，因爲他在農業和醫藥上的努力，讓人民對於農業與醫藥有顯著的進步。

根據歷史記載，伏羲之後的帝皇便是炎帝，也就是神農氏。相傳他的母親有次經過華陽時，感受到神龍的氣息，於是在姜水河畔生下他。神農長的是牛首人身，擁有異於常人的能力，出生三天之後，便會開口說話，等到第五天，就可以在地上行走，第七天的時候，便長齊了牙齒，成人後的他，更是長成八尺七寸的男人。

爲了農業的發展，神農氏發明了鋤頭、斧頭、耒耜等農業工具，使人民易於農業生產。又知道人民爲了黑夜無法工作而困擾，於是測試了許多的方式，終於找到油性的植物，將它製造成可以燃燒的蠟燭，而且也設置了司火這個職位，專門管理火事，所以神農氏有了另一個稱號「炎帝」。農業始祖的炎帝，除上述外還有一個重要貢獻，即是他曾爲了要幫人民治病，所以他嚐盡百草，漸漸地可以分辨出三百多種的藥草，故又被人稱爲是藥王。

神農嚐百草則有段故事，話說在最遠古的時

代，五穀和雜草是混合一起，無法分辨出什麼是可食的穀糧，什麼又是可以治病的藥草，尤其雜草又跟百花雜處，這讓人更難分辨。可是依靠打獵或是種植的人民，總會因爲一些緣故而受傷，這時如果沒有藥可醫治的話，便會死去。面對這種令人難過的情況，神農氏十分不忍，於是他想若是能找到一個方式解決，他一定克服困難去做，他聽說遠方有位高人，名爲太一皇人，十分精通醫術，因此神農氏決定前往太一皇人住處請教，學習醫術。沒想到這一趟卻撲個空，太一皇人剛好不在家，只剩下一個弟子留守家中。神農氏只好向弟子請教說：「以前的人都可以活過百歲，爲什麼現在的人都不行呢？」皇人弟子回答他說：「現在的人短命，那是因爲他們不懂養生之法，發病之後也不得醫治，即使很輕微的病，都可能加重致死，你說這樣會長命嗎？」說完後，給神農氏一本《天元玉冊》，讓他回去研究。

雖然獲得天書，神農氏仍無法安心，他想，書上記載的藥草要到哪裡尋找呢？這個問題想了三天三夜後，他決定從歷山出發，前往西北大山尋找草藥。神農帶領著同伴，總共行走了四十九天後，到達一座大山，山上充滿著奇花異草，正當眾人準備上山尋草之時，突然被一群野獸困著，他們極力的奮戰，終於打退一群，誰知道打完一批又來一批，花了七天七夜才趕完。這樣的險惡情況，讓子民都勸神農氏回鄉。但是神農氏不肯，而且更是往深山前進，不久又遇到一座懸崖峭壁，當神農苦思躲避的方法時，見到有隻猴子沿著山壁的藤蔓往上攀爬，神農氏靈機一動，便要人民將藤蔓砍掉，並沿著岩壁建造架子，共搭了三百六十五天才完成。神農氏白天上山嚐百草，晚上則回營記載藥草的功效，把藥草的屬性一一記下，哪種屬熱性的，哪種屬冷性的，記的是一清二楚。有次神農氏誤服了毒草，他的人民慌亂不已，神農氏用盡力氣舉起手指，指向前方的一株草，他的臣民則將草摘下，讓神農氏服用，沒想到因此將毒素解開，而人民所拔的草便是靈芝草。中過一次毒的神農氏，卻仍堅持繼續工作，最嚴重的情況，曾經一天之內連中七十次毒。皇天不負苦心人，經他努力不懈的研究，終於許多時日後，將所發現的植物分清楚，一共是三百六十五種草藥，可以醫治百病，並將它寫成《神農本草》。

在神農氏準備下山回鄉的時候，發現當初建造的梯子，已被藤蔓重新佈滿。神農氏煩惱不已，這時天空忽然降下一群白鶴，將他和身邊的臣民一起接到天界了。爲了紀念神農氏的功績，特別將此山，稱爲藥草山。

延伸閱讀

中國是以農立國的國家，即使是現在的科技進步，為了農業發明的陰曆，卻仍提醒著我們，神農氏是我們農業的始祖，而嚐百草更是他的神蹟之一。遠古人類不但要擔心天災，也要擔心自身的安全，如何醫治生病受傷挽救生命，正是神農所重視的，後人為傳頌先人的功業，唐代的宋之問便作過一首關於神農之詩

藥　宋之問

有卉祕神仙，君臣有禮焉。忻當苦口喻，不畏入腸偏。

扁鵲功成日，神農定品年。丹成如可待，雞犬自聞天。

07 黃帝娶妻與大戰蚩尤

前言

黃帝是傳說中華民族的始祖，關於他的傳聞故事很多，本文列舉了幾則。

在遠古的時候，有個國家名爲有熊國，當時的國王名爲少典，國王少典娶蟜氏之女附寶爲妻。在某一夜晚，附寶皇后獨自一人在後花園遊玩，觀賞天上美麗的群星，她發現北斗七星的第一顆星特別明亮，結果經過這一晚後，附寶皇后便懷孕，原本一般都是十月懷胎生子，而附寶皇后卻足足花了二十四個月的時間，才產下了公孫，也就是黃帝。又因爲是在軒轅之丘生下他，故又名爲軒轅氏，即是皇天上帝。

長大後的黃帝，喜歡到處遊玩，有次經過西山下，在路旁發現一位奇女子，黃帝初次見到她的時候，她口中正吐著絲線，這樣的行爲讓黃帝十分好奇，於是等女子吐絲完後，黃帝起身向前詢問，女子才吞吞吐吐的說出她的身世。原來這個女子的名字叫作嫘祖，原本是天界王母娘娘的侍女，因犯下過錯而被貶下凡。黃帝繼續追問說，爲什麼她會吐絲呢？她解釋說那是她曾吃過天上仙果的緣故，因爲她也曾偷偷將仙果給蠶吃，於是後來的蠶便會吐絲結繭。黃帝見嫘祖十分美麗，最後將她娶回家，後來建立王朝後，嫘祖也將養蠶吐絲的伎倆繼續傳授下去。

之後黃帝的勢力日漸強大，漸漸地將原本炎帝的土地也一併呑沒，當時有個人叫蚩尤，是炎帝的後代，因爲心有不甘，決定爲其亡父收復失土。相傳蚩尤姓姜，長的一副人身牛蹄的樣子，共有四隻眼睛六隻手，頭上長有角，而他的毛髮就像是劍戟的堅硬。不久後，蚩尤率領八十一位獸身人語的兄弟，跟黃帝在逐鹿開啓了一場大戰，蚩尤施法起霧三天三夜，使黃帝的士兵都分不清楚方向。爲了解決這個困難，黃帝跟臣子苦思多日，終於想到法子，最後交由臣子風后建造了指南車，黃帝的士兵才因此獲救，逃出霧陣。

雖然逃出迷霧，然而黃帝苦戰蚩尤九次，屢次都無法得勝，感到非常的苦惱，苦思不得的黃帝，在多日勞累下不知不覺便睡著，忽然間在夢中有位自稱王母派來的婦人，說要傳授他神符。夢中的黃帝醒來後，隔天便在太山下祈禱了三天三夜，突然間雲霧瀰漫整個大地，將白日變成夜晚，瞬間九天玄女便出現眼前，九天玄女說自己奉天帝的命令，特地下凡傳他仙術，她傳授黃帝五符、兵法、道術和《陰符經》，利用這些法術，黃帝終於打敗了蚩尤統一天下。一統天下的中國，炎帝和黃帝的子民便和睦的共同生活，於是我們常

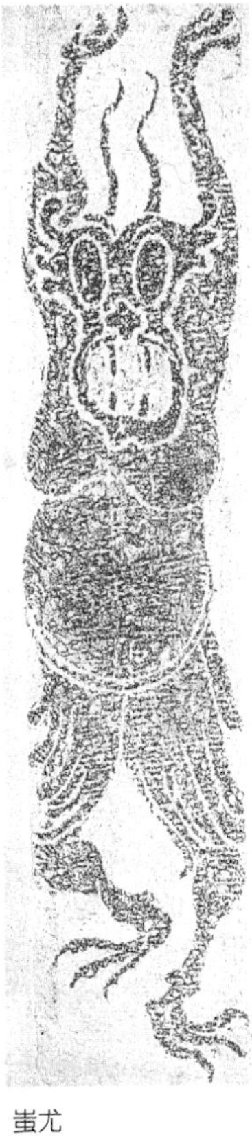

蚩尤

常稱自己是炎黃子孫，稱黃帝和炎帝爲華夏始祖。

黃帝經過多年的努力，終於完成了多種發明和建設，像是樂器的改造、農業的改進等，人間的工作已告一段落，準備返回天庭之際，爲了讓人民不要忘記繼續努力，而在荊山山下，利用首山的礦石，鑄造了一鐏大鼎。鼎完成之日，眾臣民相繼祝賀，這時天上出現一條飛龍，緩緩降臨，停在鼎的上頭，黃帝知道時辰已到，他該返回天庭，便起身坐到龍背上，帶著七十多位大臣和后妃，準備離開。其他的子民也希望跟隨黃帝，便抓住龍鬚，卻沒想到太細，無法承受過重的重量，人民又跌回地面，連黃帝的神弓也掉落，而黃帝也只能依依不捨的揮別人民，向天界直升而去，後來這荊山下的湖稱爲鼎湖，神弓稱爲嗚弓，拔下的龍鬚，即後來中藥中的龍鬚草。而黃帝升天後，住在天庭的中央，成爲中央天帝，統領四方。

延伸閱讀

相傳黃帝在崑崙山有個樂園，東西南北面各有奇特的動物和植物，山上的河水也流向四處的河川，是個美麗的地方，這地方也有相當多的傳說故事。另外關於蚩尤之戰，一說是黃帝用「夔」的獸皮作成的鼓，和雷獸的大骨所作成的鼓槌，所敲響的聲音，令蚩尤軍隊發抖，最後只得落荒而逃。

08

火神之祖——祝融

前言

火的起源很早，關於火的傳說也不少，除了炎帝以外，另一個傳說中火的神仙，便是祝融。

傳說祝融是某一族的王子，原本的名字叫做黎，有著紅色胸膛，十分的高大威猛，雖然聰明萬分，性情卻也異常火爆，只要一不順他的心就會大發雷霆，鬧的是整族不得安寧。在祝融出生的時候，人們已經知道如何鑽木取火，卻仍無法自由的掌控火，黎則有異於常人的能力，他特別擅長用火，能用火照明和驅逐蚊蟲。不過當時的火種取得很不容易，尤其需要長途跋涉的取火，雖有鑽木取火的法子，也有不方便的地方，所以黎便想找出另一個取火的方法。有天，黎坐在石頭上，對著一根大木頭，使勁的用點火石對木頭敲啊敲，還是無法點然木頭，時間一分分的過去，木頭仍聞風不動，黎生氣的將石頭投往石壁，這麼用力的一丟，碰的一聲，頓時出現幾點星火，黎被這火光吸引、眼睛一亮，從中得到靈感。於是他將一些乾燥的草放置地上，再用兩個石頭靠著草，用力敲啊敲的幾下。石頭敲擊的星火掉在乾草上，草漸漸地冒煙，然後再往火堆吹一吹，火焰燃燒乾草直直冒煙。自從黎發明了用石取火的方法後，民眾便不需要想盡辦法的保存火種，黃帝得知他的功績後，便封他為祝融。而祝融和衡山則又有另一個故事。

有天，黃帝經過雲夢大澤南邊的山麓，想考考祝融，問他：「這座山的名字是什麼？」只見祝融不慌不忙的回答：「衡山。」黃帝又繼續追問：「那你是否可以說出，為什麼取名為衡山？」祝融便說：「早在遠古的時代，天地尚未分開，後來經過盤古先師開天闢地，天地之間才有萬物，盤古在開天闢地後精力耗盡，死後身體化成萬物的一部份。他的頭部變成泰山，腳化成了華山，腹部的部分是後來的嵩山，右手是恆山，左手便是衡山。而衡山為什麼取名衡山？那是因為這座山，橫跨了雲夢大澤和九嶽之間，樣子像是一個秤桿，好像藉此可以稱出天地的重量，也像可以衡量出帝王道德的高低，故取名為衡山。」

黃帝見祝融對於地理間的事如此清楚，便派任他駐守南邊，管理各族之間的事物。駐守南邊的祝融，居住在衡山的高峰上，並將火的知識傳授給當地的人民，用火煮食、或是用火來照明，南邊又因潮濕，故蚊蟲甚多，便教當地人點火薰煙趕蟲，當地人民非常的感謝他，於是利用秋收後的一段時間，來朝拜祝融。又因他傳授火的知識，對當地人幫助甚大，故又稱他為赤帝。

原本人間安詳的日子，卻因共工和顓頊爭吵，結果撞斷撐住天地的柱子，天地間忽然一陣混亂，日月往西北滑落，大地也開始傾斜，湖泊河溪漸漸地往東南流，堅固的衡山也是即將倒塌，祝融見到這個情況，擔心災害會禍及人民，於是悄悄地利用神力將天撐住，人民因此才逃過一劫，經過多年後，在祝融壽終正寢時，人民將他厚葬在山峰上，此山便稱為赤帝峰，居住之處便稱祝融峰。

延伸閱讀

關於火神的傳說也是眾說紛云，而祝融的由來最早見於《淮南子》，另外也有人將回祿稱為火神。而道教其中一個支派稱火德真君，祭拜火神的日子，是定在六月二十三日。火對動物有不可抵擋的魔力，人類也是相同，因此自從人們發現火的好處後，在生活中常常利用它，火除了照明外，還可用來烹調食物，食物經過煮食漸漸的減少疾病，這都是火帶來的好處，但因為火不容易掌控，一不小心就會造成災害，所謂有利必有弊，看事物要看它的一體兩面，這樣才能真正的了解事物。

09 中國文字的起源——製字先師倉頡

前言

中國文字的始祖是倉頡，他發明了文字，爲人類的文明帶來一線曙光，然而他是用什麼方式造字則又是一段有趣的故事了。

傳說在黃帝時，人們仍不知道用文字來記載事情，頂多用繩子來計算數字，比如兩頭牛便打兩個結，來提醒自己所記的事物，但這樣的方式有一個很大的毛病，兩個結代表的是兩個什麼？是事情還是買賣，而且若是記的是較大的數字，打草結不就打不完，其中最大的一個問題，就是不能夠記載時間和地點，也就因爲這種不方便，常常引起各地許多紛爭，各個民族跟人們，對互結的契約內容無法有共識，雖然常常困擾人們，不過還是沒有人想到解決的辦法。

在黃帝的官吏中，有個人名叫倉頡，他從草繩的方法獲得靈感，用貝殼代替結繩來計算，像用不同的貝殼代表不同的事物，這樣是解決了部分的問題，卻仍然存有問題。黃帝見到倉頡用貝殼的方式來計算事物，想說他應該蠻聰明的，便任命他爲總務大臣，管理牲口糧食。倉頡剛接下工作尚能勝任，但是日子一久，人口和牲口及糧食一天天的增加，倉頡越來越覺得這方法不敷使用，於是利用空閒的時間，想想還有什麼新方法可以代替。

這一天，倉頡獨自坐在村口，突然看見幾個獵人正在爭吵，好奇的他便向前詢問發生什麼事。獵人便說，他們在爭吵羊究竟往哪個方向走，倉頡繼續問說，你們怎麼知道羊往哪個方向呢？獵人指著地上的獸印說，這是羊的腳印，他的腳爪後跟在東邊，所以是往西走。倉頡看看地上的獸印，突然靈機一閃，覺得若將獸印描繪下來，用它代表這種動物不是很好嗎。於是他根據每種事物的形象，創造一個類似的符號代表它，像是「日」字，就用一個圓，中間加上一點表示。

倉頡爲了造字，曾遠到山林各地去收集材料，他觀察各種生物的特徵，並費盡心力的想，怎樣寫才會好懂又易寫，而當時沒有紙筆可以記載，倉頡只好將字紀錄在石洞的牆壁上。倉頡不辭辛苦的爲民服務，感動了玉皇大帝，玉皇大帝特別施法，造一個石樓讓倉頡將字紀錄在石樓。

然而再怎麼謹愼的倉頡也會出錯，某天有位老人指著牛字問他，爲什麼牛沒有四隻腳呢？才發現原來他把牛和魚字給弄混了，於是接下來的造字就更加小心翼翼，而後世爲了表示倉頡有異於一般人的視力，特別把他的神像裝上四個眼睛。

延伸閱讀

文字的起源是一個複雜的問題，到底我們的祖先是用什麼樣的智慧和方式發明文字呢？真的有一個人，聰明的能發明創造所有的文字嗎？我想我們已經找不到答案了，然而不管是結繩或是造字，這都象徵我們的祖先是如何辛苦的過活，連文字的事都要煩惱，現在也仍有許多的人，在解讀古代的文字，這是為了讓我們更了解古代生活。關於文字的傳說或許真的成分很少，像牛字，在古代就漸漸少了四隻腳，而用牛角來表示。雖然倉頡不見得真的造字，然而歌頌他的作品卻也不少，像是《淮南子》：「倉頡作書，而天雨粟，鬼夜哭。」

倉頡於後代被稱為「製字先師」、「倉頡至聖」或是「製字聖人」，並為了尊敬倉頡創造文字的功勞，後代人們會將有寫字的紙張集中燒毀，而產生所謂的「字爐」、「字紙亭」、「敬字亭」、「敬跡亭」等，專門用來焚燒的爐子。

倉頡生日為農曆三月二十八日，後人都會在字紙亭前舉行盛大祭典。

10 酒神杜康

前言

酒的文化在中國起源甚早，從考古中發現裝酒的容器可得知，且在文字上酒器的名稱也多變，到底中國的酒是誰發明、發現的，傳說是黃帝時人杜康。

相傳黃帝之時，杜康負責的是儲藏糧食的工作，在好幾年的豐收下，儲藏室已滿滿的，於是杜康便將多出來的糧食儲藏在山洞，可惜杜康沒想到，山洞會因爲下雨漏水而潮濕，穀類也就因此腐壞。因爲他浪費糧食，黃帝爲了處罰他，將他降職成爲管理儲藏的人，而不是分配的人。杜康被降職後想，黃帝的處罰是有他的道理，但是糧食不放在山洞，那要放在哪裡呢？百思不解的杜康，這天到了一座森林，在林中遊走，精神集中在想事的他，不小心撞上一顆樹，他抬頭看看撞上了哪顆樹，結果發現樹木是空心的，腦子一轉想說，若把糧食儲藏在這，應該是不錯的地點。於是杜康回到村莊跟其他的同伴商量，大家都同意把已經枯掉的老樹清一清，之後便把糧食裝進樹洞，封了起來。

經過了一年，杜康像平常一樣的巡視樹洞，突然發現了一群群的動物都躺在樹旁，他覺得十分奇怪，想靠近一探究竟時，倏的一聲，一隻動物從地上爬起，飛奔的離開樹旁，接著原本都躺下的動物，也一一的逃離此地，杜康不甚其解。就在此時，又有一隻動物來到樹旁，舔舔樹洞流出來的液體，沒過多久，便躺下呼呼大睡，杜康吃驚的說不出話來，連忙趕到樹洞旁，仔細一瞧，才發現封住的樹洞滲出水來，動物們便是喝了這種水才睡著。杜康用手沾一沾水，一聞，有股香氣飄散，再舔一舔，更覺得辛辣中帶著苦澀，然不久後卻有甘甜之味。杜康越喝越多，於是不知不覺的失去意識。其實杜康沒想到，原來藏在樹洞中的糧食，發酵成了後來的酒。

醒後的杜康，連忙將這個發現告訴同伴們，同伴們在嚐過後，也不知道這個東西是什麼，大家討論的結果便是稟奏黃帝，雖然有人覺得不妥，但也想不到其他辦法。杜康帶著這奇怪的水，來到黃帝住處，黃帝聽完報告也喝過後，發現這水並不傷身，但這究竟是什麼東西，將大臣招集討論卻也得不到答案，便命令杜康繼續觀察，而造字之神倉頡給它起個名字，稱之爲「酒」，後人便尊稱杜康爲釀酒始祖。

延伸閱讀

大陸陝西白水縣有個村落，傳說杜康便是用這裡的水釀酒，此處有條白水河，又名杜康河。詩人與酒常常是有關係的，尤其不得志之時，更與酒為伴，難怪詩中常言及杜康，如魏武帝曹操「何以解憂，惟有杜康」二句便是出自焦贛《易林》，而唐代的大詩人白居易，特別喜歡杜康，曾做過幾首有關杜康的詩，像是：

鏡換杯　白居易

欲將珠匣青銅鏡，換取金樽白玉卮。
鏡裏老來無避處，樽前愁至有消時。
茶能散悶爲功淺，萱縱忘憂得力遲。
不似杜康神用速，十分一盞便開眉。

11

堯帝嫁女的故事
──談湘水女神

前言

還記得屈原〈九歌〉中提過的湘夫人嗎？這是關於河神類型中的女神故事，湘水女神便是一個代表人物。

相傳古代的聖王堯帝，除了兒子外，尚有兩個女兒，大女兒名爲娥皇，二女兒名爲女英，其中娥皇是堯帝領養回來，女英則是親生子女。雖然如此，堯帝卻對兩個女兒總是一視同仁，並常出些題目，考考她們的機智。

當堯帝將退讓帝位之時，人們大力推舉舜，希望由他來繼承皇位，但是堯決定除了把帝位交給舜外，也準備將女兒嫁給他。兩姊妹早就聽說舜的事蹟，也願意一起嫁給舜，這時卻有個人悶悶不樂，那就是堯帝的妻子。她擔心若以長幼來排，女英將成爲妃子，娥皇才是正室的皇后，可是她不願意讓女英受委屈，希望她當正室，當她把想法跟堯帝討論時，堯帝卻認爲不恰當，可是又不能不安撫妻子，便決定用智力來決定誰爲正室，並且以三題爲限。

堯帝給女兒每人一鍋豆子和一捆柴，看誰先將豆子煮熟誰就是勝利的一方。娥皇常在廚房做飯，對於廚事瞭若指掌，於是她把豆子放下去炒，後加適量的水，結果沒多久豆子煮好了，柴還有剩。而女英她將水放一整鍋，再將豆子放下去煮，結果柴火都在煮水，等柴燒完豆子仍還沒熟，這一關娥皇獲勝。

過沒幾天，堯帝出第二道題目：納鞋底。他交給兩個女兒各一雙鞋子和兩把繩子，看看他們誰能先納完又納的漂亮。只見娥皇輕輕鬆鬆、駕輕就熟的將麻繩剪短，再一根根的納，不到半天功夫便完成了，反觀女英因為不懂竅門，用長長的繩子納，不僅費時，也處處打結，於是這場比賽又是娥皇獲勝。看到這兩場比賽的結果讓堯帝之妻不禁為自己親身女兒打抱不平，於是暗地中計算，如何在下場比賽替女兒贏得最後勝利。

在出嫁的前夕，堯帝給女英最後一次機會，只要這次她能比娥皇早到舜的地方，她便是最後的勝利者。堯帝之妻見機不可失，便說：「娥皇是姊姊應當坐馬車，妹妹只要騾車便可。」又安排妹妹走小路。沒想到女英的車在半路出了狀況，而遇見趕上來的娥皇，娥皇便讓妹妹一同驅車前往。到達舜帝之處，舜知道情況後，便對兩女相同對待，沒有所謂的先後正偏之分，而且她們也一起輔佐舜帝管理人民，作了許多有益人民之事。

舜在位的日子，都跟兩位妻子處得很愉快，情感日漸生厚，登基三十九年後，有天，舜到南方巡視，卻在蒼梧之野逝世，葬在江南。娥皇和女英見舜久出不歸，心存疑慮，便決定前往南方。到當地才發現舜早已仙逝，悲痛不已，兩人尋覓舜的埋葬處不得，而挖出個高台，此處便稱為「蒼梧台」，後來兩人思念舜帝，痛不欲生，最後一起投水自盡，後人拜她們為湘水女神，傳說她們的眼淚，滴在竹子上，即是現在所見的斑竹。

延伸閱讀

湘水夫人的故事，曾有許多的大作家歌頌過，更有人對那樣的情感深深的遙望、羨慕，在唐代湘水女神的詩作也不少，其中印象最深刻的是李白的詩作。

雜曲歌辭　遠別離　李白

遠別離，古有皇英之二女，乃在洞庭之南，瀟湘之浦。
海水直下萬里深，誰人不言此離苦。日慘慘兮雲冥冥，猩猩啼煙兮鬼嘯雨。
我縱言之將何補，皇穹竊恐不照余之忠誠。雷憑憑兮欲吼怒，堯舜當之亦禪禹。
君失臣兮龍爲魚，權歸臣兮鼠變虎。或云堯幽囚，舜野死，
九疑聯綿皆相似。重瞳孤墳竟何是，帝子泣兮綠雲間，隨風波兮去無還。
慟哭兮遠望，見蒼梧之深山。蒼梧山崩湘水絕，竹上之淚乃可滅。

李白模擬娥皇、女英的心情，替他們說出心底的感受，這樣的詩作是多麼的美，對她們的故事，更有另外一番深刻的體會。

12

農業之神——后稷的傳說

前言

后稷是以農業生活爲主的周代始祖，關於他的記載最早見於《詩經》的〈生民〉篇，因此他也成爲農業的守護之神。

相傳在遠古有個人叫后稷，本名爲「棄」，他的母親是有邰氏的女子，名爲「姜原」，她原本是帝嚳的元妃。傳說有天，姜原一個人到野外，在路上看到一個巨人的腳印，心裡非常的高興與好奇，便伸出腳往前一踏。就在踏上的一剎那，姜原感受到一股力量，身體也隨之動了一下，回家之後便發現有了身孕。

就像所有的懷孕之人，姜原十個月後產下一個男嬰，姜原非常的害怕，認爲這是不詳的預兆，所以悄悄地將男嬰丟棄在狹隘的街道中，沒想到一個奇蹟的事發生了，所有經過的馬車、牛車，都避開男嬰避免踐踏在他身上。姜原於是更是害怕，又轉而將男嬰丟在荒野的樹林中，這時碰巧有許多人上山，她不敢丟棄。又轉往渠溝之處，將男嬰丟棄在冰上，只見原本盤旋空中的飛鳥，用牠的羽毛將男嬰送還給姜原。這時姜原才相信，這是神明交代的事，便不再丟棄，決心收養、撫育他長大，因爲當初有過丟棄他的念頭，便替他取名爲「棄」。

棄從很小的時候，便表現的像個勇敢的巨人，即使是遊戲的時候，也都學成人般的種植各類的農作物，像是麻豆，而長出來的麻豆也都十分良好。等他長大成人之後，更是喜好種植各類不同的農作物，他會觀察土地的特性，選擇適合種植的作物，也會以農作物的特性爲主，採用不同的種植法，觀察作物的收穫時期，幾乎只要跟農事有關，他都非常的了解。民眾發現棄能種植出良好的作物，便紛紛的向他學習種植的技巧，後來越來越多的人仿效他。

堯帝聽說棄的事蹟之後，便推舉他擔任農師的職位，希望藉助他在農業的特殊能力，指導人民從事農業，增進農業生產。因爲棄的努力，當時農業的知識傳播得很廣，天下都獲得他帶來的利益，於是在舜帝的時候，便將郃這一地方，封爲棄的領土，賜號名爲「后稷」，又有個別姓「姬氏」，這也就是爲什麼棄又名后稷，且被尊爲周的始祖的原因了。人民因后稷而學會了種植百穀，之後，也因后稷的子孫「叔均」，人民才開始使用牛幫助耕種。

后稷死後所葬的地方，周圍的土地，可以發現各類型的農作物，像是稻、黍等，不論哪個季節均適合耕種。美麗的鸞鳥，會停在附近的樹枝上唱歌，鳳凰會跳起舞來，花開的繽紛，是草木繁盛的聖地。於是動物們便聚集在此處生活，這裡的草，即使冬天也不會枯萎死亡。

延伸閱讀

發現這個現象嗎？在許多地方的神話傳説，最後在當地都會有個證據，證明他確實發生過，像是什麼樹木，或是動物之類，是美麗傳説遺留下來的東西。而后稷的故事便有這樣的例子。根據近人所記載，在山西省的稷王山，出產一種十分奇特的石頭，這石頭有五種顏色，特別處是石頭長的像作物，有的像麥、稻等，人民稱之為「五穀石」，這與后稷的傳説便有相關性。

13

中國情人節——牛郎織女的七夕

前言

中國在七月份除了是鬼月外，也有個感人的一天，那就是七月七日，相傳是牛郎織女一年一度的相會時間，喜鵲會爲兩人搭一座橋，當晚我們則會有祭拜活動，紀念他們愛的故事。

傳說織女是天帝第七個女兒，所以又稱爲七仙女，在天界負責織布的工作，每天跟姊姊們織布的日子，讓她覺得十分的枯燥乏味，唯一的樂趣是到銀河中洗澡，打發難耐的歲月。

牛郎則是凡間的一個農夫，父母早逝，留下他跟哥哥相依爲命，自從哥哥娶妻後，牛郎的日子就更加痛苦，受盡各種折磨。牛郎成年的那天，早就希望分家的嫂嫂，給了他一頭家中最老的牛後，便要他自立門戶，滾出他們家。從此牛郎便跟老牛相依爲命，住在一間破茅屋，但環境雖苦，牛郎還是勤奮的工作，有時體恤老牛年紀已大，都是用自己的勞力做事，閒暇的時候，牛郎也會跟老牛說說心事。

當時天地間的距離相隔不遠，銀河便是連接天上人間的通道，夜晚睡不著時，牛郎會牽著老牛坐在屋前，遙望天上的銀河發呆，老牛似乎看透牛郎的心事，也想替他娶個老婆，有天突然的開口說話，雖然牛郎被嚇到，卻頗能接受這個異象。老牛告訴牛郎，在銀河的盡頭，是天上人間的交界處，常常會有神仙逗留，而天帝的女兒就常常在那洗澡，我帶你到那後，你選擇一件最美的天衣，帶回家中藏好即可，這樣你就可以娶到美嬌娘。牛郎雖然半信半疑，不過仍照著老牛的話做，他翻山越嶺的來到天的盡頭，果然看到一群仙女在洗澡嬉戲，便潛入水中到對岸，偷走其中一件天衣，又連忙的躲起來。當所有的仙女洗完澡，準備返回天庭時，織女發現自己的天衣不見，四處的尋覓蹤跡，姊姊們看到她慢吞吞的，不等她即先行返回天界，留下她一人努力的找天衣。牛郎見到只剩織女一人，緩慢的由樹後走出，織女因此受到驚嚇，牛郎對織女說，希望她能當他的妻子，織女在不能返回天庭的情形下，答應牛郎的要求。

兩人婚後過著幸福的日子，並生下一對兒女，牛郎努力的耕作，織女勤奮的織布，雖不富貴卻也美滿。但此事不久被天帝發現，派天兵天將，下凡抓拿織女，王母娘娘也隨侍在旁，於是可憐的牛郎只能眼睜睜看著織女被帶回天庭，一雙兒女嚎淘大哭。

失去織女的牛郎十分難過，孩子也常常說要找媽媽，有天老牛對牛郎說：「我的壽命即將終了，到時候你將我的皮作成衣服，便可升天尋找織女。」幾天之後，老牛壽終正寢。牛郎按照牠的話做，果眞身體覺得清飄飄，兩手各帶著孩子，往天界追趕織女，就當快接近的時候，王母娘娘用髮簪一劃，一條滾滾天河阻隔牛郎的去路，牛郎織女只能遙遙相望，卻無法渡河而過。日子一久，兩人的心意終於感動上天，允許他們每年在七月七日這天，可以藉由喜鵲搭成的橋樑會面，如果在這天看見天上有流星劃過，通常不是牛郎織女的眼淚，就是辛苦喜鵲的羽毛掉落形成的。

延伸閱讀

早在《詩經》的時代，便流傳著牛郎織女的故事，以後的董永與織女的傳說，也是從這演變而來。令人感到神奇的是，這經過幾千年的傳說，仍繼續流傳在中國，甚至在七月七日這天，家家户户會祭拜織女牛郎，在中國大陸也有他們的廟宇，可見影響的深遠，也可以說，在西方情人節二月十四日進入中國以前，我們中國早有了情人節，也就是牛郎織女見面的那天，在此也誠心祝福所有天下有情人終成眷屬。

14 雲華夫人助大禹治水

前言

雲華夫人，相傳是西王母第二十三個女兒，名字叫做瑤姬，是個好學不倦的神仙，傳說她曾經幫助大禹治水。

雲華夫人常常來往天上人間，這日她從東海往回家的方向，經過巫山聖地，深深的被巫山美麗的風景所吸引，那挺拔的山峰、蔥鬱的山林，山谷的雲煙裊裊，美不勝收，尤其在林中的一塊大石，就像是人工所造的石壇，雲華夫人心想，這裡或許可以作爲我修養身性的地方，於是常常在此地流連忘返。

恰巧的是，當時候的大禹正在爲治水苦惱，他巡視全國，來到巫山，並在山腳下紮營，每日苦思治水的對策。有天忽然間，不知從何處吹來一陣陣的強烈颶風，吹的是山崩石墜、沙塵飛揚、草木橫飛，大禹之前辛苦所豎立的地標，都在這陣大風中吹垮，痕跡消失、體無完膚。讓人沮喪的是，這大風時時的吹，因此大禹的工作遲遲不能順利進行。同時，這股突然的颶風也驚動雲華夫人，打擾她沉靜的修練，雲華夫人起身一探究竟，發現原來是山中的精怪在作祟，精怪不願大禹在山中動工程，於是刮起大風。雲華夫人心想，大禹所作之事雖有違自然，但也是爲了天下蒼生的生命著想，這山野精怪也太過分，於是順手的朝山中彈指一下，瞬間山精被夫人所傷，颶風刹時也消失無蹤。

大禹正對怪風的來去毫無頭緒之時，空中卻傳來一陣呼喊的聲音，大禹抬頭一瞧，只見一輛五彩馬車由四匹俊駒所載動，騰空駕霧由遠處而來，最後停在自己的上空。大禹心想神明駕到，剛剛應該就是神明暗中幫助，怪風才順利的解決，於是恭敬的向空中謝拜。就在此刻，傳來一陣悅耳的聲音說：「你就是大禹吧，傳說先生在替人民治水，不知你用的是什麼方法。」大禹回答：「我所用的方法是順著水性，順勢疏通，較高水位者通之，較低水位則瀉之。」空中的聲音回答：「先生的方法並沒有錯，但是這麼做，是多麼的勞民傷財，世界遼闊廣大，高山江河是如此的多，且人們要等多久才不用擔心生命安全，洪水就像猛獸時時危害生命，而山中的精怪自開天闢地以來，不知有多少，憑你凡人之軀，很難阻擋他們的擾亂，這些問題你可想過解決的方法？」其實大禹這些日子，就是爲了這些問題困擾，聽到仙人這麼說，明白仙人要指點自己方向，於是開口問：「可否得知仙人的尊號？」仙人回曰：「我乃是雲華夫人。」於是再拜說：「治水之事，我未曾停止想過，這些問題的確困擾著我，懇求夫人指點我一些方向。」說完後，抬頭見到馬車上的布簾被風吹起，露出一位年約二十多歲的女子，戴著紫色鳳冠，身穿紅色的披衣；再望，女子突然變成一朵藹藹的白雲，又望，女子又變成一顆美石。然後才傳出聲音說：「治水之事不可暫緩，我自會助你一

大禹像

臂之力，但最重要的還是要靠你自身的努力，否則依舊不成。」

說完後，大禹發現有個青衣少女站在面前，手裡拿著幾冊書卷，對他說：「這是夫人賜給你的《上清寶文》，共有三冊，其中一本可以召喚天神，一本可以召喚地祇，最後的一本就是治水之書。」大禹伸手接過後，少女隨即消失不見。又聽見空中傳來夫人的聲音：「前面兩本書如果熟記，可幫你不時之需，治水之書你可參考參考。我將再派七位侍衛幫你，讓你治水之事更加順利。」停頓一會兒又聽見她說：「你們七位可要好好幫助他治水，隨時提高警覺不可懈怠。」

後來大禹回到軍營，找來巫師跟他提到此事，巫師說是上天要幫他治水，而這位雲華夫人曾得到三元道君親自傳授，法力不在話下，要大禹放心去做，後來大禹熟讀書中精要，終於完成治水功業。

延伸閱讀

最早在《山海經》中，瑤姬是天帝的女兒，死後化為一株仙草。但這樣的故事太單調，於是人民又加進瑤姬幫助大禹治水的情節，讓她的神話更加的傳奇。歷代對她的故事，多半與楚王、宋玉有關，像是唐代李白的感興六首詩之一中便提到

瑤姬天帝女，精彩化朝雲。宛轉入宵夢，無心向楚君。
錦衾抱秋月，綺席空蘭芬。茫昧竟誰測，虛傳宋玉文。

15 惜字紙的文昌帝君

前言

根據史記記載，文昌帝君是北斗星附近的文昌星神格化，在民間傳說中，他掌管天下書生應考的命運，另外又稱他爲「梓潼帝君」、「文昌君」、「梓潼君」。

文昌帝君的出身有各種不同的說法，根據各方說法有：

文昌帝君本來是黃帝的兒子，單名「揮」字，在所有的兒子中特別擅長製造弦弓與織節張網，因此他後代的子孫都姓張，可說是中國張姓的祖先。後來經過轉世，到了周朝則爲山陰張氏的兒子，他精通各類醫術，是當時著名的醫生，周公聽說他的名氣，便請他到宮中幫忙輔佐朝政，對周朝的國事有很大的貢獻。但人生無常，不久過世而託生在張無忌的家中，一出生便死了父親，只有母親孤苦的撫養他長大，詩經中曾有段名稱，「張仲孝友」指的便是他，轉世後的他仍對周朝國事十分擔憂，後來有機會當官，於是上奏進諫幽王，幽王嫌他的話不中聽，暗中派人將他毒死，死後的他飄搖在人間，還曾到過雪山。

這是周朝以前他的轉世。然而他遲遲未成仙，只好繼續在人世輪迴。到了漢朝託生爲高組的兒子趙王如意，這一生應該會較平靜，誰知呂后覬覦漢朝國土已久，高祖過世之後，由年小的惠帝即位，呂后則在后宮掌權，她一步步的設計剷除漢世家族，於是趙王也不能倖免。死後的趙王，這一世不再是人，冤魂化爲一條厲蛇，伺機的報復呂后的孽障。呂后短暫的掌朝仍逃不過生命終了的下場，死後的她轉世爲邛池令，化爲厲蛇的趙王，當然不會錯過這個機會，他藉由海水興風作亂，把整個邛池縣淹沒，但原由一人卻禍及百姓，殘害天下眾生的罪過，讓他每日需遭受小蟲咬身，痛苦難堪，經過文殊菩薩的幫忙才解救苦難。經過這一世的痛苦，後又經過幾世的化身，像是趙國的張勳等人，最後在西晉年間，在一處石洞得道成仙。得道的他，曾下凡對咸陽縣長姚萇顯靈，後來縣長在四川替他蓋一座廟宇，稱之爲「張相公廟」，上天因爲他歷世以來，曾在儒學下一番苦功夫，於是讓他掌管天曹桂職，附加監管天下書生應考之事，考不考取得了功名，全由他決定。

另有一則傳說，傳說他生在晉朝，姓名爲張亞，他從浙江遷居到四川的梓潼，因略懂知識，當地人請他爲私塾先生，他溫和的個性、富有愛心，頗受人民愛戴，死後人民非常懷念他，特地幫他建廟紀念，廟題爲「文昌帝君」、或說是「梓潼君廟」，唐代玄宗到四川逃難，見過此廟，後追封他爲晉王，漸漸的廣爲天下人所知。

延伸閱讀

道教的發展原是養身求道等事，對於求官一事應不在內，但為符合中國人民對做官的需求，漸漸地產生負責應試做官的神仙，也就是文昌帝君，每年在農曆的二月三日為誕辰紀念日舉行祭拜之禮，在台灣另有五文昌帝君，另四個像是關公、呂洞賓、牛衣帝、北斗魁星。是關於文昌帝君有個禁忌，關於神明的文字記載不能隨便的丟棄，這便是跟他的信仰有關，這樣的習俗稱為「惜字紙」或「敬惜字紙」，坊間還有題名為惜字的勸善書。在台灣有許多的大廟中，一定有文昌帝君的神像，是台灣文化保存的痕跡。

在農曆二月三日時，為文昌帝君的聖誕，此天人們都會誠心的祭拜。

16 太始真人——玄天上帝

前言

根據書籍記載，玄天上帝是元始天尊的化身，又名爲太始眞人、太素眞人，在台灣有許多廟宇，仍祭拜著他的神像，在廟宇中的神像他腳踏龜與蛇，是最令人印象深刻的部分。

玄天上帝，相傳是上古時代淨樂國的王子，他的母親善勝皇后，有天夢見太陽直奔她的身體，醒來之後，經太醫檢查，發現懷有身孕，懷胎十四月後，產下玄天上帝。玄天上帝生來，便是一副雄壯威武的樣子，有顆聰明的腦袋，因爲皇后只有他一個兒子，特立爲太子，對他十分的寵愛。玄天上帝長大之後，對母親非常的孝順，每日定時的思考，怎樣才能報答父母的養育之恩，曾想過一般尋常的方式，可是總覺得不妥，無法眞正的對父母有益，在十五歲的那年，決定放棄太子的尊貴身分，到武當山上，虔心修練。在他修道的過程中，經紫虛元君的指點，繼承道術中的無極上道，在四十多年後，終於即將大功告成。

此時的皇帝年歲已大，其實從玄天上帝離家後，皇帝便每天不分日夜的想念他，曾經派人四處尋覓他的蹤跡，卻始終毫無音訊，好不容易聽說他在武當山上修練，雖然害怕又是場空歡喜，卻不願錯過任何希望，於是就派朝中最信任的大臣，希望這次眞能迎接太子回朝，繼承國中大業。很幸運的，大臣找到玄天上帝，然而玄天上帝修道多年，早已不務塵世，尤其他專心求道之心從未更改，但他明白無法推辭大臣的迎接，便在地上輕輕的一劃，剎那之間，形成一條鴻溝大河，隔絕大臣隊伍的前進。前往迎接的隊伍，親眼看見玄天上帝的無上道法，都跪地參拜，說願意跟隨他修道。經過幾年的光陰，玄天上帝在九月九日，終於功德圓滿，在五條飛龍的陪伴之下，往天界飛去，受到天帝賜予仙職，而他在地上的父母，同樣的也因此分享封賞榮登仙位。

相傳在商紂王的時候，天上惡魔盡出傷害天下蒼生，天帝發現這個情況，便派玄天上帝前往討伐，受命的他帶著天兵天將，飛快的來到惡魔的洞口外，展開一場神魔大戰，惡魔不敵玄天上帝的軍隊，節節敗退，不得已之下惡魔最後化爲原形——一隻青龜與惡蟒——準備跟玄天上帝一決生死，但是上帝趁機將兩人收服，永遠的踩在腳下。完成任務的他，回到天界覆命，天帝見他抗惡有功，特地冊封爲「玄天上帝」。

除了上述的故事外，在台灣地區，對玄天上帝則有不一樣的傳說。相傳古時候，有個屠夫對自己犯下的殺生之過，深深的感到悔恨，總是苦思如何補償過錯，最後決定隱居深山專心修道。有天他接到上天的指示，在他住處

松柏嶺受天宮，主祀北極玄天上帝，其地理位置的南投縣八卦丘陵尾部，從前面可望盡台西平原，可說是人間仙境，不幸於前幾年遭祝融之災，目前重建中。

附近，有個婦女需要他的幫助，要他趕緊的前往當地。趕到一看，發現有個婦女剛剛生產完畢，盤坐在地上，婦女請他幫忙處理污物，屠夫想起上天的指示，心想所指的應該是此事，便將衣物帶往河邊清洗，當污物消失乾淨時，在布料上出現玄天上帝的字眼，回頭一看婦女，不知何時消失蹤影，屠夫因此領悟道術，不久後修道成仙。而玄天上帝所征服的龜蛇，其實是當初升天時，遺留下的肝臟和腸子，因爲玄天上帝升天時，並未將這穢物帶上天，沒想到它們早有靈氣，化爲龜蛇在人間作亂，玄天上帝知道後，才下凡收服牠們。

延伸閱讀

在台灣玄天上帝俗稱為上帝公，或是上帝爺，所承奉的香火不少。受到故事的影響，在他的神像下總會擺著龜蛇，象徵他曾腳踏龜蛇。其實道教的禁忌不少，對人間事物也有他們的特殊見解，像婦女的產後穢物，認為那是有傷道法，甚至連身體一部分的內臟，都認為在成仙之前必須去除。這樣總總的規矩、傳說，代表的是傳統道教遺留的想法，卻也在民間發酵。像在僵屍或是鬼怪電影中，道士們總會運用些道具，如桃木劍，黑狗血等，還有女人的褻衣也可以驅邪，這都是由同樣的想法而來。

農曆三月三日為玄天上帝的聖誕，各地的主祭玄天上帝的廟宇，皆舉行盛大祭典。

17

沉香劈山救母的故事

前言

在華山頂有作座聖母廟，相傳聖母曾與凡人相戀產下一子沉香，因為聖母與凡人相戀而被押在華山腳下，而其子沉香則有段劈山救母的傳說。

華山之頂有座聖母廟，住著一位美麗的神仙，既嫻熟又端莊，他就是玉皇大帝的外甥女三聖母。這天聖母在廟中唱歌遊玩，突然聽見有人進廟的聲音，趕緊化身為神像，卻在匆忙中遺留下一條飄帶，掛在香案的上面，飄帶被進廟拜神的年輕人發現拾起。這年輕人名叫劉彥昌，從家鄉趕往京城赴考，經過華山聖地，順道遊玩觀賞，聽說山上有座聖母廟，決定上山拜神。劉彥昌原本虔誠的敬拜神明，當他抬頭注視神像時，被神像的美貌給吸引。拜完後發現案上的飄帶，有感而發忍不住的題上幾字。劉彥昌的一舉一動都看在聖母的眼底，聖母被劉彥昌的英俊才華，深深的迷上，詩句也牽動著她的情絲，雖然上天不准仙凡相戀，卻也管不了這麼多，決定勇敢的面會劉彥昌。聖母化為凡人，設計與劉彥昌相識，安排一場大雨將兩人齊聚一屋。劉彥昌看到屋中美人與聖母廟中的仙女如此相似，開口問聖母，聖母才道出原情，劉彥昌聽完十分感動，聖母願意爲他放棄神仙的身分，而深深的愛上了她。聖母也願意跟他終身相守，兩人不久成婚，婚後產下一子，名爲沉香，過著一家和樂的日子。

事情如果這麼簡單就好，聖母的哥哥是二郎神，掌管南天門，如有神仙私自下凡，都逃不過他的法眼。躲的了一時，躲不了一世，剛好正逢王母蟠桃盛會，聖母藉故推辭，二郎神心存疑惑，仔細查看的結果，發現聖母私自下凡與凡人相戀之事，嚴厲責罵她觸犯天條，甚至不顧兄妹之情將她壓在華山下，狠狠拆散聖母的家庭。聖母偷偷的保護沉香，不讓二郎神給發現，卻逃不了被關的結果。

失去妻子的劉彥昌，失魂落魄的流落他鄉，竟不管孤苦無依的小沉香，沉香失去父母在天地間喊著媽媽，這一喊驚動路過的霹靂大仙。「是什麼的人能發出這樣的聲音？」四處尋找後發現沉香，看沉香一人如此的可憐，便將他帶回山中撫養。沉香一日日的長大，刻苦認眞的學習道術，在大仙的指點下，漸漸地精通各項武藝，練就一身的功夫。在十六歲的那年，沉香向師父辭行，打算前往華山營救母親，大仙便對他說：「爲師沒有什麼好送你的，這把神斧就給你吧！對你救母一事應該有所幫助。」

經過大仙的渡化，沉香已非凡人之軀，他施展施法，騰雲駕霧地來到華山，找到關住聖母的黑雲洞。他裡裡外外大喊著娘親，聖母一聽，便知是他的兒子沉香，而回應他的呼喊，兩人見面激動萬分。沉香見母親被困在華山下，十分的難過，說要解救母親，聖母知道沉香的一片孝心，可是她的哥哥二郎神，哪是一般凡人所能戰勝，便要沉香向舅舅求情，千萬別跟他起衝突。

沉香乖乖聽聖母的話，來到二郎神廟，向二郎神哀求放過他的母親。誰知二郎神不但不肯，一聽沉香是聖母與凡人的孽種，舞起三尖兩刃刀，揮往沉香的方向。沉香心想竟有這麼不講理的舅舅，還跟他客氣什麼，也揮舞著神斧，跟二郎神展開一場激戰。兩人打得風雲變色，刀劍火光，雷聲轟轟，從山中打到水底，再從水底打到雲端。正當兩人打的難分難捨之際，卻也驚動太白金星，他派座前的四位神仙探個究竟。四位神仙一到場，看見二郎神欺負一個小孩，於是暗中幫助沉香，二郎神也就節節敗退，逃回天庭中。

沉香快速的回到華山，用掌中的神斧往華山一劈，將聖母從黑雲洞中解救，母子團圓。後來天帝知道此事後，發現聖母雖有錯，沉香的孝心卻也感動上天，不再追究聖母的過錯，並冊封沉香仙職。

延伸閱讀

仙凡相戀的故事我們聽過許多，但是故事的焦點都在男女主角，而沉香的故事延伸出孝子救母的故事。我想仙凡相戀產子的故事，我們不需要考究合不合理，而該注意沉香的一片孝心。在佛經變文的故事中，有個目蓮下地獄救母，說的也是孝子救母的故事。父母養育子女的心是古今相同，愛從未變化，可惜子女真正孝順父母的少之又少，甚至常常聽到遺棄父母，違逆天道。因之，從此篇文章，或許我們該深思反省一番。

18 齊天大聖——孫悟空

前言

孫悟空，大家都知道是《西遊記》中的人物，然在道教的世界中，仍被尊稱爲神明，除稱他美猴王外，一般都取他書中的美號——齊天大聖。

天帝萬物均有靈氣，在花果山頂有顆仙石，吸收天地的靈氣變化成猴形。這石猴有著不同的性格，和超乎一般猴子的勇氣，他深入水中找到水濂洞，在花果山稱王，雖然日子過的逍遙又快樂，但石猴擔心生命終將用盡，於是打定主意，告別所有的猴子猴孫，離開花果山找尋長生不老術。他翻山越嶺、渡過五湖四海，來到一處仙地。途中遇到樵夫念著玄妙之理，他便連忙拜禮稱師，樵夫對他說，他不是神仙，眞正的神仙是住在斜月三星洞，石猴終於找到祖師，祖師見他天性靈敏便收至門下，因他外形爲猴故姓孫，俗名悟空。

孫悟空在仙洞經過數年，始終末學習仙法，這日祖師將他喚到跟前，問他說：「道術的奇妙之處眾多，且各有其法，不知你想學哪一門？」悟空回曰：「全看老師的意思，弟子一定專心的學習聽從。」祖師說：「那我教你個『術』字門中的道術好嗎？」悟空不懂便問說：「那是什麼樣的一個道法？」祖師說：「所謂的『術』字，是學些請仙送神、占卜問卦，能知道趨吉避凶的道理。」悟空聽完後說：「那可不可以長生不老？」祖師回答不能，悟空便說不學。

祖師繼續問：「那我教你『流』字門中的道術好嗎？」悟空疑問的說：「所謂的『流』字門中是什麼樣的一個道術呢？」祖師說：「『流』字門中之術，是像儒家、道家、陰陽家等九流之術，加上念佛一事。」悟空又問：「那這項道術可不可以長生不老？」祖師說不能，悟空又直言不學、不學。後來祖師有列舉『靜』字門中之法、『動』字門中之法，悟空都因爲太久或是像水中撈月而不學。祖師不耐煩的，從坐臺上跳下，手拿著戒尺，指著悟空說：「你這不學，那也不學，究竟是要幹嘛！」又在悟空的頭上打了三下，然後氣沖沖的走回屋內，並將門關上，留下一臉錯愕的徒弟們。師兄弟們看到師父這麼的生氣，爭相的指責悟空不明事理，好不容易師父要教你道法，卻推三阻四，惹得師父大怒，看你以後怎麼辦。雖然師兄弟們都生氣指責悟空，悟空卻一臉沒事的樣子，好像從未惹禍。原來悟空知道剛剛師父的三下，是要給他的暗號，心中暗暗地高興，不跟其他人爭辯。

等到月色高升，其他的師兄弟都靜坐入睡，悟空悄悄地來到師父的房門，發現門留個縫隙，更加確定師父給他的暗語，於是推開房門來到師父的床邊，只見師父熟睡的正甜，悟空不敢驚動跪在床前，祖師恰好口中念著「不遇至人傳妙訣，空言口困舌頭乾。」悟空回應師父的話：「師父，弟子在此已經恭候多時。」祖師認出悟空的聲音，便怒斥問到：「你在這幹什麼？」悟空便將原委說一遍，祖師心想這猴眞是天地生成的，才能打破我的暗語，便說：「今天你有機緣，能解出我的盤中之理，我也高興的教授你長生不老術。」

後來祖師傳授悟空七十二變化，憑著悟空的聰明才智，很快的就學會，有一天祖師考驗悟空騰雲駕霧之術，可惜悟空只能爬雲，於是只傳他騰雲之法，即是觔斗雲。然相聚自是有別，孫悟空後來離開師父，回到花果山，接下來展開他取經求道的歷程。

延伸閱讀

孫悟空的師父，大家熟悉的都是唐三藏，其實真正教他仙法的，是故事中的祖師。故事中的各類門中之術，便是一種道教對其他學派的想法，而最偉大的道術都不在其中，所以悟空才要學七十二變。而孫悟空的金箍棒是哪來的，按照《西遊記》的記載，是從東海龍宮偷來的。雖然西遊記像是佛教取經的故事，但是故事中有許多的神明都是道教的神仙，已經是融合的民間思想。在現今的東南沿海及台灣，仍有供奉齊天大聖的神像，也有人向廟宇請出一尊神明，回家供奉以保平安，在台灣齊天大聖則常與乩童被人聯想在一起。

19

二郎神
——李冰之子灌口二郎

前言

傳說中李冰的二兒子，灌口二郎，就是後代所尊稱的二郎神，父子兩人曾爲民收服妖怪，對人民有極大的貢獻。

相傳李冰與其二兒子，都是秦昭王時人，昭王曾派李冰駐守蜀地，而他也將當地管理的井然有序。傳說李冰曾化作神牛收服蛟龍，作爲他的兒子的灌口二郎，當然也有這樣的神力。李冰到蜀地治理洪水的時候，他的二兒子也跟隨在旁。二郎長的身材高大，專好打獵騎馬的事，有超乎一般人的勇氣，也十分的聰明，是李冰得意的左右手，李冰不管到哪巡視，都會帶他在身旁，這次李冰被調到成都，二郎當然也跟隨。李冰看到水患如此的慘重，覺得不趕快找出原因不可，卻又有公務在身，二郎見到這樣的情況，便自告奮勇單獨出發尋找水患的原因。

一開始，他找遍各個名山大澤、行過各地村莊，始終毫無頭緒，但是身負重責，怎可輕言放棄，於是繼續尋覓根源。有一天，二郎正行走在叢林間，突然吹來一陣怪風，一頭花斑紋的猛虎出現眼前，二郎退一步後，拔起身後的弓箭，對著猛虎拉弓一射，結果猛虎一命嗚呼。接著不久，二郎看見七個獵人匆忙趕到，氣喘的問二郎：「年輕人，有沒有看到一隻老虎，它跑到哪而去了。」二郎指著地上的老虎說：「各位大爺說的是不是這隻老虎。」獵人們吃驚他輕鬆收伏猛虎，連忙問二郎來自何處，爲何有這般的神力。二郎便將自己的來歷，以及尋找水患源頭的事全數告知，獵人們聽完都說自願跟隨二郎，二郎一下有七位助手幫忙，當然十分樂意。

幾天之後，一行人來到灌線附近的小村落，從很遠的地方傳來陣陣的哭泣聲，尋找後，發現是從一間茅屋傳出，二郎覺得哭聲聽起來非常悲傷，便敲門進去瞧瞧。原來是一對老夫婦，正抱著小孩難過，二郎便問：「老爺爺，你們在哭什麼，是小孩生病，還是有什麼樣的困難。」老爺爺回答：「年輕人有所不知，我們村裡有個習俗，每年都要選出一戶的小孩，送到江水祭祀河神，今年就是輪到我們，所以我們才會這麼難過。」原來這村莊的附近，有個深不見底的龍潭，傳說河底住著一隻巨龍，每年村子的人們都要選出童男童女，投到河水祭祀它，否則它便會興風作亂，並且蜀地的洪水就是它所製造。二郎一聽，發現經過多日終於找到禍源，非常高興，心想若能解除水患，又能幫助老夫婦解決問題，何樂而不爲，於是向他們表明身分，要老夫婦千萬別放棄，等他一些時候，自己則帶著獵人們連夜的趕回成都，稟報父親李冰，李冰當下擬定辦法，盡快斬妖除魔。

祭祀的當天，河神廟裡裡外外都是信徒，在神廟的殿前正是老爺爺的孫子，二郎們則藏匿在廟後，等待惡龍的出現。不久後，烏雲密佈下起大雨，日月消失了光芒，從河底竄起一隻巨龍，張牙五爪的樣子邪惡十足，盤旋幾下便直飛廟前，準備吃掉奉獻的祭品。二郎見情況危急，拿著兵器便衝出去，使勁全力的跟巨龍戰鬥，其他的獵人朋友則在一旁助陣。巨龍抵擋不住猛烈的攻勢，便想逃回河中，二郎怎可放過這妖孽，繼而潛入水中戰鬥，終於巨龍精疲力竭不敵二郎，二郎便用鐵鍊將巨龍深鎖河底，讓他無法再興風作亂。

爲了疏通剩下的水患，李冰帶領著人民作水利工程，這水利工程剛好也可幫助人民灌溉田地，後來人民爲感謝李冰父子的功業，便在河旁建立一座廟宇，取名爲「二王廟」，稱李冰的兒子爲二郎神。

延伸閱讀

水患是祖先們最困擾的事，關於治水的故事也有許多，李冰便是其中一個。而二郎的故事，則是個延伸而出，同樣跟水患有關的小故事。不過有個爭論，二郎神究竟是不是李冰的二郎，有不同的說法，有人認為是隋朝趙昱，還有個就是封神演義中的二郎神楊戩。二郎神最著名的傳說，不是治理水患，是西遊記中當孫悟空大鬧天廷時，只有二郎神能制服他，甚至展開一場追逐大戰，此外，一般人的印象，二郎神的身旁則帶著一隻嘯天犬。

20 雷神與電母

前言

人們在烏雲密佈的時候，可以感覺到打雷閃電，在民間的傳說中，有個負責打雷閃電的神明，也就是雷公、電母，關於雷公、電母，有這樣的一段故事。

傳說在很久以前，有個姓董的凡人，這日原本他正在屋內午睡，睡的正甜的他，卻在半夢半醒朦朧之中，覺得有個長相奇特的人，緩慢的接近自己，並對著他指指點點的說：「你看看這個男人，嘴巴長的尖尖，就像咱們天界的雷公一樣，不如拿他來頂替生病的雷公，我們也就不用擔心事情沒人作。」說完便伸出一手，拉住董的肩膀，並塞給他一把斧頭，一股腦的向天飛升。就在騰雲駕霧間，這個異人帶他來到一間華麗的宮殿，殿前坐著一位身穿華服的人，那人聲音宏亮的對他說：「董先生你好，沒受到驚嚇吧！本尊派遣屬下迎接先生前來，是有要事相求，最近在凡間有個村落，村中有戶人家的媳婦，對婆婆十分不好，上天決定派雷公給她一個懲罰。可是最近雷公生了一場大病，無法親自執行這個任務。我的屬下發現你長的很像雷公，覺得你是最佳的代理人選，一致推舉你來執行這工作，請先生不要推辭，就帶著這道神符前往當地吧！」說完將神符傳送給董。

董接下神符後，隨著仙人走出宮殿，一出宮殿便覺得身體開始輕飄飄，腳底像踩著一朵朵的烏雲，經過的天空都會發出陣陣響聲，外加耀眼的閃電光芒，就在不知不覺中，董覺得自己好像眞的變成雷公。很快的，他來到天神所指示的村落，當地迎接的土地神，早已恭候多時，土地拜見董後，便帶他到那戶人家。才剛到那戶的上空，便看見媳婦凶惡的虐待婆婆，一邊咒罵她，一邊還用竹藤打她，而在一旁圍觀的民眾，雖然同情她的處境，卻不敢插手人家的家務事，只是七嘴八舌、指指點點的。董看見這個惡行的媳婦，氣憤的連手筋都冒出，迅速的拿起斧頭朝著媳婦的方向一劈，沒想到這一出手，惡媳婦連喊叫的聲音都沒有，便當場倒地死亡，圍觀的民眾都說，這是上天給她的報應。

董懲罰惡媳婦後，沿著原路回到先前的殿上，向天帝報告事情的結果，天帝十分感謝他願意替天行道，說要送他一件禮物，於是問他：「上天十分感謝你的大力相助，也覺得先生表現的不錯，決定給你一個機會，你想不想就這樣成爲神仙，代替雷公處罰人間的惡徒。」董直接的回曰：「感謝天帝如此的厚愛，可惜我在人間尚有未完成的心願，因此無法替天帝服務，還懇請天帝見諒。」天帝知道無法挽留董，繼續問他有沒有想要的金銀珠寶，董一口回絕的說：「我什麼身外之物都不要，唯一的希望是能夠順利的讀書，來年考上一官一職，爲社稷服務而謀生，這就已經足夠，沒有別的奢望。」天帝聽完說：「你這個願望很簡單，本尊保證只要你一應試，必定會金榜題名，官途一片光明。」接著讓屬下將他送回人間的家中。

回到屋中，董生像是作了一場大夢，緩緩的從夢中醒來，想起剛剛發生的事件，感到不可思議，將夢境一五一十的告訴家人，家人也說是夢一場。事情過了不久，有一天，董正在街上遊走，突然聽到鄰居街坊的人們，熱絡的談論最近發生的奇事，他微微的聽到，鄰居討論說隔壁村的壞媳婦，因爲虐待婆婆，不久前被雷公給打死，董十分驚訝，決定親身前往當地瞧瞧，證此事，一到當地，發現夢中的景象歷歷在目，卻也不再多想，他回鄉後用功於書本，幾年後，順利的考上官職。

上天有雷公，他則還有個妻子，即一般俗稱的電母，關於電母的由來有這樣的故事。有次雷公在執行任務，看到人間有個媳婦浪費糧食，卻給婆婆吃的是粗茶淡飯，於是順手將她給擊斃，後來此人上告天庭，說自己是個孝順的媳婦，被雷公冤枉劈死，請求上天替她主持公道。天帝覺得這個錯誤不可原諒，打算要革除雷公的職務，這時有神仙說，雷公因爲沒有助手幫他照亮黑夜，所以才會犯下這錯，不如就讓這媳婦成爲雷公的助手，在打雷之前，先將事物照亮清楚，以免再犯同樣的錯誤，這個人後世就稱她爲電母。

電母、風神、雨神

延伸閱讀

打雷閃電是自古以來便存在，且常常有人成為雷下亡魂，這樣的事情不是現在才有的，古代的人們將此事解讀為，被雷擊中是因為凡人作錯事，上天給他的懲罰。這就是先人對自然界現象的解釋。在道教的世界中，則讓故事更加清楚，流傳為是一對神仙夫妻，在天界維持正義。中國人自古以來即講求孝道，因此對於不孝的行為，可說是極度痛恨，所以當天空打雷閃電，人們直接聯想的就是上天要懲罰不孝之人。觀看現在的社會，孝順子女的比孝順父母的人多，是不是也值得我們思考呢？

21 灶神

前言

在中國農曆春節之前，有個重要的祭祀活動，便是送某位神仙上天，等新年過後又將他請回，而這神就是眾人皆曉的灶神。

很久以前有對夫妻，男的名爲張仁，他跟妻子兩人相依爲命，靠著農事過活，雖然日子過的辛苦，然而彼此深深相愛，倒也是快活。新婚幾年後，兩人產下一子，取名張誠，更是爲兩人帶來歡樂的氣氛。張誠出生三年後，當地一連兩年未下半滴雨水，使得靠著農業維生的張家，頓時陷入困境中。收成雖不好，跟地主所欠的租金仍是要給，於是張仁只好每天到深山中砍柴，再擔到市集上賣，用他所掙的丁點錢，養活全家。

這情況維持個幾年的時光，不幸的是，有回張仁打柴回家，在半路連人帶柴地滾到山溝，因此摔斷了雙腿，生活的重擔便落在他的妻子李義身上，爲了解決這個難題，剛好鎮上的地主建造新家，需要人手幫忙，李義便踏上幫傭之路。地主給她的薪水雖高，但作的事相對也就增多，日夜操勞的李義早已疲憊不堪，一想到家人因爲這樣可以溫飽，也只有繼續支撐下去。李義離家後，擔心家裡無人做飯，便拜託一個熟人，偷偷的將剩下的飯菜帶給家裡頭。幾個月過後，地主家準備慶祝新居落成，李義也更加的忙碌，而此時帶飯之人卻因生病連續幾天沒來，餓了幾天的張仁，忍不住的跑到地主家找尋李義，明知不可留他，李義為了怕給別人知道，偷偷將丈夫安置在柴房。哪知人算不如天算，當李義正為宴會忙碌之時，忽然聽見門外突然一陣混亂，有人大喊著：「柴房失火了！」這話像雷擊中李義，當場放下手邊的事，連忙衝到柴房一看，發現火勢已經一發不可收拾，她像發瘋似的想進入柴房救張仁，但火勢太大眾人硬是阻止她，來不及救夫的李義，最後昏死過去。

火勢慢慢的消退，張仁也一命嗚呼，漸漸醒來的李義，雖然承受不了這事實，但在傷心之餘，也只能帶著張仁的骨灰回家。張仁死後的日子，李義十分的懷念他，不時責備自己的疏失害死了丈夫，於是她將骨灰放在灶爐上，每日按時的供奉他，每遇祭拜的節日，總會獻上幾柱香跟好吃的東西，並且找來木匠師傅，將張仁的生辰刻在木板上，也就是農曆的十二月二十三日，在這天，李義會用張仁生前喜歡的食物，像是糖果、年糕等祭拜，希望張仁在天之靈能夠安息。

歲月如梭的過去，張仁的兒子張誠一點一滴的長大，性格跟他的父親一樣勤奮，對母親也十分的孝順。他平日看到母親，總是對著一塊木板說話，心裡有些疑問，於是李義將他父親的事，從頭到尾訴說一遍。張誠聽完後，對李義安慰的說，昨天夜裡，曾經夢見父親的身影，張仁和藹的對他說，玉皇大帝將他封為灶神，負責管理人間的柴米油鹽之事，李義也深信著這事。後來李義過世，張誠便將她跟張仁的牌位擺在一塊，每年同時的祭拜兩人。就這麼代代相傳下，人們便以灶神供奉著，保佑全家人畜興旺。

延伸閱讀

在中國灶神的傳說不只一個，而對灶神的祭拜可能由火神而來，因為廚事在人們心中頗為重要。而灶神向天庭告狀之事，在葛洪的《抱朴子》中有記載，記載中天帝會因灶神所稟報的罪行，給人們在壽命上有所懲罰，有的減壽三天，有的則是三百天。

於是（在過年前的農曆十二月二十四日，為送神的祭拜日）人們在祭拜祂的時候，總會在祂的嘴邊塗上糖，希望祂能為我們說些甜甜蜜蜜的話。而因灶神是廚房之神，臉跟身體會被油污弄髒，故在每年祭拜之時，會替他穿上新衣，希望祂保佑我們平安。

22 中國最長壽之人——彭祖

前言

在中國的傳說之中，最爲長壽的人算是彭祖，在傳說之中他活到八百多歲。

傳說彭祖的本名爲籛鏗，是帝王顓頊的玄孫。他生性喜歡平靜恬淡的生活，對於塵世俗務不甚關心，諸如追求名利、服飾華麗等事。他也常常利用閒暇之餘，閱讀師父所寫的書籍，以求融會貫通。另外他常服用些珍貴的養生食品，像水桂、雲母粉等之類，藉以保持身體的青春。他對於出遊這件事，也特別的有興趣，常常一出去就是好幾十天，甚至長達百日不回，到哪裡也沒人知道，回來之後也是像平常人一樣的生活，漸漸地大家都見怪不怪。雖然他生活的方式不同其他人，卻也不會主動提起自己的事，也不會說說自己如何養生、長生。不過聽說有人曾看過，他經常盤腿而坐，凝神聚會，像是藉此調養生息，身體微恙時，便以此法爲自己治病，這有點像是後來用氣養身的方法。

到商朝末年，彭祖已活到七百多歲，周朝穆王聽說彭祖的名聲，想策封他爲大夫，彭祖卻拒絕。穆王不灰心，屢次造訪彭祖住處，想求養生之法，但彭祖卻維持原來的態度，不加理會，穆王對彭祖的行爲也不生氣，反而送彭祖貴重的金銀錢財，彭祖也將錢財轉送給其他人民，不爲己用。

後來穆王又命一名采女，驅車前往彭祖居處，藉此欲求得長生之法。彭祖看采女一心虔誠的樣子，便開口說：「我的知識並不足以教你延年益壽之法，如果眞的想求得此法，不如到大宛山請教青精先生。那青精先生雖然已有千歲之齡，每日卻仍可步行百里，臉像是稚嫩的兒童般，像這樣的人，才是眞正懂得長生之道。」采女又接著問：「那位青精先生是什麼樣的仙人？」彭祖回答說：「我所說的青精先生並非是位仙人，而是位得道者，仙人又是屬於另一個世界了。仙人雖無所不能，可無翅而飛，騰雲駕龍，直上天宮；或是化身鳥獸，遊於青雲之間；以氣爲食，或食靈芝；或有術之法能隱身。可是卻不能與世爲伍，於是神仙雖長生，卻失去人的本性，我是不願成爲那樣的人。」又繼續說：「而我說的得道者是不同仙人，他仍享受人間的物質，像是美食、男女之樂。其實原本人類的生命，懂得保養可以活到一百二十歲；若更精進的話，可以到二百四十歲，所謂的保養之道，也就是不傷害自身而已。目前活在世上的一般人，不能長生的原因，就是盡做些傷害身性之事，像極度的悲哀、高興、難過等。只要避開這些傷害自身之事，就可以達到長生之道。」又說：「我一出生便失去了父親，三歲喪母，那時正逢戰亂，流離西域長達百年之久。現在的我，已失去四十九位妻子，五十四個兒子，經歷許多的痛苦憂患，已傷身過多，恐怕將不久人世。」說完後便悄悄地離開。采女回宮後，將彭祖所言之事全數據實以告，穆王親身實踐彭祖的說法，發覺效用奇大無比，卻害怕別人也會求得此法，暗地裡派人殺害彭祖，然彭祖早就猜到穆王的心理，悄悄地離去，於是沒人知道他的去向。經過七十多年，聽說有人還曾在流沙國的西邊，見過彭祖的足跡。

延伸閱讀

長生不老的想法，跟中國的養身延壽是一體的，關於如何長生不老的故事有許多類型，有仙丹以長生，像是秦始皇求仙丹；或是學習仙術得以長生，像是後來的求道成仙故事。而彭祖這篇卻只是一個不同上述長生之人，這樣的普通人，卻可以如此長壽，故事提供的方法也很簡單，只要不作傷害自己的事。說起來簡單，做起來卻困難十足，像是彭祖這樣的人，中國幾千來有多少？故事讓我們知道有這樣的奇人外，也提出一個思考，長生不老真的好嗎？彭祖在跟采女的對話中已透露出，長生需要面臨的可能情況，將看著自己的親人一一老去、死亡，若會傷心難過，便表示你還無法達到長生，這須超越一般人的能力，才能擁有。唐代有位詩人的作品，道出他對道術有一些見解，也將中國道術的幾個方式寫下。

憶江南　呂巖

淮南法，秋石最堪誇。位應乾坤白露節，象移寅卯紫河車。子午結朝霞。
王陽術，得祕是黃牙。萬蕊初生將此類，黃鍾應律始歸家。十月定君誇。
黃帝術，玄妙美金花。玉液初凝紅粉見，乾坤覆載暗交加。龍虎變成砂。

長生術，玄要補泥丸。彭祖得之年八百，世人因此轉傷殘。誰是識陰丹。
陰丹訣，三五合玄圖。二八應機堪采運，玉瓊回首免榮枯。顏貌勝凡姝。
長生術，初九祕潛龍。慎勿從高宜作客，丹田流注氣交通。耆老反嬰童。
修身客，莫誤入迷津。氣術金丹傳在世，象天象地象人身。不用問東鄰。
還丹訣，九九最幽玄。三性本同一體內，要燒靈藥切尋鉛。尋得是神仙。
長生藥，不用問他人。八卦九宮看掌上，五行四象在人身。明了自通神。

23 姜太公子牙與周文王

前言

姜子牙在民間傳說中，是幫助周文王與周武王滅商建國之人，較著名的故事是姜太公釣魚，此外他與周的帝王也有些傳說故事。

相傳姜子牙的先祖，曾經幫助大禹建立功業，於是受冊封在呂地一處，所以姜子牙又名呂望。姜子牙很早就有雄心壯志，四處尋找一展長才的機會，想爲國家盡些自己微薄的力量，可惜的是偏偏時不予我、懷才不遇，從年輕的時候就非常坎坷困苦。人說歲月無情，姜子牙在一事無成中，度過他的壯年時期，等到晚年聽說周文王的名氣，非常期望能得到賞識，於是來到渭水河邊，等待獲得賞識的時機。

當時正爲國事繁忙的文王，有次疲倦的入睡，誰知夢神卻來打擾，就在夢中他見到天帝，穿著黑服站在渡口旁，身旁還跟著一位白眉老人，天帝和藹的召喚文王過來，親切的對他說：「讓我跟你介紹一位賢才吧。」只見老人向前與文王拜見，正當文王看清對方的臉孔後，瞬間就被驚醒，醒後一直苦思夢中之人是誰。他曾派人尋找多日後，卻仍不知其人是誰？又究竟人在哪裡？經過多日後，有回他在獵遊前，照例的卜卦問神，而這次卦象顯現的結果是：「渭河邊將有大豐收，這次豐收的不是龍、虎、熊等野獸，而是位將輔佐王獲得天下的賢臣。」文王聽完之後，便聯想到夢中天帝所言之事，更堅定這次的遊獵十分重要，欣喜的帶著群臣往渭河邊前進。

話說這頭，姜太公在渭河苦苦地等待文王，而光陰如梭的消逝，卻不見文王的到來，等待的日子，他總是在岸邊釣魚消磨時光，不過說他釣魚也很奇怪，他不把魚餌放入水中，而是離水面三寸之高，路過的人都笑他說這樣是釣不到魚的，姜太公也是笑笑的回應不說一句，然後又像以往一般的釣魚。

這一天，姜太公照舊的在河邊釣魚，文王也來到渭河邊遊獵，文王根本無心打獵，一心想找尋天帝所說的賢才，突然間，文王將視線集中在河畔的一位釣翁，那位釣翁身穿竹笠與簑衣，手裡拿著一根釣竿，釣餌卻離水三寸，周遭的吵雜聲音都無法撼動他。文王再仔細的一瞧，發現他就是夢中的白眉老人，趕緊的跳車，急步驅身前往釣翁處。文王恭恭敬敬的向姜子牙請教，姜子牙也拜見文王，文王跟子牙說起夢中的一段故事，子牙更堅定要輔佐文王的信心。回到宮中，文王對姜子牙十分的禮遇，用最好的禮節來款待他，並封他為國師。不過子牙雖是天神派領的人選，但關於國事不可不慎重，文王想到一個測試子牙能力的辦法，他讓子牙到灌壇任官，想看看他的管理能力，沒想到他將原本混亂的地方管理的很好，於是更加的信任他。有一回，子牙在灌壇當官時，那個夜晚，文王作了一個怪夢，文王夢見有位婦女對著他哭訴，婦女說，她原本是山神的女兒，今天從東海準備返家探親，經過灌壇路途，驚嚇姜子牙的威嚴，她不敢越過咫尺，不知如何是好，希望文王能幫她解決。隔天文王醒來，快速的將姜子牙從灌壇召回，告訴他這段夢境，當時子牙十分不解，於是又回灌壇。才剛剛踏進城門，鄉民匆忙的跑到子牙面前，向他報告一事，說在他回朝的時候，突然灌壇當地下起前所未有的暴風雨，雨下了十分的久，說也奇怪，在他回來不久之後，暴風雨卻突然停止狂下，在這時候，姜子牙才明白文王夢中之事，而這場奇雨便是女神回家的神蹟。

雖然文王在世之時，子牙無法讓周朝建立，但經子牙的幫助，最後周氏還是滅了商紂王，建立周朝。

延伸閱讀

在澎湖馬公郊外，有塊刻著「姜太公押煞」字樣的石敢當，相傳是助周武王滅商的姜子牙，奉天命冊封功臣為神後，發現自己無神可封，因此化身為石敢當，但在歷史記載中，並未發現這段記載。姜子牙的神話，在著名的神魔歷史小說《封神演義》中，也有詳盡的故事，甚至是故事的主要角色，故事中他是李哪吒的師父，率領眾人降服妖魔鬼怪，幫助文、武王滅商，最後冊封有功之人，也就是封神一事。姜子牙居要角的《封神演義》，在民間道教知識的傳播上，佔有重要的地位，許多關於神明的傳說，都是由此書而來的。

24

上知天文下知地理的鬼谷子

前言

鬼谷子先生，他的言行有像一般人的地方，卻也有常人無法完成事情的能力，他更有著上知天文、下知地理的神功，相傳許多的戰國學者、思想家都是他的門徒。

相傳在潁川縣某個地方，人煙非常的稀少，且草木長的蔥鬱，山谷深不可測，這個地方大家都稱作爲鬼谷。在深不可測的鬼谷中，住著一位奇特的男子，他自稱爲鬼谷子，大家則叫他爲鬼谷先生。相傳在戰國的時候，他曾到雲楚山採集不死之藥，也就因此而得道。在鬼谷一地，鬼谷子除了聚精會神、虔心的修身養性，一方面也招收些門徒，利用時機，傳授他的技能給有潛能的人，在他的門生之中較眾所皆知的是蘇秦、張儀。

蘇秦和張儀原是一對很要好的朋友，他們彼此互相鼓勵和打氣，對未來充滿希望和期許，他們發現待在故鄉，是無法學習更好的知識，便相約一起尋找名師。因爲缺乏盤纏所以一路上兩人變賣了不少飾物，最後連頭髮都剪下來賣，有時遇見好心人家，便給他們一些打工的機會，糊口飯吃。雖然過得十分辛苦，但一有機會，倆人遇見有用的知識書籍，便不辭辛勞的花費精力傳抄，有時當下找不到抄寫的版子，也會記在衣物、身體上，等到有竹簡，便努力的抄寫，深怕有遺漏的部分。流亡許久，終於這天他們來到鬼谷附近的村莊。

在村人的口中，張儀、蘇秦聽說不少有關鬼谷子的傳聞，傳說中的他上通天文、下知地理，因此兩人很想見見鬼谷子，可是鬼谷是個幽深難測的地方，若不是非常熟悉路途，是很難到達，然而幸運的他們，循著好心村民所指示的路途，經過九彎十八拐的通道，終於來到鬼谷子的住處。鬼谷子見他們倆的天分不錯，又有心學道，便收為門下，每日傳授他們道術。而鬼谷子門下的人，實在多不勝數，但卻沒有一人眞的學習到鬼谷子的眞傳，這是因爲大部分的門徒都天資不足。鬼谷子當初見到他們，原以爲找到理想的人選，這兩人可以得到他的眞傳，能夠將仙家之術流傳下去。讓他灰心的是，蘇秦、張儀兩人一心想習得有用於塵世之術，完成之日便下山助人，對於鬼谷子的用心無法感同身受。於是三年後，兩人學成之時，鬼谷子送他們一只鞋子作爲學成的祝賀之禮，沒想到這雙鞋化爲一條狗，快速的飛奔，就在一炷香的時間，很快將兩人帶到秦國。在道法上雖未得鬼谷子的眞傳，但兩人在政治上的表現，一個提出連横、一個提出合縱，均是聞名於當時。

關於鬼谷子有另一則故事。話說，在秦始皇時，有個地方名叫大宛，有一年，發生群眾暴斃路旁的事件，不久，見一群飛鳥叼來一株株草，隨即將草覆蓋在死者臉上，這時神蹟乍現，原本以爲過世的人，卻都一一復活，秦始皇聽聞這件事後，對這株仙草十分好奇，想知道此草是出自何處，於是派人將草送至鬼谷子處，請他幫忙看看，這是什麼樣的植物。鬼谷子一見其草便說，在汪洋大海中，有許多的神洲，其中有一個名爲祖洲，在這洲上便種植這樣類型的草，又名養神芝，一株可以使千人復活。此後鬼谷子在人間生活幾百年後，便不知去向了。

延伸閱讀

鬼谷子在歷代以來的傳說，總是有著不確定性，有人說他是軒轅氏到商周的人，也有人說是晉時楚國人，這都更顯出這位先生的傳奇。像這樣神秘的先人，給文人在寫作上很大的想像空間，產生許多的遙想，唐代詩人陳子昂的〈感遇詩〉，有首提及鬼谷子：

吾愛鬼谷子，青谿無垢氛。囊括經世道，遺身在白雲。
七雄方龍鬥，天下亂無君。浮榮不足貴，遵養晦時文。
舒之彌宇宙，卷之不盈分。豈徒山木壽，空與麋鹿群。

25

巧聖先師——魯班的故事

前言

所謂的巧聖先師是木匠、工匠等行業的祖師爺，是對魯班的尊稱。「班門弄斧」的寓言故事，就是因爲魯班手藝的高超，相傳魯班尺就是他所創。

魯班，魯國人氏，是我國古代有名的工匠，相傳他製造的東西，雖是木頭卻栩栩如生，而且眞的能動。魯班曾替他的母親建造一輛馬車，馬車上還有個木人，只要他坐在馬車上，木人自動的會揮起馬鞭，馬車就這樣啓動，在大街上快速的奔跑，沒想到他的母親卻再也沒回來，當然這只是個傳說，爲了證明他的巧手。

相傳他曾建造一隻木鳶，在上面裝有機關，只要是啓動機關，就能夠把人帶到天上飛翔，於是他常常乘坐木鳶回家看妻子，不久他的妻子就懷孕，肚子一天天的大，而他的父母於是追問原因，妻子害羞的說出眞相。魯班的父親很好奇這樣的東西，偷偷的利用兒子回家的時候，將木鳶取出乘坐，他啓動機關後便飛向遠方，這一飛就是千里之遠，降落後卻被當地人認爲是妖怪殺掉。魯班發現木鳶不見，父親也消失，便再造一隻木鳶，四處尋找他的父親，終於找到他的屍首，將屍體帶回家中。他認爲當地人十分愚昧，竟然誤殺他的父親，便建造一個木頭仙人，遙指當地的方向，結果當地三年間未曾下過一滴雨水，當地人找巫師卜卦，問問究竟出了什麼事，巫師才說是他們得罪魯班，於是魯班施法讓他們沒有雨水。當地人趕緊的派人到魯府，跟魯班道歉，並保證是無心之過，求他能夠原諒他們。魯班最後將木頭仙人的手指砍掉，這時當地便下起傾盆大雨。

相傳他的妹妹魯姜也是個工藝高手，兩人的手藝可說是不相上下，有次便提議來個友誼賽，看誰眞正有雙巧手，於是相約各自建造一座橋，魯班負責是城市南邊的橋，妹妹負責的是西邊，比賽從一更開始，到公雞鳴叫時停止，約定之後兩兄妹展開一場大賽。

兩人同時開始，然而魯姜提早完成後，便跑到哥哥建造的橋，偷偷看魯班建造的情況如何。一到場，只見到魯扳手執皮鞭，驅趕著一群白羊向她的方向走來，仔細的一瞧，發現那不是白羊，而是一顆顆潔白的石頭，浩大的氣勢，讓魯姜吃驚不已。而看到橋的架構，雖未完成卻已顯出龐大之勢，想到自己的小橋，眞是天上人間之別。爲了讓自己在比賽中獲得勝利，魯姜趕緊跑回城西的小橋，做最後的加工整理，她加上一座石獅子，並在橋上刻上一些美麗的圖案，像是牛郎織女圖。但總覺得這樣仍是不妥，便回到哥哥的場地，跟他開個玩笑，悄悄在一旁學雞叫。這一叫驚起其他的公雞，跟著相爭鳴叫，魯班眼見時間快來不及，卻還有兩處尙未完成，便用力一拋石塊，當石塊落在橋上，剛好趕上雞鳴停止的時間，這也就是後來的趙州橋。

雖然只是兄妹間的比賽，但一夜之間建造大橋的神力，仍讓當地的居民佩服萬分，這不可思議的行爲，漸漸地在人群中傳開，於是從全國各地，每天都有許多人來到趙洲橋，看看魯班鬼斧神工的手藝，這樣的消息從民間傳到仙人的耳朵，好奇心特重的張果老，決定前往一探究竟。當張果老與另一位友人，同時站在橋上，因爲兩人的神力，讓堅固無比的趙洲橋，開始顯得搖搖欲墜，尤其最後那兩塊石頭，搖晃的特別厲害。魯班迅速的趕到橋邊，往河底一躍，用兩手撐住橋面。神奇的事發生，經過他的搶救，終於保住趙洲橋，聽說直到現在的橋上，仍可清楚看見張果老的驢子腳印。

延伸閱讀

中國很早就超過三百六十五種行業，較大的行業會有著自己的創業祖師，而木匠的祖師就是魯班。筆者舉些其他行業的祖師，像是印刷術的祖師是文昌帝君，畫家則是王維，算命先生則是呂洞賓，紡織業是織女，醫生是華佗，茶商則是陸羽，而造酒業的祖師爺則是杜康，是中國民間信仰的一個特色。而農曆五月初七為巧聖先師魯班的祭祀日。

26

道家的創始人——老子的故事

前言

老子在道教中被尊稱為太上老君，在中國的道家思想上是一個重要人物，所著的《老子》一書，有著道家思想的重要觀念，關於他的來歷均有不同說法，有人說他早於孔子，有人說他生於戰國，其生卒年都像迷一般。

傳說在很久以前的一個夜晚，天空烏漆漆一片，忽然有顆星劃過天空，降臨到城中的一戶民家，一位姓李的婦人因此懷孕，那位李姓婦人就是老子的母親。老子的母親懷他特別辛苦，一共等了七十二年的時間，才由左邊的腋窩產下他，因為生於李樹下，母親又姓李，而且老子一生下便指著李樹說，這就是我的姓，他又自名為耳，故大家都叫他李耳。他出生在楚國苦縣，為什麼又叫他老子呢？那是因為他一出生便白髮蒼蒼，故人人稱他老子。

老子的性情淡薄名利，一心虔誠求道學，在周朝時，並沒有擔任一官一職，對人間俗事不感興趣。某一日，老子騎著青牛，準備前往崑崙山，路途必須經過一個關口，而這關口的關令尹喜，原本就喜好神仙之術，一聽老子將路經此處，馬上下令將大道清掃乾淨，清掃沒多久，忽見一人從天騎青牛緩緩而降，原來是老子降臨。老子見尹喜有求道之心，便留下幾日，以便傳他道之眞理，傳說在離開前並留給他一本書，即是說著深奧之道的《道德經》。《道德經》包含著天地萬事萬物的根本道理，一個以道爲主的哲學思想，於是後來的道教就是以道爲最高信仰，即所謂的得道成仙。一天，老子對尹喜說，他已經久留多日，是該功德圓滿離去的時候，尹喜知老子求去心切，便不勉強他，依依不捨的揮別老子，離別前老子要尹喜虔心修道，十年後會有相遇的機緣，說完又像來時般離開。傳說在十年後，尹喜經由老子的點化成仙去了。

老子在人間生活時，曾僱用一個僕人，他的名字叫徐甲，兩人當時所訂的契約是，老子一日給他一文錢。結果兩百多年過去，老子卻從未支付過一毛錢，因此這次遠遊便讓徐甲十分擔心，深怕有個萬一，就無法拿回勞資，於是託人四處尋找老子，希望索回所欠的工錢，尋找之人知道有這麼一大筆錢，便設計徐甲讓女兒嫁給他，等到老子將錢給徐甲後，便可以獨占這筆錢。所以他跟徐甲提議婚事，徐甲心想自己在人間孤獨已久，能重新再娶甚好，便答應這門婚事。此人設好圈套後，便積極的尋找老子，終於跋山涉水到關中找到老子，告知徐甲工資一事，老子聽完說希望親自見到徐甲再支付。幾天後徐甲趕到，在大廳跟老子見面，老子開口說：「原本你的陽壽早盡，是

晁補之老子騎牛圖

我念你身世可憐，留你在身邊幫忙，爲了保住你的生命，便賜你一道太玄清眞符，如今你見錢忘義，我想我也沒必要再煞費苦心，將符還我吧。」說著說著，一道符從徐甲的口中升起，符上字跡仍新，漸漸地完全離開徐甲的身體，刹那之間，徐甲化爲一推枯骨。當時尹喜在旁，不忍徐甲落得如此下場，便替徐甲求情，老子也念他跟隨多年，沒有功勞也有苦勞，便將符還回徐甲身上，瞬間徐甲又活了過來，徐甲復活後跪在地面，拼命的磕頭感謝老子，雖然救回一條命，但老子對徐甲說：「你我已無緣，這道符已無法助你久生，你好自爲之。」尹喜給他一筆豐厚的錢後，徐甲便離開關中。

延伸閱讀

道教和道家原本是不同的，道家的經書像是《老子》，是哲學性較強的著作，書中少有所謂的神仙道術，道教是屬於民間的信仰的組織。然而在中國歷史文化發展下，已把道家納入道教的範圍，老子則是最好的一個例子。老子的生平，在歷史記載上是空缺，出生、時間、地點、背景都是問號？這也讓他的生平事蹟多了點想像空間傳言他活了兩百多歲，也有人將他與歷代人物連在一起，這都是因為他不可知的身世。在傳統中國的讀書人心中，老子常常是一個理想人物，他的不慕名利、修身養性均是文人看齊的指標。不知從何開始，學術著作的老子被尊為神仙，像是唐代便有尊稱老子為玄元皇帝，設置廟宇祭拜，而他的傳說更有越來越多的趨向，像是有人說他西走後，到印度成為佛教的創始人，也就是「化胡說」，不論是宗教還是學術，都可見到老子帶來的影響力。

27 文史真人尹喜的故事

前言

道教有個得道者，名曰文史眞人，或稱無上眞人尹喜，相傳他跟老子有一段師緣，最後因老子傳授道術而得道升天。

尹喜出生前，他的母親曾夢見有雲飄落，環繞她的身軀，醒後發現已有身孕，經過懷胎十月後尹喜降生，傳說在他出生的同時，家裡庭院的池中，盛開一朵朵的蓮花，大家都說是尹喜帶來的。在尹喜的成長過程中，特別喜愛閱讀古籍，尤其擅長天文方面的知識。這夜，他獨自一人觀察天象，正當他專心沉迷之時，忽然見到東方的紫氣相連，有顆聖星快速的向西邊移動。看到這個星象，尹喜得知將有聖人西行，恰巧官府有個函谷關尹的缺，尹喜便自動的向周王請求調職，自願擔任此缺。一上任的尹喜，很快的交代官府部屬，如果在城中，看到任何奇身怪服的異鄉客，馬上回報，回報者重重有賞。

幾個月過去，有天，街上來了一位騎著青牛的奇人，城民發現後，趕緊的向尹喜報告，尹喜一聽消息，愉悅的說：「今日我將有機會看見思念已久的聖人。」他迅速趕緊換上整齊的服裝，驅車前往老人所在之處，準備邀請他在府裡作客，老人回應說：「老夫並非什麼貴重的人，恰好路過此處，都是因為我要到西邊的田地耕種，收割一些需要的乾草，官人不需要慰留我？還是讓我走吧！」尹喜一聽連忙拜下，恭敬的說：「夫子不需要隱瞞事實，我從星象得知有聖人將西行，你就是星象告知的聖人。」老人微笑的說：「你認錯人了，我是聽說西方有位聖人，因此才想到西方求道，我怎麼會是聖人呢？」尹喜又說：「夫子便是天地之間的至尊，何須西行求道。」老人明白尹喜有顆求道之心，於是測驗他說：「照你所說，你曾看到星象，請問那是什麼情況，可以為我說明嗎？」尹喜回答：「當然可以，在幾個月前的一個晚上，我一人觀察天象，這時東方有股神聖紫氣向西方移動，我便曉得有聖人西行。到關中我仍繼續查看，到了這個月，星的滑動更加明顯，像是龍蛇滑行前進，這是聖人將到的神跡啊！我想夫子千萬不要再推辭。」老人大笑的說：「念上天賜於你這神奇的能力，加上我們有緣分，好吧！我就留下來一些日子，傳授你一些道理。」尹喜聽見老子願意留下，非常的興奮，急忙行拜師之禮問：「弟子敢問尊師名諱？」老人便說：「我姓李，單名耳，又號老聃。」原來此人就是太上老君——老子。尹喜獲得老子的首肯，欣喜的將他接到府中，每天按時行弟子之禮。

老子停留關中的日子，竭心竭力傳授尹喜許多道的眞理，傳後並將《道德經》留給他，後來尹喜將自己學習所獲得的心得統整，完成《關尹子》一書。有一天，老子召喚尹喜到跟前，對他說：「我能教你的道術已經差不多，而分離的時機也到來，你不需要悲傷，只需全心專一的潛修，千日之後到蜀國的青牛村，有緣我們必會相見。」說完乘著發光的雲彩，緩緩的消失在天上，這天是農曆的四月二十八日。

這方，尹喜按照老子的話，每日用心修道。話說，老子升天後，隔年便轉世，降生在蜀國李氏官府中，座前的青龍則化身爲青羊下凡，青羊常陪在老子轉世的嬰兒身邊，只要牠在，嬰兒便不哭鬧。千日一到，尹喜便前往蜀國青牛村找尋老子，但到蜀國的尹喜問過許多村莊的人，居民都表示未曾聽過青牛村，這日尹喜來到一個新的村莊，發現街頭有個年輕人正在拉著一頭青羊，便向前詢問始終，聽完他的說明，便向他請求，請他對小主人說「尹喜來了」。禁不起尹喜的一再請求，年輕人回府便照尹喜所說的作，還不太會說話的小孩一聽這話卻說「請他進來」，尹喜剛剛進入府中，小孩便開心的笑，在他笑的同時，府中出現一座蓮花，又見小孩刹時全身散發金光，接著變成高大之軀，然後坐在蓮花座上，徐緩的開口道：「我原爲太上老君，投胎於此處。此處下凡一遭，只爲等待尹喜求道功成之日。」接著對尹喜說：「看見你現在精神飽滿的樣子，是體會到眞妙，我想你可以成仙。」便授尹喜爲文始先生，位登無上眞人，居二十四天王之首，統領八萬神仙。傳說老子說道、尹喜成仙的地方，便是現在成都的青羊宮。

延伸閱讀

尹喜這段升天的故事，另一個有趣的部分，是老子座下青龍化身青羊，在後來的傳說故事中，也有太上老君座下青牛的說法，像是在《西遊記》中，有一個青牛怪，便是太上老君的座騎下凡作怪，而他的牛鼻環就是他的法器，這跟我們故事中的青羊是一個根源，也就是為什麼後來我們在一些廟宇中，會看見太上老君騎著一隻牛。

28

橫渡東海 求取仙丹的徐福

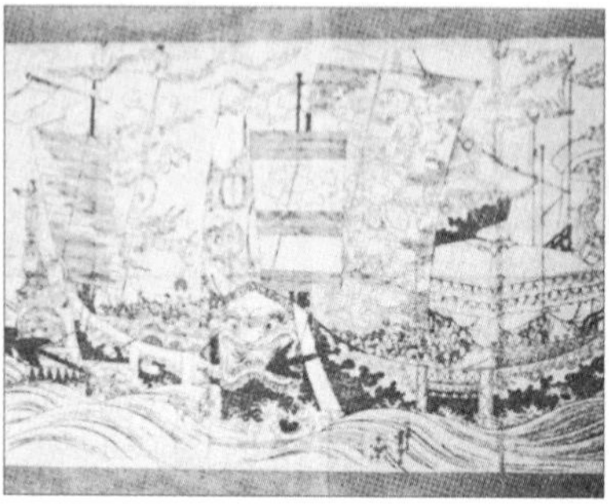

前言

道教的故事中，求得仙藥而長生不老的傳說，在羿和嫦娥的傳說中已有，而相傳秦始皇時，曾令徐福率領幾千位男女，前往東方仙島，尋求仙藥。

在遙遠的東海，有三座仙山，分別是蓬萊、方丈和瀛洲，據說島上的鳥類羽毛雪白，滿山滿谷都是長生不老的仙藥，也住著各式各類的仙人，過去曾有許多著名的帝王，求取仙藥都不成，像是威王、燕王等，困難的地方是只要想靠近島上，便會有颶風吹走船隻，因此雖傳說有人到過那裡，卻也未帶回長生不老藥。

秦始皇在統一中國後，便想到了一個問題，若他的生命短暫，將要如何延續國業，東海傳說在當時也流行，傳說完全符合秦始皇想長生的念頭，於是他想找尋去過的人，打聽蓬萊仙島的下落。聽說當時有個名叫安期生的人，曾眞正到過東海仙島，根據他描述東海的仙島是一座滿島的果園，結了滿坑滿谷的仙果，只要吃一顆可以起死回生、甚至是長生不老。秦始皇一聽有這樣的奇人，便馬上派人查詢安期生所住之處，在探訪多處之後，知道他住在東海海邊的一座村莊，便請他到宮中詳談，秦始皇第一次瞧見他時，雖然每個人都說他已經千歲了，但看上去仍年輕，秦始皇與安期生詳談過後，想得知如何到東海的方法，沒想到他只留了一封信給秦始皇後，也不知往哪去？

秦始皇雖然無法從安期生身上，得知前往東海的方法，卻仍不氣餒，不時的派人尋找長生不老藥。這日早朝，有位大臣稟報說，在大宛國發生一件奇事，國中原本生病死亡的人，在一群不知名的鳥帶來的仙草，覆蓋臉後都復生了，經過探訪多位名人後，才由鬼谷子那得知，這是東海仙島所產的養神芝。這次的事件，更堅定秦始皇的信心，準備派人組隊前往東海，尋找傳說的仙藥，他向天下招買義勇之人，當時的齊國人徐福便想趁機立功，於是自告奮勇的報名，秦始皇在幾個人選中，最後敲定由徐福擔任領隊，並賜於他三千名童男童女，可是這樣龐大的一群探險隊，卻是一去不返。

徐福的隊伍是生是死呢？歷代的故事都一直有不同的說法，不過關於徐福有則傳說，相傳在唐玄宗時流傳一種怪病，許多的大夫都束手無策，有位高人便建議，聽說東海中有位無所不能的神醫，無論什麼怪病只要到他手中，便藥到病除。於是有人就組隊乘船，出發前往搜尋仙人，經過幾十天的海浪風暴後，隊伍來到長滿奇特植物的海島，再繼續進入島內，發現島上的居民正將一位老人圍住，老人坐在中央，似乎在講課的樣子，仔細的探聽詢問之下，恍然大悟，原來此人便是傳說中失蹤的徐福，尋藥之人便告訴徐福他們的來意，徐福聽完之後，便請人拿一種藥丸給他們，便對他們說：「你們把藥丸帶回去，將水煮開，再把藥丸和著開水後內服，這樣子怪病自然會痊癒。」隊伍回國後，按照他的指示作，一試之下，果然藥到病除，但再次出發找尋徐福，卻已經找不著了。

延伸閱讀

長生不老藥，是古代許多帝王除了政治外，另一個追求目標，徐福的傳說，就是秦始皇想長生不老的慾望。而故事中，徐福橫渡東海，前往東方仙島尋找仙藥，後來有人認為這就是日本人的祖先，也就是神武天皇。且不論徐福的隊伍，是否真的曾抵達現在的日本，或者真的是日本的始祖，至少在道教中，徐福顯然已成為一位仙人，在後來的一則沈羲得道故事，故事結束時，天界派幾位使者來接他，其中騎著白虎的便是徐福。

兩漢魏晉

時代

29 擲米成球——麻姑的故事

前言

麻姑相傳是古代的仙女，曾於牟州東南姑餘山修道，有一說仙人王方平是他的哥哥。

東漢桓帝的時候，有個名爲蔡經的大官，跟仙人王方平是至交好友，這天中午，烈日高掛，突然從遠處傳來一陣鼓簫樂聲，接著又是人馬雜踏聲，響徹整個天空，原來是王方平身穿道服，駕著五彩金龍，從雲端漸漸地降臨蔡經家中，當然少不了一番閒話家常，聊聊清談玄理，話說到一半，王方平便對蔡經說：「讓我介紹麻姑給你認識吧！」蔡經正疑惑麻姑是誰時，只見王方平向天空喊著：「有請仙姑下凡一遊，不知是否賞臉？」不久後，聽到一個清脆悅耳的女聲說著：「麻姑奉旨前來，記得上次一別，已經過了五百年，好不容易能得仙人相邀，何有不赴會的道理，只是麻姑上有要事，需前往蓬萊仙島，待要事完畢後必定赴約。」說完後，蔡經聞到一股清香飄遠，只覺有陣愉快舒暢的感受，但味道漸漸散去，忍不住的失望。剩下兩人繼續聊，經過一個時辰，從天空傳來一陣陣的仙樂，蔡經抬頭一瞧，在皚皚的雲端，有位年約十八、九歲的美麗佳人從天而降，長的是清秀十足，梳著一頭亮髮，餘髮則散落在腰間，衣著的文采雖非錦衣所做，卻光鮮亮眼，令蔡經特別注意的是，她手掌有像鳥般的爪子。

王方平兩人趕緊起身向前迎接，請仙姑上坐貴席，坐定後，麻姑單手一搖，招來女侍端著各式佳餚，碗盤是金子所作，佳餚多半是些素果，卻有香氣滿庭。麻姑請兩人食用，接著對王方平說：「距上次相見已久，滄海三度化作桑田，剛才到蓬萊仙島時，又見海水比往昔少了一半，是不是又將化為陸地。」王方平感嘆的說：「聖人如果存活，大概也會感嘆，嘆大海又將起塵煙。」蔡經的妻兒聽說有仙女下凡，十分的好奇想看看她長的什麼樣子，於是躲在花園入口偷看，麻姑是仙女，怎會不知有人相看，又知蔡經之妻剛剛生產，穢氣之身不可近，連忙的對她說：「如果要看我待在這就好，千萬不要過來。」又跟蔡經要一堆米，撒在四周圍，結果一顆顆的米粒，都化作珍珠，藉此去去穢氣。王方平見麻姑耍起戲法，開起玩笑的說：「沒想到仙姑還眞有赤子之心，玩起這類把戲。」

當時的蔡經正在注視麻姑的手，覺得她手上的爪子，能用來抓抓背癢倒是不錯。這念頭一動，王方平卻已知，暗地中施法對蔡經打上一鞭，蔡經突然感覺背部有火燒般的痛，知道是王方平所致，趕快的向麻姑道歉，王方平說：「麻姑乃是天上的仙女，怎可如此異想天開，太沒有分寸。」宴會只好一哄而散，王方平帶著麻姑飛回天界，消失的毫無蹤影。

延伸閱讀

江西省有個麻姑山，道家稱附近的聖地為二十八洞天。據書籍記載，麻姑得道之處，山中有座會仙館，傳說就是蔡經家的舊址。山頂有座神壇，唐代的顏真卿曾到此處寫下「麻姑仙壇記」碑。對仙人不敬就會招受處罰，像故事中蔡經對麻姑的手好奇一樣，一有邪念馬上則會被仙人責罰，所以後代對仙人總是抱持尊敬的態度。

30 茅家三位真君的故事

前言

相傳鬼谷子有一徒弟名曰茅濛，茅向鬼谷子學習法術之後，便留在西岳華山專心修鍊，在西元前二百一十七年，已經修道成仙，這是茅氏家族中修道成仙的故事，而在他之後，有個茅家三兄弟修道的故事。

漢景帝中元五年的十月初三，咸陽城中有戶茅家，誕生一個兒子，他出生的時候，天空充滿著霞光，連續三天都不曾間斷，因爲這樣的異象，所以他的父親茅祚，替他取名爲盈，字叔申。

茅盈在小時候，便喜歡看些深奧的書籍，特別對煉丹修道之類的事，展現他的興致，對於追求功名利祿之事，反而不感興趣。茅盈選在十八歲那年離家出走，隱居在恆山中修行，專心的研讀《老子》、《易經》等道家經典書籍，他曾經嘗試了許多的成仙之術，卻遲遲不得其門而入，就在幾年後的一個夜晚，茅盈正深深入睡，忽然間，夢見太玄玉女來找他，夢中玉女要他前往一個仙洞，拜洞主西城眞人爲師，醒後茅盈按照玉女的指示，果眞找到眞人，眞人也收他至門下，在學習法術的階段，茅盈一直恭恭敬敬，獲得眞人的喜愛。這天像平常一樣，練習法術的茅盈突然受師父召喚，他們一出門，便駕著雙龍的車子，飛往西山去了。原來眞人帶茅盈去拜見王母，王母一見茅盈便對眞人說：「你帶這位凡人來到此處，難道你不覺得累嗎？」眞人卻笑笑的，沒有回答王母的問題，反而對茅盈看了一眼，茅盈知道這是師父對他的暗示，便用心的跪拜，拜了又拜，王母見他如此尊敬，便傳授他太極玄眞之經，等講經完畢後，尾隨眞人回到人間。事後他選擇恆山為修行之地，一心潛修，反覆練習王母傳授之道，漸漸地開竅，懂得眞經之理，這時眞人便再賜於他一顆仙丹，告訴他說：「你可以回鄉了，百年之後我們將有約。」茅盈拜別眞人，直奔久違已久的故鄉。

也就是在他四十九歲那年，茅盈回鄉了，一進家門，只見父親氣沖沖的走來，他斥言以對的說：「不孝子，你回來幹嘛？那麼多年不侍奉雙親，求些什麼妖道。」怒氣一衝上來，便要將手杖往下揮。茅盈怕父親受到傷害趕緊的說：「請父親不要打我，我已有神符護身，若傷我恐怕傷及你啊！」其父不信執意要做，沒想到杖一落下，便折成數段，有的穿牆而過，有的插在牆上，所有看到的人均傻眼。其父怒氣未消，便又說：「你自言說，你已經得道，那你可以使人死而復活嗎？」茅盈答曰：「若此人陽壽未盡，只因外物所傷，可也。」說完便口中念念有詞，像施法一般，而好奇的人便到死者家中一瞧，發現死者果眞復生，也馬上回報這個消息，其父才相信茅盈說的是事實。這樣的事蹟傳開來後，便有許多人上門求診，聽說只要用一顆蛋，便可得知生死，若飛出的蛋打破後有蛋黃，此病便會痊癒，相反則無法醫治，茅盈在回家後的第二年的四月三號升天。

茅盈有兩個弟弟，一個叫茅固，一個是茅衷，都在朝廷擔任郡主官職，所有鄉親都以他們為榮。他們聽說其兄眞的升天後，也想要修道升天，便尋找其兄。茅盈明白兄弟的決心，便傳授他們法術，終於皇天不復苦心人，不久之後，茅盈的兩個弟弟也修道成仙，後來茅盈被封爲司命眞君、太玄眞人，茅固則是定祿眞君，茅衷則爲保命眞君，俗稱他們爲大中小茅君，合稱三茅眞君，成爲後來道教支派——茅山派祖師爺。

延伸閱讀

在道教的故事中，親人間互相影響的故事是有，但像是三個兄弟的很少，這篇就是一個特殊的例子。茅君的故事，在後代都被化用，在詩歌裡也可見，像是李商隱、顧況等詩人，筆者舉李頎詩作。

題盧道士房　李頎

秋砧響落木，共坐茅君家。惟見兩童子，林前汲井華。
空壇靜白日，神鼎飛丹砂。麈尾拂霜草，金鈴搖霽霞。
上章人世隔，看奕桐陰斜。稽首問仙要，黃精堪餌花。

31 歲星東方朔

前言

傳說漢代的著名文學家東方朔，是天上的歲星所降生，在世的時候常常用戲虐之語來勸諫漢武帝，他的一生充滿著許多傳奇性的故事。

東方朔的父親聽說也是個長壽之人，據說他兩百多歲的時候，樣貌還十分年輕，關於他的母親，相傳姓田，東方朔生下不到三天就去世，他名字的由來是，東方未明的時候降生，所以稱他爲東方朔。

曾有過一次，東方朔突然消失好多天，全家上上下下找遍，都不見他的蹤影，幾個月過後，又突然的從遠方回來，家裡面的人便生氣的罵他，問他這些日子究竟跑到哪去。東方朔一聽離家多日，奇怪的問：「不太可能吧！我只是暫時到紫泥海邊遊玩，因爲不小心弄髒衣服，所以跑到虞泉清洗乾淨，記得是今天早上出門，剛剛中午回來，怎麼會說我離家多日。」家人繼續問他說：「除了這些地方你還曾經去過哪裡？」東方朔回答說：「印象中，我好像是洗完澡和衣服後，稍微的休息片刻，不知不覺的睡著，我還夢見有個王姓仙人給我東西吃，因爲東西太好吃我還差點噎到，於是又喝了他給我的水。醒過來後，趕緊的回家，在途中我還看到老虎，跟他玩了一會兒。」家人以爲他是胡言亂語，跟他開玩笑的說，我想你已經名列仙班。

長大成人的東方朔，在朝中做到太夫的職位，加上漢武帝晚年特別喜好神仙之術，於是對東方朔很重視。有一天，漢武帝召東方朔到皇宮問他：「賢卿，朕想要讓身邊的人能夠長生不老，你可否幫我想想法子。」東方朔回答說：「如果是升天飛仙之術，微臣可能沒法達成，但這長生不老術，我有一個方法。」漢武帝一聽可以長生不老，連忙追問說：「你說的方法是要服用些什麼仙藥嗎？」東方朔回答：「一個是東北高山中的靈芝仙草，一個則是西南海裡的長春魚。」漢武帝問他說：「你怎麼知道這兩樣東西可以讓人長生不老？」東方朔回答：「微臣曾有次看過仙人，仙人們親自示範效果，微臣才相信。」

東方朔還曾經到一匹神馬，漢武帝聽說後問他：「朕聽說你有一匹很特別的馬，那匹馬有什麼特殊之處？」東方朔回答：「傳說中西王母曾經用這匹馬，前往拜訪東王公。誰知這匹馬竟敢踐踏東王公的草園，而被放逐到異地，微臣經過時，又將牠騎回漢中。」漢武帝問：「你可以爲我展現一下他的神力嗎？」東方朔便騎著馬到遙遠的雲吉國，取回五色露送給漢武帝，這露傳說可以讓人變得年輕力壯，有病治病沒病強身，漢武帝更佩服他的神力。

東方朔在仙逝之前曾對友人說：「在這個世界上，沒有人知道我的來歷，唯一曉得的是大武公一人而已。」不久之後東方朔去世，漢武帝聽說他的這句話，派人找來大武公問他：「東方朔在過世之前，說過只有你知道他的身世，朕想聽你說說。」大武公說：「微臣不明白東方朔的話，對微臣來說唯一擅長的只有觀察天象。」漢武帝繼續問：「如果眞是這樣，那你就說說星象上的變化吧！是不是所有的星星都在天上。」大武公回曰：「回皇上的話，微臣多年來的觀察，幾乎所有的星星都在，只有歲星消失將近四十年，最近才又出現天空。」漢武帝聽完後驚嘆：「東方朔在我身邊十八年之久，直到現在我才發現他是歲星所轉世。」

延伸閱讀

東方朔的文筆，在漢代算是一代文豪，他的風格不但風趣幽默，且富有勸諫意味，有人還稱他為「滑稽之雄」。除了在文學上的成就外，在道教的世界中，也將他視為充滿想像味道的仙人。像是現存的許多國畫中，常常表現他偷桃故事的畫面。記得曾有人說過，天上無數的星星，代表的就是無數人的壽命，每當有一顆星降落，暗示著人世間將有一個生命消逝，以目前的科學，認為這只是人們想像的世界，事實上根本不是這樣，但是冥冥之中，誰敢說沒有可能，就算不是真的，把星星看成是自己的守護星，不是也很美嗎？現在國外引進的星座命盤，但早在中國的遠古時代，對星星就有過深刻的研究。

32

張良巧獲《太史兵法》——黃石公的故事

前言

張良是幫助漢高祖，建立漢朝有功之人，在歷史上是個有名的人物，傳說他有段奇遇，即是他曾獲得兵書一事。

張良的祖先是韓國有名的相國，當秦滅韓國後，張良便極力找尋報仇的門路，曾花許多錢，請一位力舉百斤的力士，期望他能刺殺秦王，為親人報仇。他悄悄地安排，利用秦始皇在巡遊的途中，進行刺殺行動，沒想到這次行動竟然失敗，秦王偷偷換到在一輛車上，而非力士擊毀的那輛，被發現的張良趕緊的逃跑，而秦王下令全國，緝捕刺客嫌犯。為了逃避官府的追緝，一時間張良隱姓換名，逃到下邳躲藏。在隱居的這段期間，張良無法從事策劃活動，於是常常在空閒之時，到下邳一座有名的橋上散步，這一日，原本寒風大雪的冬季，卻出現難得一見的陽光，張良依舊在橋上散步。悠哉散步的張良，發現有個眼光一直投射在身上，四處的尋找後，原來是遠處的一位老人，這個老人身穿黃衣，沿著橋邊走，走著走著，便走到張良身邊，然後像是故意的，將腳底的鞋往橋下一甩，鞋子便滾著滾著，直到橋底停住。老人看了張良一眼便說：「小子，幫我把鞋子撿上來。」張良望一望四周，發現老人是在對他說話，想說，這人怎那麼無理取鬧，一般來說會發脾氣的他，這次竟然忍住，張良心想老人年紀這麼大，幫他撿一下好了，就當作是作善事，於是往橋下移動，準備把鞋子撿回來，等他將鞋子撿回老人身邊時，老人腳一抬，腿一伸，不客氣的說：「穿上它。」這可不得了，張良雖身爲逃犯，但畢竟是個男人，怎可以做如此卑下的行爲，但又看了老人一眼，心中盤算，不論如何他總是大到可以做我的祖父，我就好事做到底，接著又幫他把鞋子穿好。當張良穿好鞋後，卻見老人笑臉滿面，張良想開口請教時，老人像是知道他的心事似的先說：「孺子可教也，五天後，天亮之時，你再到這橋上等我。」說完便離去，張良雖然滿腹疑雲，卻也只能照著他的話做。

五天後，一大清早，張良到會面的地點，沒想到老人早在那等著他，看見張良來遲，生氣的說：「這麼貪睡，跟老人約會怎可以比老人晚到呢！今天不用學了，你五天後再來。」說完轉身便走，留下張良獨自一人。同樣的五天後，雞一早鳴，張良便快速的起床前往橋上，就在快到約會地點時，張良卻見到橋上朦朧間的有個人影，仔細看清楚後，發現老人正怒眼直視他，接著開口說：「你還是遲到了，若眞想拜師學藝，怎可如此貪睡，你還是五天後再來。」說完就氣沖沖的離開橋上。

經過前兩次的經驗，張良心想，我就乾脆不睡，直接在橋上等，看你還可以比我早嗎？於是張良半夜就在橋上等，沒過多久，便看到老人從遠處緩緩走來，老人見張良懂事聰明，是個可教之才，高興的交給他一本書說：「你回去仔細讀書中的精要，若眞能參透，便能成爲帝王。十年後便會實現，十三年後，我們兩人會再相見，不過你看到的我不是現在的樣子，在濟北谷城一顆黃色石頭，那便是我。」等張良想對他說些什麼話時，老人卻已經消失。

不久之後，天色漸漸地亮起來，張良仔細一瞧書本，發現老人給自己的竟是失蹤已久的《太史兵法》，在他日夜研讀之下，終於精通各類兵法，最後還幫助漢高祖建立漢朝。十三年後的一天，張良因故遊歷濟北之時，想起往事，於是繞到谷城山下，果然在山下發現一顆黃石，爲了紀念老人，張良將石頭帶回祭拜，死後要家人把石頭跟他埋在一起。

延伸閱讀

故事的黃石，後來的人便稱為黃石公，替他設計一個形象，是個白頭老人，拄著枴杖，穿著紅鞋。歷史人物神化，也是道教仙人的一個源頭，並非所有的仙人都是無跡可考，而這篇故事還可以看出，一個普通人若學習道術，是要有仙人指點，這仙人可能是顆石頭，石頭變化成仙人的傳說，也是後來傳說的一個發展，而後來有名的歷史人物跟神仙的接觸更頻繁，像是李白的故事就是一例。

33

雞犬升天的太極真人——劉安

前言

劉安，是漢高祖劉邦的子孫，《淮南子》的編撰者，《淮南子》一書是以道家思想爲主，兼雜其他家思想，書中也有些神話故事，相傳他跟門客也有段令人印象深刻的故事。

劉安年輕的時候，喜歡研讀一些書籍，探討書中精要的思想，因爲這樣的興趣，長大後於是招攬一些門客，希望藉由眾人的力量，集思廣益的談論一些故事、想法，並將這些討論紀錄下來，傳說在他的門客中，有八個人在當時滿有名氣，那就是以蘇飛爲頭的八人，俗稱爲八公。他們相識的過程是這樣的。

有一天，劉府來了八位先生，向門房表示他們想要投靠劉安，守門人見到這群老翁，不只是年紀大，還滿臉白鬍鬚，便不太想讓他們進府，開口說：「主人尚未起床，諸位稍等，待我稟報後再入內。」門房進府與劉安稟報後，劉安也覺得十分好奇，便要門房測試老人，交代幾句話後，門房沿著原路回到門口，對著老翁們說：「我們主人希望招攬的是會長生不老之術、博學多聞精通義理的人，或是能勇猛驅虎、力扛重鼎的力士，諸位先生年邁已老，不像有不老之術，還是有力之士。我們家老爺爲什麼要接見你們？」

八位老翁笑說：「我們聽說淮南王非常渴望獲得賢才，只要有一技之長，便可奉爲門客，我們若眞有能力見見又何妨，如今見到老翁就嫌棄，認爲年輕才擁有才能，年老就必定無用，可見那所謂有才之人的傳說都是假的，他不是眞正有心於道，況且外貌之事簡單，如果要有年輕外表又有何難事。」話尚未說完，八位老翁各個變成只有十四五歲的年輕小夥子，白髮轉眼變黑，皺面瞬間有如桃花的紅潤，臉上的神情大大不同剛才，門房大吃一驚，連忙的趕進府報告。

劉安一聽之下，雖然門房話未說完，連腳下的鞋子都還沒穿整齊，光著一雙腳便跑出來迎接八位仙人，邀請他們一起登思仙台。劉安兩手作揖，恭敬的說：「不知仙人駕到，鄙人日夜不間斷的渴望神明顯靈，求得天地之道。今天有幸遇見諸位神尊駕臨，我是何等的幸運啊！盼望尊君能給我些指導。」話一說完，童子又變成老翁，徐緩的開口說：「我們是因爲聽說你非常的禮遇賢士，所以來到此處跟隨你，我們每個人都會不同的技能，你有什麼要求想法。」劉安不敢直說，也不知從何開始，於是說：「老師教學生什麼，學生就應該安心的學習。」仙翁接著說：「我們八人有的人坐著能呼風喚雨，站立的時候可以起雲興霧，劃一下地面就變成河流；有的能瞬間將山擊碎，收伏兇猛的虎豹和揮使蛟龍，差遣天地間的鬼神；有人能隨意的變換容貌、分身，把白天黑夜互換，隱藏大軍；有人乘著白雲淩空而上，一口氣間便來往數千里；有人不怕水火刀槍的侵害，嚴冬也不覺寒冷，夏日也不覺酷熱；有的能移山倒海、隨心所欲；有的還可將石頭點化成金，駕馭著風，遨遊太清之地。」聽完仙翁的神力，劉安十分的興奮與愉悅，給予他們最好的佳餚，常常請教他們道術，且親身試之，以證所言不假，仙翁又將《玉丹經》傳授給他，讓他習得煉丹之術。原本安靜的生活，卻出了一件意外，劉安的兒子與人比武試劍，一個不留意成爲劍下亡魂。誤傷劉安之子的人害怕劉安的報復，便和一同受過劉安之害的人，上告皇帝，當時的皇帝害怕諸侯叛變，早就想整理朝政，於是不分青紅皀白的派兵抓拿劉安，八公便勸劉安跟他們回天庭，於是劉安跟八公登上大祭之山，將所有的金銀財寶埋在地下，服下仙丹，不久感覺身體輕飄飄，腳下漸漸升起仙雲，他與八公走過之處，都留下深刻的痕跡，後來的人稱此山爲八公山。

延伸閱讀

故事中還有一個另外的傳說，劉安遺留下的一些藥丸，被雞狗舔食後，牠們也跟隨劉安升天，傳說有人聽見雞鳴的聲音出現在雲中，狗在天上吠叫，這就是俗語「一人得道，雞犬升天」。這樣的故事，常常被引用為仙家、仙人之事，或是一人得勢，周遭的人都受惠。中國詩人杜甫的詩作〈滕王亭子〉便化用這典故——

君王臺榭枕巴山，萬丈丹梯尚可攀。春日鶯題修竹裏，仙家犬吠白雲間。
清江錦石傷心麗，嫩蕊濃花滿目班。人到於今歌出牧，來遊此地不知還。

其實在歷史上的劉安是自殺而亡，但神仙怎會自殺，於是故事讓自殺一事變成成仙的時機，且認為史書上的記載是錯的，可見即使歷史已記載，但在宗教民間信仰下，故事仍會被改寫。

34 于吉與《太平青領書》

前言

道教的典籍中，有個名爲《太平青領書》，就是今天道教的《太平經》，書的內容十分豐富，包含像是易學、陰陽五行、養生、神仙之術，是記錄漢代歷史的文化材料。

傳說在東漢的時代，在遙遠的北海，有個名曰于吉的人，身上染有奇怪的疾病，雖然醫治多年，也服用過多種的藥，卻從未痊癒過，這讓他十分的困擾。心急的他，每天早晚都焚香祈求上天，期望早日康復。有一天，太上老君巡視人間疾苦，發現于吉是個虔心的信徒，被他的行爲所感動，於是特地派仙人下凡幫助他。

這一天，于吉像往常一樣到市場上遊晃，突然發現一個從未見過的賣藥老人，他有黃色的頭髮，並有長長的鬢鬚。心裡猜想這人一定非尋常人等，於是想請他看看自己身上的病，期待這次或許眞能治好。于吉向前一步，恭敬的跟老人詳述自己的病情，老人聽完于吉的病情後，拿了一本經書給他，並對他說：「這書你帶回去，專心學習，不但能治好你的病，還能助你長生不老。」話一完，轉眼消失於空氣中。回到家中的于吉，心想一本經書有如此大的功用嗎？但一想自己多年的病，覺得試試看，或許眞的有效。他不眠不休的翻頁研讀，照書中的方法一一去試，沒過多久，果然眞的像老人所說的一樣，困擾他多年的病終於痊癒，恢復健康的他，之後決心找個地方虔心修行，他的努力加上太上老君又下凡親自教授書中精要之處，于吉把所獲得的記載下來，後來完成了有一百七十卷的《太平經》，這是後來道教中一本重要經書。于吉按照經書和太上老君的指示，設立了道觀，許多的男女信徒都前往皈依，但這群信徒中有人犯了不當之事，太上老君又再次下凡說教，爲了讓大家有遵守的方向，他創造了一百八十條戒律，即青領太平道的教義綱領。

于吉認爲天下之人是有層次之分，所謂的神人、眞人、道人、聖人、賢人等差別，較低的凡人若想成爲等級較高的人，便需要透過修練來達成。而修練之法跟人的精、氣、神三者息息相關，若想長生便需要懂得三者之理，於是後來便有所謂的養精之法和養氣之術，像房中術便是，當然服食丹藥也有助於養身，能助於修行，這也就是後來道教中，煉丹和修身養氣的兩大派流。

相傳在一百年後，人民對于吉仍十分尊敬，這時孫策帶領的軍中，突然傳染了怪病，士兵都病倒，最後請于吉來施法，傳染病果眞不再出現。但之後士兵反而敬重于吉大於孫策，讓孫策很不是滋味，於是想辦法來挫挫他的銳氣，便對他說：「近日乾旱已久，你卻不替我想想法子，反而擾亂軍心。」便派人將于吉綁在日下，限他在落日前讓大雨落下，不到中午，大雨已磅礴直下。即使于吉已實現了孫策的要求，但因爲留他在仍會擾亂軍心，最後還是殺了他。結果隔日一大早，士兵便來稟報于吉的屍首失去蹤影，傳說在孫策二十六歲那年，因爲在鏡中看見于吉而驚嚇過度死亡。

延伸閱讀

古代的書籍，有一些是類似現代的創作合集，是由一群人各作一部份寫成，時代越早情況越有可能，而故事中的《太平經》便是一例。此書之龐大一人難以獨自完成，可能有諸如像《包氏太平經》這類的書作為藍本。這本書是漢代學術思想上的重要書籍，也是文化上的重要材料，書中有道家思想，卻更擴及各種不同的活動，如醫學、巫術、神仙方術等。最後關於孫策見鏡而死一事，可在黃山隱的〈向竹吟〉詩作序中看見此說法——

雲溪友議云：皇甫大夫素好道術，在夏口時，有一人著道士服，策杖躡屐，直入戟門，公遽起迎之，道士則傲然不窺，向竹而吟云云，自謂我是七賢中一賢也，問姓名，云黃山隱，公未能明其眞僞，留於宮觀。曰：斯人若是至道，名利俱捐，試令將軍持書送絹百疋，錢一百千文，山隱忻緘忻喜，立修迴報，遂乃脱其道服，飾以青矜，引見謝陳，禮度甚恭，殊異初來傲睨之態。皇甫公判書之末，乃至盡刑，山隱擬爲妖惑，敢蔑公侯，死無于吉，致孫策鏡裏之妖，來非許邁，起劉恢舟中之顧，足見凡愚，自貽伊禍，云是王相公事。

35

以丹試徒心的丹王 魏伯陽

前言

相傳滕升跟隨在葛洪身邊時，曾問過他一個問題，這世上有沒有眞的仙人存在，葛洪對他笑一笑，講了一個有關於魏伯陽，並以丹來試練其徒是否眞的有心求道的故事。

魏伯陽生於東漢，吳縣人氏，他出身在名望的貴族家庭，卻不貪財富，平常喜歡研究一些有關道術的事物，尤其對煉丹一事特別的專注，對別人自號雲牙子。他爲了尋找藥草，他帶著三名弟子隱居在深山，每日以煉丹爲志，不知經過多少的日子。

這天，魏伯陽知道煉丹已成，便想試試弟子們是否眞有心求道，他將所有弟子召喚到大廳，對他們說：「經過多次的煉丹，今日終於完成，但爲師的也沒有把握，這丹藥是否眞爲仙丹，還是會害人的毒藥。我將拿門口的小狗作試驗，若眞是仙丹，小狗吃後應該會飛天成仙，我們便可安心服用，若是毒藥，那我們當然也不用吃。」弟子們都點頭認同魏伯陽的辦法。

於是魏伯陽將藥丸給小狗服下，小狗顫抖的身軀後躺下，像死了一般。弟子們受到驚嚇張大了口，說不出話來，一同的將眼光集中在老師身上，魏伯陽鎮定的說：「沒想到我們努力的這麼久，卻還是沒能煉成仙丹，我想是上天的旨意，我沒有信心力氣再繼續，若服下丹藥或許仍有成仙的機會。」其中的一位弟子開口說：「先生這不太好吧！小狗吃完便暴斃，人吃了也會相同，請先生三思而後行。」魏伯陽說：「我當初離開家鄉，到這麼偏僻的山林，一心求得仙丹成仙，如今不成，我卻再也沒有回世俗的勇氣，生死對我而言都一樣。」說完直接的服下藥丸，隨即像小狗般的倒下。

三位弟子看到魏伯陽服藥而死，十分的惶恐，不知如何是好，較小的兩位便求助大師兄虞生，虞生心想，先生應該不是如此莽撞之人，便說：「師父並非一般人，他服藥一定有他的用意，我們應該相信並跟隨他。」也拿起師父所煉的丹藥服下，跟小狗和魏伯陽相同，倒地不起。剩下的兩個弟子看到一下死了三條命，心想原本是要求仙丹長生不老，卻求成斃命的毒藥，還是走了，至少可以在人間多活幾年，打定主意後，出門找棺材，準備埋葬師父和師兄。

前腳剛踏出門，魏伯陽便神奇般的活了過來，起身，從身上拿出藥丸，分別給虞生和小狗服下，虞生和小狗便醒來像是沒事般，魏伯陽很高興虞生有如此虔誠的求道之心，決定帶著他一起成仙。途中遇見一名樵夫，便委託他代轉一封信，轉交給他另外兩個弟子，他們一見信中內容，便知剛剛的考試沒通過，失去了成仙的機會，但後悔萬分也來不及了。

延伸閱讀

魏伯陽在成仙之前，已完成了著作《參同契》或曰《周易參同契》，人稱魏伯陽為丹藥王，其書是現存最早的一本丹藥書籍，被認為是道教重要丹經。後來道教分裂成丹鼎派和符籙派，其中丹鼎派便是專心丹藥提煉的一派，道教的煉丹術被認為是中國最早的化學科學，證明化學在中國早已發展。故事中我們也可看到徒弟們對生死不同的態度；大徒弟對生死的豁達，其他兩人的貪生怕死，於是真正得道者反而是不怕死之人。短暫眷戀生命的人，是得不到長生。

36 道教祖師——張天師道陵的傳說

前言

道教很早以前就發展，不過以前幾乎是指道家，這是歷史的源頭，道教雖然與道家有關，但自身的發展下仍有創教始祖的傳說，漢代有五斗米教，其創教人便是張道陵，即人們常聽到的張天師。張道陵是後來的人尊稱之名，其本名應是張陵，因爲他在道教上的始祖地位，所以他神化傳奇的故事也就特多。

傳說張道陵是張良的後代，其父張醫，與其妻林氏住在天目山下。有一晚，林氏夢見一位高大的仙人，從北斗魁星降臨，來到她的面前給了一束衡薇香草，並對她說：「我原是天上仙人，住在方山，現在奉玉皇大帝的玉旨，將降生於此處。」林氏接過仙草後，仙人便不見，醒後的林氏就懷有身孕。張道陵出世的時候，一片祥雲籠罩整個屋內，紫色之氣縈繞庭中，香草散發的芬芳久久不散。

到了七歲的時候，遇到河上公傳授他《道德眞經》，得書的張道陵專心研讀後很快的就精通，在十六、七歲的那年，已長到九尺三吋的高度，濃濃的眉毛，寬大的額頭，綠色的眼睛，相貌十分的與眾不同。他曾在吳越之間，遇到魏伯陽眞人，傳授他煉丹之法，後來聽說跟隨他的人高達數千人，在世風日下人心不古時，張道陵決定帶著一些門人到蜀國。

蜀中是個山明水秀的地方，此地有座鶴鳴

山，山上個顆石頭，長的有點像鶴，每當得道者出現在此處，必定會鳴叫。張道陵到此山專心修道，果真石鶴又鳴叫起來。修道讓張道陵越來越年輕，甚至學會些仙法，像是分身術，同一時刻可以在不同處見到他的蹤影。一日，有人向張道陵求救，說他家鄉西域旁，有隻白虎神出沒，常傷害人民，喝他們身上的血，便立即出動收伏了此凶神，之後張道陵又收伏了毒蛇，在人間幫助人民收妖。

這年的元宵夜，太上老君來訪，張道陵急忙的跪拜，老君說道：「你不須慌張，我知道你愛好天下蒼生，而現在人世多亂，在蜀中便有八鬼，我將幾本經書賜於你，你修練成日幫我除魔斬妖。」張道陵日夜反覆讀經，不敢懈怠。不久便傳來八鬼在人間作亂的消息，他在人間散播各類的疾病，像瘟疫、瘧疾等，搞的民不聊生。張道陵知道時候到了，該他替人民除害。他來到眾鬼聚集的青城山，佈置一些神像和神壇，準備跟眾鬼來個大戰。眾鬼見張道陵佔據山頭，便展開攻擊，石頭像刀劍般的飛向他，張道陵用手一指，一朵巨大的蓮花將刀劍一股腦的收走。眾鬼怎會這麼簡單的放棄，又放群火燒向張道陵，這次張又是輕輕一指，一陣怪風將火吹回眾鬼身上，燒的他們哇哇大叫。無論眾鬼想出什麼法子，張道陵總有應變的對策，最後眾鬼請來六魔助戰。六魔幻化成白虎，張道陵便變成獅子，六魔驚見馬上變成大龍，

明・陳槐畫天師圖局部

張道陵又一變，化成大鵬金鳥，追著大龍跑，六魔又變化成大神，抓拿大鵬，最後張道陵變成一塊大石抵擋六魔。六魔知打不過他，準備逃跑時，沒想到正中張的下懷，他一揮筆將大山劈成兩塊，從此人鬼殊途。

張道陵的門徒越來越多，升天的時機將到，他招集眾門徒，帶到懸崖峭壁，對他們說：「在這底下有顆蟠桃樹，只要往下一跳，摘到仙桃，便可得到我的眞傳。」眾弟子向下一望，發現深不見底，都十分的害怕，心想這一跳必死無疑，還談什麼眞傳。這時趙升勇敢的向前說：「師父，讓我來試看看。」說完便往下一躍，碰巧掉在樹枝上，結果摘了許多桃子給師父、師兄弟，回到崖上，張道陵道：「這些還不夠吃，我再下去摘給你們。」眾人來不及阻止，張道陵已躍下山崖，許久不見上來，弟子們心想怎辦，只見趙升與王長也跟著跳下崖，而張道陵已在崖下等他們，把經書傳給他們，傳說最後三人在青城山升天。

延伸閱讀

五斗米教，算是道教較早的派別之一，而後來道教尊老子為主，經典是《道德經》，都跟此教的教義有關。這樣的一個教派，跟中國人民間信仰活動相關，它有利於我們互通訊息，或是向祭祀活動時減少財力損失，所謂集合眾人之力，我們可以從現在還在進行的廟會組織，知道中國人的社會活動中，宗教活動是重要的一環，現在也存在一些道教道派的組織。而仙桃的傳說我們又再一次證明，中國人的長生情節。在中國除仙桃外，另一個代表長生的則是人蔘。像在西遊記中，孫悟空師徒曾到人蔘寺廟的故事，說天上長生的是仙桃，地上則是人蔘果。

37 諶嬰女神的故事

前言

傳說在西晉的丹陽縣有個名爲諶嬰的女子，因爲學道能自我修練，當別人漸漸地年華老去，美麗的諶嬰卻始終保持貌美的體態，當地人稱之爲嬰母。

西晉時代，有位名叫諶嬰的女子，人稱嬰母，有回嬰母在街上走著走著，前方來了一位少年，年紀大約在十五六歲上下，朝著嬰母行個拜見之禮後說：「嬰母仙姑你好，是否可以認我爲子共同生活。」嬰母看他雖然人模人樣，說出的話卻如此失禮，便回答他：「你是從哪裡來的人？怎麼如此無理的一見面就要我做你的母親，我們並不是一家人啊，這不太合乎禮儀。」那少年看著嬰母一眼，落寞的走了。一個多月後，同樣在市集的路上，嬰母發現有個三歲的小孩正在哭鬧，當她靠近探問的時候，小孩拉住她的衣角不放叫著：「媽媽！媽媽！」她四處的詢問街民，卻沒人曉得這是誰家的小孩，嬰母看她孤苦可憐便將他帶回，像是親身兒子的撫養。

日子一天天的過去，小孩越長越大，而且非常的孝順懂事，他長的一表人才，有著非凡的外貌。聽說他待過的地方，常常會有雲霞之光，喜歡說著蓬萊的神仙故事，讓嬰母覺得他很不平凡，有天對他說：「我跟你只是暫時在人間生活，求道之人目標都是修道成仙，你喜歡說些神仙故事，想必也有向道之心，不知是否有什麼樣的道號？」孩子回答說：「其實我過去曾蒙受天上眞人的教授，傳我無上眞經，並賜我道號孝道明王。」說完也將眞經的內容傳於嬰母，要他專心修道，與凡俗之人隔絕，並常常到空曠之處修練吐納，他說：「如果眞能修得此道，傳說中的鳳凰會爲你歌唱，雲龍會爲你駕車，聖虎會在車前座前鋒，從此可以雲遊四海。」

某一天，孝道明王突然的不知去向，於是嬰母便暗自修行，經過好幾十年都無人過問，傳說許遜跟吳猛等神仙也都探訪過嬰母。日復一日，在一個良辰吉日，天上出現整片的雲彩，無數的仙人來迎接嬰母升天，而地上曾受過她恩惠的人們，建立祠堂每年定時的供奉她，這傳說是流行於江西一帶，而有人說嬰母原應叫諶母，只是爲了避唐朝宣宗皇帝的諱名，因此稱之爲嬰母。

延伸閱讀

天上的神仙下凡傳授仙法的類型有許多，但很少會是以子女的方式呈現，因此這故事顯得很特別。然而落實在實際生活上，這破除父母為大的想法，只要是真正有道者，不需要以外表的年齡，輩分的差異作為標準，兒子可以是母親的老師。另外神仙的故事演變的過程，會是將兩個完全不相干的人物，安排他們曾經見過，或是有過交往，以顯神跡的可信度。

38 正陽帝君——鍾離漢

前言

鍾離漢，又稱正陽帝君，一般被誤稱他爲漢鍾離，是漢朝燕召人氏，父親曾是漢朝官員，機緣下遇見華陽眞人，傳授他道術增進不少修爲，最後飛升爲八仙之一。

鍾離漢，曾經改單名覺，正陽子或是雲房先生都是他的稱號。相傳他出生的時候，家中有異光高達數十丈，形狀猶如熊熊烈火，府中的侍衛親眼看到這個景象都受到驚嚇。他剛剛出生的時候，已經長的像個三歲的小孩，頭圓而額廣，耳厚眉長，五官的輪廓格外分明。不論是白天或夜晚，小時候的鍾離漢不發出任何聲音、不哭鬧、也不吃東西，讓他的父母十分擔心，沒想到第七天，他突然跳起來說：「我要到仙人所住的紫府遊玩。」鍾離漢到了成年的年紀，跟隨父親的步伐，在朝獲得官職，擔任大將軍的職位。有次他帶領著軍隊，前往邊疆爭討番軍失利，一個人騎著馬逃到深山中，因爲逃難時紛亂的流竄，不知不覺迷失了方向。鍾離漢呆坐原地，不知下一步究竟該往哪個方向走。到半夜時分，有個身穿破衣、滿頭污垢的胡僧，不知從哪個方向來，看見鍾離漢孤獨一人十分可憐，便好心的指引他走了幾公里的路，來到一處村莊。對鍾離漢說：「這是當年東華飛仙成道之處，將軍你可以在這裡借宿一宿。」說完、敬個禮便起身離去。

鍾離漢心生羞卻，不敢驚動村莊的人們，只好不斷在村外徘徊留連，心想該如何是好，過了很長的一段時間，從遠處傳來一陣聲音，它是這麼說：「一定又是那個碧眼胡人多嘴。」隔了一會兒，看見一位身披鹿皮的老人，杵著青色的枴杖，緩緩的由屋內走出，對鍾離漢說：「這不是傳言中的鍾離漢大將軍嗎？既然已經來到此處，何不聽聽和尚的話，跟我們借住一宿呢？」鍾離漢聽了大吃一驚，明白他們都是身懷異術的奇人。鍾離漢安頓後，回憶今日發生的事，從虎狼之穴的生死關頭中逃脫，心中便產生修道的念頭，拜託奇人傳授渡化的法門。老人見他有慧根，便教授他長眞訣以及一些煉丹之術，甚至是道術密技青龍劍法。修練成功之時，鍾離漢告別老人，準備返回家鄉，回頭看看曾居住的莊園，剎時間全消失了蹤影。鍾離漢離開當地，卻沒有回鄉而是雲遊四海，結果又遇見華陽眞人傳授他太乙刀圭、火符內丹之術，使他的功力更上一層，能通曉玄之又玄的道法。接二連三的好運，陸陸續續發生在鍾離漢的身上，上仙王玄甫又授他長生訣，從此能遊歷世界各地，像他曾到過山東、住過鄒城，入崆峒的紫金仙地，最後停留在雪白的山峰，獲得玉匣一只，修練其中的秘訣而修道成仙，最後與鐵拐李等人齊名爲八仙。

延伸閱讀

在八仙之中，鍾離漢的外貌特徵是，露著一顆大肚子，一把扇子總是搧啊搧啊，他也是呂洞賓的修道仙師。在道教的世界中，修道除了天生的才能外，也是要配合著仙機，兩者搭配下才有緣成仙。其實人生的命運何嘗不是如此，空有一身的天賦異秉，卻也會感嘆著時不我予。但是若不做好自身的準備，再好的時機也會從指縫中溜走，人唯一能做便是在這個部分，因為我們都不是神仙，不能算出未來發生的事，不過相信只要隨時有準備好的心態，時機一出現，就可以有美滿的結局，事業、感情不論什麼事都是如此。

39

左慈道士施法曹操的故事

前言

左慈並非是一位有名的神仙，但關於他的道術、神蹟，最有趣和著名的是跟曹操的一段故事。

左慈是聞名於三國的一位道士，他熟讀儒家的經書，對天文地理也略知一二，他見漢末的星象發現漢將亡國，感嘆在亂世之中要如何保全性命呢？便決定誠心求道。他原本是向人學習道術，後又隱居於天柱山的石洞中，在石洞發現一本煉丹的天書，書上寫著《九丹金液經》，此書無人知其來處，作者爲誰，但書中盡是些深奧的道術之理，左慈愛不釋手，每日專心的研究，並照書上的意思去做，終於練習到鬼神都可任他差使的境界。

左慈修道成功後，便到人間幫助世人，名聲漸漸的傳播開來，曹操便聽聞有個這樣的道士，曹操因爲平定黃巾之亂，知道民間對於具有神仙能力的道士特別尊敬，爲破除這想法，決定找左慈來試法，期望能讓人民對邪術之事不再如此迷信。左慈被請至官府，曹操擺個筵席宴請他，在席上故意說，可惜美中不足的是少了鱸魚，左慈明白曹操想試試他的能力，便請人端來一盆水，用根筷子綁著線，伸到水裡，不久便釣起一尾鱸魚。席間左慈還出門一趟，讓曹操遠在蜀中的使者，多買了兩匹布，來回也不過一杯茶水時間，果眞在數月後，前往購布的使者多買了兩匹。這次試驗並沒讓曹操信服他，反而激起曹操的鬥志，決心找個治他的方法。

他又將左慈請來對他說：「聽說你可以不吃不喝很久，我想親眼看看。」左慈點頭同意，讓自己被關在一間密室中，一日一月的過去，一年後才放他出石室，左慈臉上沒有飢餓之像，反而臉泛紅潤之色，精神狀況也很好。曹操大吃一驚，心想這樣的奇人不能讓他留在世上，否則人民有天將信服他，甚至起義叛變，就像之前的黃巾之亂一樣。左慈像是看穿曹操的心理，去拜見他，開口說：「王，我打算回鄉，此次來跟你道別。」曹操說：「你爲何要如此匆忙的走呢？我待你不好嗎？」左慈直接了當的說：「那是因爲王你心裡想殺我啊！」曹操對於左慈猜中心事雖有點之驚，卻不願中計承認，便說：「怎會呢！我禮遇你都來不及了，怎會想殺你。」幾日後在一個宴會的場合，曹操在席上請左慈喝酒，左慈將酒杯一分爲二，酒在杯中仍不散去，獨飲半杯，希望曹操喝下另外半杯。曹操看傻眼不動，左慈只好幫他喝下，瞬間又將酒杯復合，並拋至空中，酒杯緩緩的由天降下，等大家回神之時，左慈已不見人影。

後來聽說曹操仍命人緝拿左慈，曾在一廟宇中發現他的蹤跡，也將他抓回官府關，卻在運送回府的途中，左慈又失去了行蹤。後來又在一處酒館發現他，眾人費盡心力將他五花大綁，這次關著時，特別派人看守他，卻在刑場行刑前一刻，只剩下繩索留在刑台上，左慈早已失去蹤跡。

延伸閱讀

歷史上是否真有左慈一人，我想不須考證，最早看到書上記載的是葛洪的《抱朴子》，後來像是《神仙傳》等描述神怪的書，也可以看見他相關的傳說故事，可見左慈的故事是當時人們茶餘飯後的話題，用曹操與左慈鬥智鬥法的故事，是讓傳說變得更加有真實性，畢竟曹操在歷史上是確有其人，這樣把傳說故事跟歷史結合，是中國人長久以來的傳統，可讓故事更有說服力，也更加的與現實生活息息相關，我想這也是許多的故事傳說能流傳至久的原因之一吧！

40 關聖帝君——關公

前言

關羽，三國時代山西人氏，字雲長，神號是關聖帝君，一般通俗稱他為關公，也有人稱他為關帝爺。他與劉備、張飛曾結拜為異姓兄弟，俗稱為桃園三結義，在民間的傳說中，關公是個英勇的戰神。

根據歷史上的記載，關公是河南解縣常平村人，出生在東漢桓帝年間。關公自幼便繼承家學，像是易經、春秋等書籍都是他的最愛，書本除可培養他的知識外，也讓他散發一股凜然正氣跟十分講求忠義的個性。相傳他的外表，身長九尺之多，鬍鬚長達二尺，一臉像是棗子般的紅潤，嘴唇像是塗抹著胭脂，有雙丹鳳的眼睛，眉毛粗的像是躺著一隻蠶，不但是相貌堂堂且威風凜凜。關公天生長的一副雄偉的容貌、高大的身軀，更顯得威武逼人，見過他的人都被他的氣勢所震驚，不由得肅然起敬。雖然出生名門，但不幸遭逢亂世的關公，只能夠流落他鄉。在異鄉的日子裡，關公認識劉備與張飛兩人，因為個性相投也有同樣的抱負，於是決定結拜為異姓兄弟，約好三人齊心努力的創造一番事業，常常說希望能夠解救天下蒼生。後來東漢滅亡，剛好時機成熟，關公幫助劉備建立蜀國，與當時的魏吳形成三國鼎立的狀態，也就是歷史上的三國時期。

位於台北民權東路行天宮，即是台北市民所熟悉的「恩主公廟」，恩主公即是關帝爺，亦即武聖關公的俗稱。

關於關公的傳說故事可說是多不勝數，像是有次關公負責護送阿斗回家，途中遭遇曹操軍隊的埋伏，關公展現他過人的勇氣，過五關斬六將，護主心切的他突破重圍。其他像是單刀赴會、刮骨療毒都是大家熟悉的故事，在《三國演義》一書更是代表人物。智勇雙全的他可謂當時的一代豪傑，對劉備也是忠心耿耿，結義時所言「不求同年同月同日生，但願同年同月同日死」，這句話可說牢牢的記住在心。相傳有次曹操抓到關公，將他軟禁在曹國軍營，曹操聽說有關關公的故事，覺得他是個不可多得的賢才，屢次的運用各種方式引誘他，像是金銀珠寶、佳人美色，希望關公能爲他效勞，可惜這些東西在關公眼裡，乃是身外之物，瞧都不瞧一眼。關公不但視金錢如糞土，面對敵人時，也表現出奮勇抗戰的精神。然英雄人物不見得能長命百歲，就像俗話說天妒英才般，關公就在當他年輕氣盛的時候，因爲奸人設下計謀陷害，在麥城一戰戰敗，最後在湖北過世。

關公過世之後，世人常常懷念他的事蹟，認爲像這樣義薄雲天的人物，可說是中國英雄人物的代表，於是集合眾人之力，特地爲他建造一座廟宇，希望能供後人祭祀，因爲與孔子的文廟恰好相對，所以大家俗稱關公的廟爲武廟，用來作爲中國戰士的代表。不過聽說有一陣子，關公因爲奸人所害而死不瞑目，總是陰魂不散的出現在人間，有人會在夜晚看到關公，騎著赤兔馬到處遊走，逢人便問：「還我的首級。」這樣擾亂人間的日子不久，最後關公還是經過仙人感化，才消失人間。

到底人們什麼時候開始祭拜他，不得而知，但若從許多記載上看，自唐代開始，民間祭拜關公的風氣漸盛。除道教世界外，連佛教的世界也吸收他的故事，說死後的他經過普靜大師的指點，冤魂於是不再逗留人間作祟，這樣的故事證明，不論道佛都廣爲重視他，關公可說是英雄人物的楷模。

延伸閱讀

在國劇的人物中，關公總是紅著臉，於是國劇的紅臉代表的就是義勇的人物。而民間祭拜的關公不但是武神的代表，甚至因為他對不同事物的才能，對他有不同的稱號。像是認為關公是五文昌之一，這是因為故事說他喜歡讀易經、春秋等書，於是又稱他為關夫子、或是山西夫子。而商人對關公更是崇拜尊敬，認為他可以帶來財富，尤其是飲食業的老闆們，把他當作財神一樣的膜拜，這也就是人們一般俗稱的武財神。另外傳說死後的關公，被天帝派去鎮守南天門。民間傳說中關公可說是神明中的全才，文武具通，廣受人們的尊敬。唐代有首詩與關羽有關。

鬧中取靜的行天宮，還有一座分靈的廟宇在三峽的白雞為「協天宮」，因當年礦工的傳奇成功，而肇建了此廟，兩者皆香火鼎盛，稱譽全省。

祠送高員外還荊州　郎士元

將軍稟天姿，義勇冠今昔。
走馬百戰場，一劍萬人敵。
誰爲感恩者，竟是思歸客。
流落荊巫間，裴回故鄉隔。
離筵對祠宇，灑酒暮天碧。
去去勿復言，銜悲向塵跡。

礁溪協天宮為台灣北部最大的關帝廟，是由福建省東山縣關帝廟分靈而來，每年農曆的正月十三日為關聖帝君的祭典，屆時北部的分靈的關帝廟，都絡繹不絕地回來進香。

41 濟世救人的華佗神醫

前言

三國華佗，生在亳縣華家莊，父親早死、兄長又被抓去當兵，留下他與母親相依爲命。因他家中貧困，所以生病的時候，只能自己挖些藥草來吃，漸漸他發現藥草的神奇，便以自己的醫術懸壺濟世救人，他的醫術十分高明，被稱之爲爲華佗神醫。

在三國的戰亂下，人民生活困苦，連生病都沒錢請大夫看診，華佗自己出身窮苦，卻富有同情心，徒行免費替人看診，有時候爲使自己的醫術更上層樓，常常到郊外尋找些藥草，並且實驗藥草是否有特殊的療效，雖然如此用功，華佗卻未正式的學醫，一般的小病還可以治治，若遇到像惡疾的病狀，也只能束手無策。有一年，華佗的母親，得到莫名其妙的怪病，請了很多有名的太夫，都看不好，華佗的母親也是如此，拖不到幾個月就去世。

遭受打擊的華佗，決定發憤圖強去尋找名師學醫，聽說在西山的寺廟有個治化道人，治病如神，再困難的病到他手中，隨即藥到病除。華佗打定主意後前往西山，向名醫拜師學藝。西山距離華家莊有多遠，華佗也不曉得，但堅定的心意讓華佗仍決心出發，他隔天一大早便出發，所有的親友都到場送行，祝他早日學成回鄉，華佗就在祝賀聲中，踏上艱苦的歷程。

不知走了多久，華佗身上的銀兩花光，腳底也走出水泡，卻仍不見西山，困頓的華佗，餓的時候吃山中野果，口渴則喝山中泉水，就這樣子來到一座大山。叢林密佈的大山中，華佗隱約看見一座寺廟，他繼續的踏步前往，慢慢地來到廟前，「少林寺」幾個大字高掛廟上。華佗找到寺廟，內心自然欣喜，忍不住的跳躍，這時迎面而來一位道童，華佗便請問他，寺廟是不是有個治化道人，道童回答他說有，並且問他有何貴事，華佗在說明來意後，道童迅速的回寺稟報，再過來請華佗入寺。

華佗一進寺廟，便看到一位白鬍的道人，穩穩地坐在大殿廳上，心想這就是道人吧！便向前一步叩安。道人仔仔細細的看過華佗後說：「聽說你前來學醫，你眞的有堅決的信心嗎？」華佗點頭，道人於是收他入門，不過道人給他一段考驗的時間。治化道人將他帶到寺廟後院，眼前所及到處都是病人，道人給他第一個考驗，便是要他從今天起，在這裡打水照顧病人，華佗心雖疑惑卻也不敢抗命。就這樣華佗開始他的學醫之旅，自第一天開始，華佗便細心的照顧病人，無論任何的天氣，總是陪在病人身旁，一有突發狀況，華佗便趕快請道人查看，從旁也學到不少技巧，而病人每天的病況，華佗都會用紙筆紀錄下來，其他師兄都笑他沒事找事做，華佗也裝作沒聽見。

很快的三年過去，華佗從照顧病人身上，學到不少病理，像是爲何會染上疾病，什麼病會有什麼症狀，應該如何照顧，要用什麼藥草醫治，他都一清二楚。這日，華佗像平常一樣在照顧病人，治化道人一聲不響的來到旁邊，對他說：「經過三年的觀察，我發現你是個細心的人，你應該從病人身上學到不少，但只是這樣還無法眞正參透醫理，你跟我來。」他帶著華佗來到內殿的藏經閣，閣中盡是些醫藥書籍，道人對他說：「按照你過去的基礎，這裡的書對你沒什麼困難，你也可以自行的運用裡面的工具，需要看書就看書，需要練習製藥，也有火爐在旁，專心學的話一定沒問題，如果碰到什麼難題再來問我吧！」說完留下華佗一人離去。華佗能得到道人的賞識，學得醫藥知識，心裡十分的高興，於是每天就在病人與內殿中來去，這樣又過了三年。

這年治化道人又試練華佗，從故意裝病讓他醫治，又將醫藥之書燒毀，讓華佗重新的抄寫，華佗也通過考驗，證明他已將醫藥之理心中。這日，治化道人喚他到面前，對華佗說：「你來這已經超過六年，學業上也約略有成，也是該貢獻你一份心力的時候，為師讓你下山濟世救人，為全國百姓服務，不知道你願意嗎？」華佗說：「徒弟尚未學到眞正本領，請師父再收留徒弟。」道人說：「目前世道如此混亂，以你的能力足以廣救世人，別再推託。」說完命令徒弟將華佗趕下山。從此以後，華佗便遊歷天下懸壺濟世，傳說中他還曾替曹操看病。

延伸閱讀

華佗是中國醫學上的大師，因此也成為道教人物中的神明，將他從凡人中神化，後世的稱醫術高明之人，華佗再世，在台北市的龍山寺，我們也可看到華佗的神像。故事中我們另外可知，不論學習各項事物，最重要的是一顆仔細的心，若能如此在那項事物擁有超乎一般人的表現，像華佗就是如此，人除了天賦的機運或是天資外，需要的是自己能夠掌控的，自身奮發向上、細心學習的態度，華佗便是如此學到重要的醫術。

42

董奉的復生術

前言

董奉，字君異，三國侯官縣人氏，在縣內當任吏役的工作，古代對董奉有不少的傳說。

傳說在侯官當地，有天縣內來個新的縣令，他認識董奉的時候，就是一副四十多歲的容貌，短暫停留後這位縣令又離開，在多年以後，這位縣令曾路過當地，有幸的再看到董奉，非常驚訝他的樣子仍像多年前，便問當地的人民，才知道原來董奉是得道之人，所以容貌多年未改。

董奉不只能保持外表的年輕，相傳他還擁有死而復活之術。傳說交州的刺史杜燮，曾得到惡疾已經過世三天，家人傷心欲絕準備替他辦理後事。而當時人在交州的董奉，聽說這件事之後，趕往杜燮的家中，請求杜家親人讓他見見杜燮的遺體，並要了一碗水。這水不是董奉要喝的，他從袖中拿出三顆藥丸，塞進杜燮的口中，並灌入大量的水，再將他的身體扶起，好讓藥效充分發揮。不久後，杜燮原本冰冷的手腳漸漸暖和，臉色也有紅潤的跡象，雖然身體仍然虛弱，但確定撿回一條性命，經過四天的修養後，就可以開口說話，杜燮恢復精神後，講起夢裡的景象。

在去世的那幾天，就像是做了一場大夢，我夢見大約有十多個黑衣人，拿著刑具將我逮捕，推上一輛馬車，馬車迅速地將我帶到一座監獄，監獄的大門是紅色的。監獄中關著各式各樣的人，每個人都關在只容一人的小房間，並且跟其他犯人隔絕。我被他們拖拖拉拉，推進其中的一間小房間，外面用堅強的泥土封住，看不見任何的光線。當我求助無門之時，卻聽見外面傳來一陣聲音，說到「太乙眞人派遣使者召喚杜燮」，我又像進來的方式樣被帶回原地，醒過來的時候，就已經是這個樣子。

杜燮聽家人說，是董奉救回他的性命，於是等他身體較好的時候，起身前往拜謝救命恩人，杜燮對董奉說：「感謝仙翁的救命之恩，在下不知如何才能回報你，可否告知需要什麼？」董奉卻推說不用，杜燮知道董奉法力高強，根本不需要他的回報，但又於心不安，於是命屬下在他的後花園，蓋一座華麗的高樓，再請董奉遷入居住，每天按照三餐送飯。董奉的飲食不同一般人，他不吃大魚大肉，而是一些乾肉和棗子，有的時候會喝一點小酒，他常常像小鳥般從天而降，坐在杜燮爲他準備的樓閣來用餐，吃完之後又飛去。杜家的人雖然每天準備這些東西，但從未親眼看過他食用，就這樣過了一年。這天董奉突然出現杜燮的面前，對他說：「我即將遠行，請你們不用再幫我準備食物，謝謝這段日子的招待。」杜燮一聽董奉要走，趕緊慰留，但發現他心意已決，於是問：「如果恩公執意要走，需不需要我替你準備馬車、船隻等交通工具？」董奉說：「不需要這麼麻煩，只需幫我準備一口棺材即可。」杜燮聽到董奉說棺材，還以爲是自己聽錯，再問一次仍是如此，雖然心生疑惑，卻不好意思問他爲什麼，就按照他的要求去做。隔天中午往常送飯的人，匆匆忙忙跑來回報說，董奉已經仙逝，杜燮傷心地替他舉行法式，並用替他準備的棺材厚葬。

幾天以後有個陌生人上杜府求見，說有口訊要給杜燮，傳話的內容是「感謝你這段日子的照顧，並請你保重身體。」問是誰要他傳話，原來是董奉仙人，杜燮覺得不可能，爲了找尋答案，他撬開董奉的棺材，發現裡頭沒有半具屍體，只留下衣布跟硃砂畫的符咒，終於相信董奉眞的沒死。

延伸閱讀

神話傳說最先開始的時候，一個人物總會出現好幾種不同版本的神蹟，而一個人物的故事版本越多，表示他受歡迎的程度越高。許多的仙人雖常常的幫助世人，但都是以為善最樂作為出發點，不求任何回報。如果他真有神力，所有的身外之物，我想都不在他眼裡，仙人會出手相救，是出於樂於助人。為善不欲人知是難，但為善不求回報也難。然人類是群居的動物，彼此間該互相幫助、互助合作，如果這天你伸手幫助別人，別人也會有幫助你的時候，而妄想他人的回報，這樣就無法享受幫助他人的快樂。

43 福德正神——蔣子文

前言

福德正神，即是我們俗稱的土地公，客家人則稱爲伯公，究竟他的身分是誰，有許多的說法，其中較廣泛所知的是蔣子文。

相傳蔣子文在世的時候，是位喜好酒色之徒，雖然大家因此瞧不起他，他卻對所有人說自己的骨頭是藍色的，因此死後一定可以化爲神仙。在後漢末期的時候，蔣子文被任用，擔任現在南京的官員，負責掌管各類的刑務，就像是現在的檢察官職位，有次他發現緝拿已久的盜賊，出動全員追緝，一直追到鍾山的半山腰，誰知道剛好盜賊的救兵趕到，展開反擊，在那場戰役中，蔣子文被偷襲傷及前額，雖然他在事後趕緊的包紮傷口，可惜的是爲時已晚，蔣子文不久後仍過世。

在蔣子文死後很久，以前曾擔任他部下的人，因有要事經過鍾山附近，那時天色仍亮，結果在他眼前的不遠處，看到有個騎著白馬手拿白扇的先生，朝著他的方向而來，令他吃驚的是，那位先生竟然是過世已久的蔣子文，容貌就像剛剛去世的樣子。蔣子文來到他的身旁對他說：「你不用驚訝，我是來請你幫忙一件事，因爲自己雖然受封爲當地的土地神，但是始終香火不盛，爲了想賜於當地人民更多的福報，便要當地人爲我建廟，如果不這麼做的話，恐怕會有災害降臨當地，希望你將這樣的訊息告知當地人。」說完後便騎著白馬離開，部下雖然答應，卻尚未回神過來。

　　這部下感謝蔣子文過去的照顧，也想替他做一些事，但建廟一事甚大，並非他一人能力所及，苦思之後找不到方法，最後也只能棄之不理，沒想到因此發生了一件悲劇。當年的年末，鍾山附近發生有史以來，相當嚴重的傳染病，死傷無數，暗地中有人曾聽說蔣子文顯靈的事，便心想拜一拜也好，說不定眞的有效，但建廟之事仍延宕許久。過不久，蔣子文又附身在靈媒身上，告訴所有的人：「我乃是蔣子文，想要幫助孫權奪取天下，可惜的是上次說過建廟的事情，遲遲未見你們動工，如果再不趕快興建，將會發生更嚴重的災情，像是蟲子會鑽到人耳中，導致生病亡故。」

　　孫權的部屬將此事上告孫權，孫權聽完後笑之，說那些都是無稽之談，怪力亂神之事在蒙騙世人，大家盡可不必理會他。不到一個月傳出友人的耳朵跑進小蟲，陸陸續續的災情傳出，當地的名醫也束手無策，孫權卻仍堅持他的看法，再過不久，沒想到已經傳出有人離奇身亡，大家都說是蟲害的因故，十分的害怕下一個就是自己。人民聚集在一起想想有何法子，其中有人說到蔣子文附身一事，於是趕緊的趕往靈媒家中，請他再次的顯靈，將子文果眞又出現，他對人民說：「下次當地將發生大火，如果信我者就可以保證你們家中的安全，人民聽完都歡喜跪地拜謝。」於是雖然當年當地發生幾次不小的火災，卻都無人傷亡，孫權的宮殿甚至是平安無事，漸漸地孫權相信眞的可能滿靈驗，便下令境內人民，動工爲他興建廟宇，並封他爲中都侯，也將鍾山改名爲蔣山來紀念他的靈驗，之後當地渡過最平安的一年。

延伸閱讀

人們對土地神的喜愛，只要有土地的地方就有他的蹤跡，如果將中國神仙的廟按多寡排名，我想土地公廟應該可以佔前五名，在西遊記小說中，也常常看到他的蹤影，說他可以移山遁地。土地神為什麼能如此的受歡迎，想必是與土地公掌管生活中重要的事相關。傳說他掌管著錢財、升官、治病，與人民生活如此的貼近，像是台灣商人在初二和十六，都會為生意興隆而祭拜土地神，這種祭拜稱之為牙，所謂的尾牙就是由此而來。有個好玩的現象，幾乎每個土地公廟都會祭拜虎爺，但也有虎爺自己為廟。雖然後人因為土地公孤單一人，於是找個土地婆作伴，但是一般土地廟同時祭拜兩人的情形卻不多。

44 仙人三試費長房

前言

費長房是個生活於市集的人，他擔任市集的物資流通職位，所以對市集來往的人，哪些是新的攤販，都一清二楚，故事就從他在市集遇見一位仙人而開始。

費長房生於河南，長大後在市集謀得一職，負責市集的一些問題處理，爲了生活上的方便，將住所搬至市集附近的一棟樓房，他常在閒暇之餘，靠著閣樓的欄杆，從這位置可獲知市集最新的狀況，久而久之成爲習慣。這日，費長房依舊倚靠欄杆，若無其事的向下張望，突然撇見一個身穿奇褸的老人，在市集的左側角落，擺著賣藥的攤位，原本這是稀鬆平常的小事，不足以吸引費長房的目光，但讓他目不轉睛、匪夷所思的是，某天傍晚，街上寥寥無幾人，久久不見匆忙的路人，奇異的賣藥老人跳入攤子前面的大壺，久久不見爬出壺口。這入壺的舉動，費長房觀察好幾天，漸漸地加重他的疑問，百思不得其解，爲了解除疑惑，他鼓起勇氣決心一探究竟，問個明白。費長房心想，如果莽撞的拜訪恐怕嚇著他，特地從地窖拿了一甕好酒，送給賣藥老人，老人收下後對他說了一句話：「明天在此處，我帶你到仙境。」費長房不敢多語，隔天便依相約的時間出現，老人共邀他入壺。

一入壺中，別有洞天之景，外表一個人高的大壺，壺裡盡是些仙境之景，老人從屋裡端出一盤盤美食佳餚，宴請費長房。席間一再囑咐長房這事不可外洩，一旦透露天機，恐有禍招身。席上兩人相言甚歡，酒杯將盡，老人便請長房到屋中再拿好酒，長房見屋內單單只有一小酒甕，伸手想搬它。長房提的是面紅耳赤，它卻絲毫沒有移動的跡象，老人從門口看見這情況，親自過來拿，輕輕鬆鬆的提起。說也奇怪，這甕雖小，竟然能源源不絕的一倒再倒，讓老人和長房能把酒甚歡，享受人間天堂。席將終了，老人也只能難過的說：「我是天上的仙人，被貶下凡歷劫，如今劫數已滿，我將重返天庭。」此話一出，讓長房過去求道的念頭，再次興起，便立即下拜老人，求收為門徒，然老人卻問，你能拋下家人的情感嗎？在長房猶豫不決，老人像是猜透他的心思，給了他一根竹竿，囑咐他掛在門樑上，便傳授他一套隱身術，之後竹竿漸漸化身為長房，家人誤以為他氣斷身亡，傷心欲絕的辦喪事，長房才斷絕俗事，專心的跟隨老人修道。

雖然老人願收他為徒，但修道之事並非兒戲，老人決心給他幾個測驗，看他是否眞能修得道中眞理。他先讓他獨自身無防備的走在猛虎群中，又讓他身躺草屋，放群蛇圍繞四周，無論怎麼考驗，長房總是應付自如，且神色若定，老人見他對外在環境，能展現堅毅的定力，深覺眼光沒看錯，心想此為可造之才。但是最後還是功虧一潰，因為長房仍無法通過最後一關——食呑糞便。老人失望的搖搖頭，嘆氣的說：「原以為你一定沒問題，卻仍無仙緣，只要心有喜好愛惡，便難超脫。」後來給他一把竹竿後說：「這竹竿能送你回家，再給你一道符，作為送別之禮。」長房傷心的拜別老人，跨上竹竿，不到半個時辰，人已至家門，家人見而怪之，驚嚇鬼魂靈現，長房一五一十的據實告知，又挖墳開棺才相信這段奇遇。長房雖求道失敗，反學醫救世，老人所賜的符，也幫長房驅逐不少厲鬼，甚至可請神助之。但最後可憐的長房卻因遺失神符，落得厲鬼纏身而亡。

延伸閱讀

仙人的神奇之術，施展各種可能，舉例像是化身的能力、來去異地等，這篇故事我們可看到仙境的故事。早期的印象仙境是在深山之中，凡人除非有段奇遇，否則難以到達，但長房所遇的仙人，卻能在一只壺中，變化出一仙洞，壺中別有洞天，仙人的仙術更加擴大神力，我們對神仙也更加崇拜。另外費長房的故事發展，跟後來八仙之中的韓湘子，產生連結，認為費長房是韓湘子的前身，關於韓湘子的傳說，可以閱讀書後面的八仙故事中的韓湘子。

45

太極左仙翁——葛玄的故事

前言

葛玄誕生於漢代桓帝年間，其父葛孝儒信奉道教，這讓葛玄一出生便與道教有關聯，甚至相傳有道士到葛府傳遞葛玄為神仙降生一事，這開端了葛玄的傳說故事。

葛玄年幼便父母雙亡，卻仍努力好學自立，未冠之年便已通曉古今文史，特別喜好老莊的文章，有機緣與左慈相識，傳授他煉丹之術與驅鬼之法，跟一本《九丹金液仙經》。葛玄的叔父對葛玄有所期盼，認為以葛玄的天資能有一番作為，然而葛玄的天性讓他選擇遊歷各地，尋找煉丹修行之聖地。他從天台、羅浮等處尋找，直到閣皂山才覺得找到仙地，他致力修行煉丹終於練就一身的仙術，世人都稱他為「太極左仙翁」。

在一次機會，朋友前後的來拜訪他，結果先到的朋友竟然看見，另一個葛玄帶另位友人來到，又在一瞬間只剩一個葛玄。兩個朋友見他的法術後，便說想再見識見識，剛好天氣微寒，葛玄呼地一口氣，將火爐給點燃，在吃飯間把口中的飯粒噴出，飯粒立即變成一隻隻的蜜蜂，環繞室內，不久一一的飛回葛玄口中，又變回飯粒。

某天，葛玄經過一個樹林，見林中有異象，便停留下來，化身為一介農夫，走向漫步林中的一位讀書人。讀書人目中似乎沒有葛玄，葛玄故意走到他面前，疑惑的問道：「讀書人，你待在這裡做什麼？此處非你久留之地。」讀書人含混不清的敷衍葛玄，葛玄又說：「是不是貪戀美色，捨不得走啊！別再作夢，那位姑娘其實是妖怪，已不知有多少人葬身此處，屍首都丟在井中。」讀書人半信半疑的去瞧瞧，結果一堆枯骨在井底，再由門縫往屋內一看，一隻大蛇盤旋在床上，大蛇見事跡敗露，便想一口吃掉讀書人，說時遲那時快，葛玄揮著神劍，將大蛇砍成兩半，再讓讀書人服下符水，讀書人才得以逃脫。

又一次，葛玄驅車出遊，經過一個神廟，沿路的行人好心的警告他，在離廟百步之處，必須下車徒行，否則必遭災禍。葛玄笑笑的，仍驅車前往廟口，在離百步之時，果眞一陣怪風直撲葛玄，葛玄大怒的說：「大膽妖魔，敢在本道面前作怪，還不速速現形。」說著由袖中取出一道符，往廟裡一丟，廟便燃起一陣大火化爲灰燼。

相傳葛玄與孫權有段故事，一天，孫權與葛玄相約吃飯，席間見街上有人在行求雨的儀式，孫權便說：「沒雨的日子已經很久了，你不是會些法術嗎？像求雨這件事應該難不倒你吧！」葛玄拿出一道符，口中念念有詞後當場燒掉，天空瞬間聚集了一群黑雲，之後便下起傾盆大雨。過不久，兩人遊歷河上，原本晴空萬里的天，下起大雨，河浪越刮越高，許多船隻都被淹沒，平靜後孫權發現不見葛玄的蹤影，到處找過後仍未尋獲，孫權感嘆的說：「像葛玄這樣的仙人，也逃不過自然的災害而滅頂。」隔天卻見葛玄醉醺醺的走在大街，並向孫權致歉，說明昨日爲何消失的原因，這下子孫權更十分的佩服葛玄的仙術。

八月十五日這天，天降下一祇神仙，特地來向葛玄宣告功德圓滿之時，並依旨賜於葛玄「太極左宮仙公」名號，這也是爲什麼人人稱他爲太極左仙翁。

延伸閱讀

關於葛玄的神蹟，在世上至少有兩處仍流傳，像是閣皂山的金池水及搗藥島。金池水是葛玄洗鍊金丹之處，搗藥島是一隻誤食仙藥的鳥，因食仙藥而長生不老，終年發出像搗藥的叫聲。在傳說故事中，總會找些有名歷史人物，來告訴讀者這個故事是真的，因為也許這個人在歷史上沒沒無聞，或者是個名不見經傳的小人物，但為突顯真實性，提出某個當時人，曾經跟他有段遭遇，這樣子至少別人相信他的程度會提高，就像故事中的孫權，是三國時代吳國君主，因為三國演義早就是眾人皆知，用他來說服別人葛玄故事的真實是再恰當不過了。

46 著書濟世的葛洪

前言

葛洪生於西晉時期，父親在朝爲官，從小便聽說先祖父葛玄的故事，此外也飽讀經書，是當時頗有名的文人，相傳他曾學習神仙之道，並有《抱朴子》一書傳世。

葛洪自小便聽說，世上有仙人，曾跟隨葛玄學道，名爲鄭隱，心想若能跟隨鄭隱學道，必定在仙術求道上有所獲。這樣的想法在葛洪較大的時候，便付諸行動，他四處探訪道士鄭隱的下落，終於皇天不負苦心人，在深山的某處找到他的蹤跡，初次見面時，葛洪便十分吃驚於鄭隱神色是如此的清爽紅潤，再見他登山之行，步步輕盈，更覺他必定身懷仙術。

葛洪跟隨他一段日子後，有天鄭隱把他叫到跟前，給他一些從未見過的經書，像是《枕中五行記》之類，接著對他說：「當初念你先祖對我有恩，故暫時收你爲徒，但現今我將帶其他的師兄弟離開此處，以你的情形，並不適合跟我們到處奔波，這些先祖所傳的經書你拿去，依你的資質，只要虔心必有所得。」葛洪雖心底極想跟隨師父，卻明白師父有他的道理，喪氣地回房收拾經書和行囊回鄉。

回鄉的葛洪，聽從家人的建議赴京趕考，中

了進士，留在朝中擔任官職，並利用工作閒暇之時，研究各類經書，包括鄭隱留給他的道教經典。在他上任沒多久，遭逢各地戰亂，京城也急急可危，於是他離職準備到洛陽投靠親友，卻又適逢八王之亂，無法前行。這時有位故友邀他擔任軍中參軍，結果人未到，故友卻遭受刺殺身亡。這一連串的打擊，讓葛洪感受人生之無常，突然想起經書所言，便決心求道，超越塵物。機緣下，他認識南海太守鮑靚，相傳鮑靚曾拜左慈爲師，倆人相識甚歡，常在一起討論道法之術，遊歷於山水之間。鮑靚有次在談天時，聊起過去的一段奇遇。他在江東遇見一位路人，此人步調徐緩，騎馬的他卻始終無法趕上，好奇心下便再加鞭追趕，仍是如此。鮑靚知道遇見奇人，趕緊下馬拜見，此人才停住腳步，他自稱陰長生，後來此人傳授他一套仙術。葛洪聽的入迷，心存羨慕之情，忍不住的開口問道：「是否就是傳說的馬鳴生。」鮑隱笑笑的點頭，之後便將這套仙術與葛洪分享。除了這套仙術外，鮑隱也將所藏的《三皇文》拿出，與葛洪分享，共同的精細研讀，鮑隱談到：「我們所學的先師，都是以煉丹爲主，我想這本丹藥經書對你幫助應不小。」之後葛洪的行爲，讓鮑隱對他十分賞識，最後也將女兒嫁給他。

雖然葛洪期盼遠離塵物，卻在見到人民爲疾病而苦時，便決定跟妻子遊歷蘇杭一帶，連遠處的民眾，聽聞葛洪醫術之神，都不辭辛勞的趕往求醫。葛洪常常感嘆，一般人們對道術都有所誤解，其實道術對醫學、養身是重視的，且有不少研究，像是丹藥對醫治疾病便十分有效。爲了將醫術知識傳授下去，他讀遍各類醫學經書，加上自己的見解，完成一部名爲《肘後備急方》的醫書，從內科、外科到針灸俱全。

有人聽說葛洪曾學過仙術，便到府上請教仙術，當然也有對仙術抱持懷疑態度的人，葛洪對這樣遲疑的人，都會花費精力解說，但人數越來越多的情況，葛洪感嘆能力時間有限，於是決心寫部有關神仙事蹟及修練之術，書成後命名爲《抱朴子》，此書以後也成爲道教經典之一。

延伸閱讀

葛洪在《抱朴子》有段自敘：「其內篇言神仙方藥，鬼怪變化，養生延年，禳邪卻禍之事，屬道家。」可知歷史上的葛洪，是個虔誠的道家徒。我們之前念過的故事，有一則曾提到，道教的觀念是在漢末出現，而到了葛洪的時代，道教壯大的更加旺盛，在作家的作品中也呈現著一股仙境氣氛，甚至一些小說有更多道教的描述。因葛洪的《抱朴子》與他道家的背景，於是在道教的系統中，我們可以見到有關葛洪的傳說；其實之前閱讀的一些關於神仙道教的故事，像西王母一則，便是在葛洪的時代。西王母最早在《山海經》已出現，但這時代把每個仙人，更加的神話和美化，是一個道教故事豐富的時代。一個有趣的現象，是在唐詩中出現過幾次的葛洪井，像戴叔倫的〈寄贈翠巖奉上人〉中：「似聞葛洪井，還近贊公房。」或是許渾的作品詩題「天竺寺題葛洪井」，就是有段奇遇的葛洪井故事。

47

嵇康問鬼與求道的故事

前言

魏晉時代，許多人都在學習道家之術，道家的經書像是《老子》、《莊子》被列爲經典，全國有著道教流行的風潮，每個人均嚮往神仙之術，相傳嵇康便是其一，他的性格放肆不羈、崇尚自然，跟當時其他六人有「竹林七賢」之美號。

相傳嵇康有超乎常人的勇氣，有次嵇康聽說他的好友新居落成，可是沒人敢居住，仔細一問之下，才知道原來屋中有鬼魂作祟，大家害怕的不敢住。嵇康聽說過鬼，卻從沒見過鬼魂的樣子，心裡十分的好奇，覺得這是個難得的機會，若眞的有鬼，他想一探究竟。便跟友人提議，是否可以借住一宿，友人直勸嵇康別莽撞行事，要他別這麼想不開，但在嵇康十分的堅持下，主人只好隨他去了。

嵇康當晚便住進新屋，午夜已過，仍睜大眼睛，坐在庭中等待鬼魂出現，爲打發時間，嵇康特地的彈彈琴，夜在琴聲的伴奏中一分一秒過去，卻未見有任何動靜。突然，遠處燃起一陣微微的亮光，一群八人的隊伍，徐緩的飄過來，這情形並未嚇著嵇康，他不慌不忙的問：「你們就是傳說中的鬼嗎？相傳你們喜好吃人那你們曾經殺過人嗎？」鬼魂一聽，連忙的搖頭說：「我們八個兄弟並非一般的厲鬼，會專門的殺害生人。

說起我們的身世就難過，我們生前是舜帝的音樂官，負責演奏慶典的樂曲。然不幸的遭受他人的殺害，而棄葬於此處。」嵇康又問：「既然如此，爲何又要出來嚇人？」鬼魂滿腹委屈的說：「我們絕非有害人之意，只因身爲鬼魂已久，加上你的朋友在我們的墳上蓋房，想出來告訴他們，屋下有我們的墳，若有嚇到他人，我們萬分抱歉。看君子能不懼怕我們，能否請你轉告他，將我們的屍骨遷往別處，我們將以助他登太守之職，作爲回報，並且爲了謝謝你幫我們，特爲恩人獻上一曲。」嵇康聽到有音樂可欣賞，連忙遞上弦琴，想一聽遠古之音，鬼魂彈奏間，嵇康聚精會神的專心聽，絲毫不敢有分神的時候。隔天一早，嵇康將此事，一五一十的告知，友人便派僕人到嵇康所告知的處所一挖，果眞有八具屍體排列，於是選擇一良地，將他們另行厚葬，而後相傳嵇康的友人最後升到太守一職。

嵇康面對鬼魂的表現，能如此鎭定，除個性外，跟他崇信道術有關，像他認爲神仙不同常人之處是在氣。爲了增進對道術的認識，他聽說有位孫登的高人，身懷高深道術，尤其琴藝過人，便決定啓程拜訪。他來到孫登處請教琴藝，誰知孫登聽而不聞，完全不理會嵇康，照常作他平常的事，嵇康十分有耐心，希望等到他的回應，而歲月在不知不覺中度過，一晃眼已過三年，他竟也不發一言。最後嵇康選擇放棄，這天準備返回家鄉，離開前問孫登：「我浪費三年的時間等待，你竟然不言一語，究竟是爲什麼？」孫登見嵇康即將離去，終於開口說道：「人如果有資質而無知識，最後仍是不會成功的，就像是火，它需要靠著材料才能燃燒，你的才能高卻見識淺薄，後半輩子，恐怕將難以善終。」嵇康不以爲意，認爲是孫登的推託之詞，轉身離開孫登。

嵇康回家後，靠著鐵器維修生活，加上他在文學上的表現，漸漸地闖出名堂，後來拜訪他的人絡繹不絕，鍾會便是慕名而來的其中之一。沒想到嵇康對鍾會這類奸邪，沒什麼好感，總是視而不見，甚至口語上十分冷淡，鍾會從未遭受如此大的侮辱，於是懷恨在心，四處尋找機會陷害嵇康。趁一次諫言時，在皇帝面前，告了嵇康一狀，結果嵇康被處以死刑，就在臨刑前，嵇康彈奏了心愛的曲子，腦中想起孫登之語，但又能奈何？

延伸閱讀

從歷史評價和文學作品來看嵇康，他是個十分有個性的人物，不屈服於司馬的強權，相傳臨刑之前，共有三千學生跟從，可見他在當時擁有相當的地位。相對他另一位好友阮籍，他為避免做官，藉酒大醉多日，他的個性也十分的放蕩不羈，不侷限於世俗之禮，照心意而行，他平日愛好老莊之學，曾作過一篇〈聲無哀樂論〉，且常言養生服食之事，這樣道教般的行為，也讓他的故事在道教中流傳。嵇康的操守、德行跟行為，是後代文人所崇尚，詩人也以此來舒己懷——

詠懷　白居易

我知世無幻，了無干世意。世知我無堪，亦無責我事。
由茲兩相忘，因得長自遂。自遂意何如，閒官在閒地。
閒地唯東都，東都少名利。閒官是賓客，賓客無牽累。
嵇康日日懶，畢卓時時醉。酒肆夜深歸，僧房日高睡。
形安不勞苦，神泰無憂畏。從官三十年，無如今氣味。
鴻雖脫羅弋，鶴尚居祿位。唯此未忘懷，有時猶內愧。

48 卜卦神準的郭璞

前言

郭璞，東晉時人，專於文學及爲書作註，像是著名的文學《楚辭》、《山海經》等，都曾註解過，相傳曾得到《青囊書》，藉此學習卜卦之術，曾有人想偷看，一翻書，書卻自動燃燒，關於他對事件的靈感度，有幾則小故事。

郭璞有次算出，東晉將有很大的變動，會戰亂連接，他擔心親朋好友，便告訴認識的人們，要他們趕緊前往東南方逃難。熟悉他的人，都知道他的神算能力，於是回家收拾一些家當，由郭璞領軍，決定投奔趙固的軍隊，尋求他的庇護。當他們抵達趙固官府時，很不巧的，遇見趙固的馬因病身亡，趙固傷心十足，對於周遭的事，都不聞不問，更別提要保護郭璞之事。面對這個情形，郭璞想到一個辦法，他請人轉告趙固，說他有法子可以讓馬死而復生，趙固起初不太想理他，後來守門的人跟趙固說，郭璞是個有道術士，試試看，或許他眞有辦法，趙固心想反正死都死了，看看郭璞有什麼法子。

趙固將郭璞招來大廳，問他：「聽說你可以讓我的愛馬活過來，這是眞的嗎？」郭璞說：「是眞的，請你派二十幾個人，手持竹杖，往官府的東方走，大約三十公里左右，這時會看見一座寺廟，見到寺廟，便用竹杖往地下用力的敲，不久之後，會看見有個東西跑出來，請馬上將牠抓起，把帶回來給我，我便有法子讓馬復活。」趙固半信半疑的派人，照著郭璞的指示一步步的做，果眞就像郭璞所言，抓到一隻像猴子的動物，而將牠活捉回府。一進府中，郭璞馬上請人把死馬移到大廳，那怪物一見死馬，便直撲上去，誰知原本了無生氣的死馬，開始蠕動嘶吼，發出陣陣的馬鳴，接著站起身來，活蹦亂跳，像是未曾死過一樣，就在轉眼間，怪物也不知去向。趙固爲感謝郭璞讓心愛的馬復活，於是答應他的要求，並送了不少的珍世財寶給他。

除了卦象外，郭璞也對風水有所研究，最好的一個例子是，他母親過世的時候，他挑選一個靠河邊的墓地安葬，周遭的親友都勸他說：「還是換個地方吧！這一處靠河邊太近，若哪年來個大洪水，墳墓會被沖的一乾二淨。」郭璞面對這樣的疑問，笑笑地回答說：「照我觀察的風水看來，這片河床不久後會乾涸，成爲一座小山丘。」大家直說不可能，因爲這條河存在幾十年，連乾旱的那幾年也未曾見底，我們還是靠它平安的度過乾旱，這麼可能會乾涸。結果不出半年，河中的魚蝦都消失，再半年連一滴水都不見。郭璞母親下葬一事，讓郭璞的風水能力廣爲流傳，許多戶人家家有喪事，都來請教他風水問題，甚至是新居落成，也時時詢問郭璞的意見。其中有戶人家，郭璞特地安排下葬於龍骨處，這樣的事情，傳到皇帝的耳朵，皇帝悄悄地派探子，來詢問此戶人家，問他們：「你們將葬在龍骨處一事，難道不怕皇帝知道，定個謀反的罪命，連累九族嗎？」他們回應說：「仙人郭璞曾說，此處雖位於龍骨，卻是在龍耳處，這會招來皇帝的查問，卻不是個謀串的墳位。」探子將所見聞，一五一十的報告皇帝，皇帝十分折服郭璞的神算。

朝廷折服他的神算，剛好聽說王敦準備謀反，便希望郭璞能算算此事是否屬實，沒想到郭璞的反應是，第一次不說話；第二次，卻說個大吉。王敦這方，也耳聞郭璞的神算，同樣的派人，讓郭璞算算命運，他回答，不成。王敦一氣之下，便派兵抓拿郭璞，準備將他處死，但是相傳在行刑後，有人曾在相同的地方，見過郭璞的身影。

延伸閱讀

關於郭璞的傳說甚多，我在延伸閱讀的地方，特別再說個故事，相傳郭璞曾用計來奪取他人丫環，為了讓主人感覺邪異，便在府邸四處，撒上豆子，不久整個府邸都被赤衣人包圍，之後郭璞再出面，設計巧獲丫環。這段有點像神棍的故事，有個有趣的地方，即是那段郭璞撒豆成兵的部分，在後來的小說故事中，也常常運用，像是明代小說《平妖傳》故事，便不只一次的使用此法術，其實此計更早，便出現在其他的故事，可見這法術的流傳之廣。像郭璞同上一篇的葛洪，歷史中均有記載，時代也頗為接近，其實郭璞除了他的傳說外，所註解的幾本重要的書籍，像是《山海經》、《穆天子傳》對道教的故事流傳，也有保存整理的貢獻。

49 淨明教始祖——許遜

前言

許遜生於三國，是聞名東晉的一個道士，相傳不足月出世的他，自小便十分聰明，曾拜師於吳猛，遭逢亂世的他，虔心修道，成爲淨明教的始祖，後來的道教，尊稱他爲四大天師之一。

吳猛與許遜雖爲師徒，但因爲吳猛的一席話，讓許遜決定專心修道，吳猛見許遜修道心切，決定選在西山下，教授他法術，渡化他修成地仙。在修業的期間，不時因鄉民有難，而伸出雙手救援，常常點石成金，再送給鄉民；有時會在河中偷偷下符，來幫助人們治療瘟疫。他在家鄉最著名的善事，是鐵柱鎭妖。

當時他生活的鄉地，每年固定某個時間，總會有水患發生，探訪原因後，發現是水底蛟龍所爲，這蛟龍生前是書生張鎬，投河自盡時誤食龍蛋，化身爲蛟龍。他能呼風喚雨、神通十分廣大，不斷地在水中興風作浪，讓人民的生命遭受困擾。許遜知道此事後，選在某一個夜晚，打算收伏妖邪，沒想到，他的能力雖然高強，可以平定洪水，卻無法收伏。不得已下，許遜趕往深山，請求師父吳猛幫助，吳猛從徒弟中，選些能不受法術所惑的弟子，帶著他們一起征討蛟龍，在師兄弟齊心合力下，終於除掉蛟龍，爲了防止牠再次作亂，從鄉里中，取個最大的鐵樹，深深插入南方之地，用來鎮壓邪魔，後來人們在樹旁，建立了一個道觀，名曰「鐵柱觀」。

許遜猛戰蛟龍的神蹟，在民間傳了開來，某處遭受蛇患已久的百姓，特地派人前來求救。前來的人描述，那頭蛇非常厲害，會吐出毒氣傷人，一旦陷入毒氣中，便難以逃脫。許遜有好生之德，憐惜百姓疾苦，招集一些子弟兵，趕往妖蛇出沒之洞口，佈滿劍氣待命。妖蛇有感洞外的危險，堅守洞內不出，兩方僵持許久，許遜不得已，請來當地的土地爺，藉助神力驅趕，妖蛇卻不為所動，許遜又再請一位土地爺，終於蛇棄守洞窟。一出洞口，便目光靈動，身長數十丈，許遜施法招來神兵，鎮住他的身驅，使牠無法移動。子弟兵這時便拿起兵器殺砍蛇身，刀刀血流如注，突然一刀命中腹部，腹開後隻隻小蛇倉皇而逃，弟子原本打算趕盡殺絕，許遜卻說上天有好生之德，等他們眞的作亂再殺也不遲。

上面的鐵柱故事，有另一則相似的傳說，許遜回鄉之時，遇見一個幻化成人的蜃妖，自稱為慎郎。在他離去不久，許遜便對弟子說：「剛剛的男子並非常人，乃是水中妖怪，最近的水患，猜想跟他脫離不了關係。」接著動身追趕，蜃精發現身分敗漏，趕緊化身黃牛逃跑，許遜看透他的計謀，也化為黑牛，並要弟子幫助黑牛追殺黃牛。蜃精接近後，弟子往腿部一砍，命中一隻牛腿，黃牛負傷而逃，瞬間逃入一只枯井，從枯井的暗道逃到市街，又化身為美少年慎郎，最後他逃進刺史府中。原來蜃精早就設下計謀，暗算刺使，讓刺使將女兒嫁給他，故用計住在府中。許遜追到此處，發現妖精逃入府中，便知原由，請求拜見刺史，告知他事情的始末。蜃精見無路可逃，於是化為原形，打算跟許遜來個生死戰，卻慘敗許遜手底，許遜給了刺史的女兒一道符水，要她喝下，她的神智才稍微清醒。並告知刺使一家，水患不久將到，最好遷往高處避難，果然幾個月後，原本府邸之處，成爲水底龍宮。

延伸閱讀

許遜的傳說跟蛟龍或是蛇類息息相關，嚴然成為一個屠蛇高手，特別專精水中之妖。這類的傳說可能源自一個說法，後來在各地的傳頌之下，有了不同的發展，但跟水似乎脫離不了關係。另外好玩的是，許遜有個類似雞犬升天的故事，傳說他在升天的日子，有兩位仙人降臨迎接他，天兵天將在一旁守候，許遜駕著龍車成仙，跟隨他的眷屬共四十二人，連宅拔起而升天，這便是「許真君拔宅飛升」的傳說故事，光是聽大綱，不覺跟淮南王劉安的雞犬升天很像嗎？其實許多的傳說故事的大綱，可能會有雷同之處，這或許是故事的相近，也有可能是翻版的抄襲吧！無論如何，至少豐富了許遜的傳說。

50 上清祖師魏夫人

前言

魏夫人，名爲華存，西晉任城人，自她懂事以來，便常常閱讀道家經典，像《道德經》、《莊子》都是她涉掠的書籍，常服用胡麻散等中藥，藉以調養生息，無論別人如何規勸她，都撼動不了她求道之心。

魏華存求道之心雖堅，卻也非常的孝順，在父母強留之下，都不曾遠行求道，不過她認爲跟俗人多交往會有損修行，親戚來訪總會藉故離開。父母看她如此異常古怪，特別擔心她的婚事，又想起她屢次想出門修道一事，更是煩憂，於是委託城中最有名的媒婆，替她說個親事。很快的媒婆便尋獲人選，即南陽人劉文，華存就此嫁人爲婦，婚後生有二子。雖然如此，仍不減求道之心，她等到小孩稍長的時候，便另立一個獨室，作爲修道的地方。

天界見她求道如此心切，故派眾仙下凡賜於她仙道，三月的某一天，眾仙出現在她修練的道室中，而清虛眞人王褒，則成爲她的仙師。魏華存見眾仙來到，馬上拜見迎接，王褒開口說：「我們從天界見妳求道之心，能不爲外界所動，特地下凡傳授天書。」手一伸，變出一本《太上寶文》，書本是白玉爲紙、青玉爲字，貴重無比的樣子，接著說：「這是當初本尊修道之時，所學習的經書，現在賜於妳，希望妳能專心修練。」說完後，帶著眾仙離去。魏華存在獲得天書後，每天潛心研讀修練，清虛眞人王褒，也常常下凡指導，或查看魏華存修練的情況，而魏華存的丈夫雖比鄰而居，卻絲毫未曾察覺異狀。

這天，王褒照舊來到華存修練之地，卻問起一事，這世上道教最高的境界是什麼，華存想一想後回答，應是「清玉境」。王褒搖搖頭說：「世上的人們都只知這一派，孰不知有一上清眞經，當時尙在人間修練之時，一夜在華山，有位仙人駕臨，告訴我將名列仙班一事，並傳授我眞經，即我再傳給你的經書，妳與此書有緣，所以只要你專心修道，心無旁騖的話，相信不用多久便可升天。」之後王褒沒再出現，魏夫人自此卻更加的勤奮修練。相傳在她八十三歲的那年，王褒等人下凡來接她，她死後所葬的棺木，裡面只擺著一柄神劍，不見魏夫人的屍首。傳說她在天界受封爲「紫虛元君」，又冊封爲「南岳夫人」。

雖然魏夫人死後成仙，但她在人間時，非常努力的傳道，四處廣泛的佈道，她對道教的崇敬，她的兒子也都受到感化，慢慢的開始學道，並擔任魏夫人的左右手，由於他們的努力，漸漸成立較大的規模，許多的信徒都來加入，也就形成後來道教之中的上清派，因爲感謝魏夫人的貢獻，上清一派便將她供奉爲祖師爺。

延伸閱讀

魏夫人求道成仙的這段故事，我們可以在顏真卿的碑文〈南岳魏夫人碑〉中見到，故事中的經書，也就是後來流傳的《上清經》，而關於王褒傳授仙術一事，是為了讓故事，更加的有神話色彩。在道教的派別中，少有將女性視為開山祖師，所以魏夫人的地位也顯得不同。男尊女卑的觀念，存在古代的中國社會階層，宗教的世界也會受到這樣的觀念影響。但後來的道教世界，女神卻越來越多，跟男神比較當然仍是少數。這則故事也讓我們看到，許多原本致力於傳教的人，最後都會升天、名列仙班，之前的一些教派祖師，不是也跟這則有點類似嗎？民間信仰對宗教的負責人，總會以異於常人的眼光看待，甚至視為跟神界的溝通者，通過他們我們就可跟仙界聯絡，於是在他們死後，便可能會建廟供奉他們，否則想想，為什麼所拜的神明，會有越來越多的趨勢。

51 陸修靜與《三洞經目》

前言

陸修靜生於南朝，出身非凡，爲望族後代，小的時候曾習儒家之道，後來放棄而改慕仙道，一生中遊遍山川河流，最後選擇了幽靜處，專心隱居修道，虔誠之心感動上天，因傳授他密書而得道成仙。

當他尚在人世的時候，陸修靜便常常遊歷於山川，一方面是爲了尋覓修道處，一方面順道可以探訪各處仙家。有時機運不錯，便會見到有名的仙人，從中獲得不少的眞經密技，因此道術增進不少，名聲漸漸地在人們口中傳開。宋文帝耳聞他的傳說，想請他到宮中一遊，卻遲遲不成，誰知山不轉路轉，有次陸修靜來到京城，馬上有人前來稟報皇上，文帝見機不可失，特地起駕前往陸修靜歇腳處，陸卻避不見面，不久文帝被刺殺，大家才明白，陸是爲了趨吉避凶而不願見文帝。

幾年後，明帝即位，決心一見陸修靜，派刺史王景文敦勸他入宮，陸修靜算出此事無法再逃避，只好接受皇帝的召喚。明帝見陸修靜便問：「現今國內的道教情況，你可以說說，讓朕知道嗎？」陸修靜精神若定地回答：「自先祖創教後，經過張魯一代的經營，之後便每況愈下，到現在已經是不能再糟的地步，若無法整治的話，道教可能有滅教的危機。」明帝見陸修靜分析的條條有理，便命他爲道教主持官，負責整頓全國道教的事務，陸修靜在天意不可違下，接受此職，經過他的努力，天師道才恢復原有的面貌，後世稱爲南天師道，陸修靜利用明帝爲他所建的道觀，閉關專心著書，以便與當時另一盛傳的宗教「佛教」有所抗衡，幾年後，經他嘔心瀝血地編寫出一部中國道教的書籍目錄，也就是後世流傳的《三洞經目》。

往後的日子中，陸修靜盡心盡力的傳道，在元徽五年的一天，陸修靜算出自己即將功德圓滿，召集所有的弟子，對他們說：「當初在不得已的情況下，加上皇帝的命令，以及看見世界如此的靡爛，尤其道教的教義制度，讓假道士擾亂的混亂不堪，於是我才決定下山入世。功成之後，屢次請求皇上放我歸回鄉林，都無法獲准。終於時機已到，爲師將帶領你們歸隱山林，你們快去準備準備，幾天後，我們就出發。」沒想到在準備的幾天間，一個清爽的早晨，弟子們準備行晨拜之禮的時候，突然發現陸修靜早已坐化，十分的吃驚、悲痛不已，這天是農曆的三月二日，陸修靜享年共七十二歲。相傳他死後，身體雖無毫生氣，卻散發一種淡淡的香味，相傳幾天後，曾有門徒，在道觀的門前，見過陸修靜的身影，一陣雲彩皚皚環繞身旁，以後沒有人知道他到哪裡去。朝廷爲了紀念他在道教上的貢獻，於是替他取個諡名——「簡寂先生」，而他在廬山的故居，則封爲「簡寂觀」，相傳在宋徽宗的時候，更追封爲「丹元眞人」。

延伸閱讀

南朝的宋代，對宗教的熱愛，表現在歷代皇帝對宗教禮遇的行為，中國皇帝對宗教的推行，是宗教發展的一大力量，也有皇帝對宗教的追從，十分的沉迷，關於宗教與政治間緊密的關係，到唐代更加的明顯。不過南北朝在宗教上，有個現象可供我們深入探討，即是道教與佛教的爭論，中國民間信仰的兩大源流，一是佛教，另一則是道教，對民間來說已經合而為一，但在當時佛道不容下，吵的可厲害，常在皇帝面前爭論，誰的宗教是正統的，是人民所應該信仰的，陸修靜整理道教書籍，我想也是為道教找個系統條理，跟佛經龐大的書目抗衡；另一方面可能是，自漢末以來，道教發展的迅速，卻少有整頓的機會，以至於零散不堪，有許多的教義已不明確，甚至有竄改的跡象，這樣的情況，讓關心道教的信徒十分擔心。

52

佛道雙修的陶弘景

前言

陶弘景出生在名門世家，相傳陶弘景的母親，在懷他的時候曾夢見一條青龍，認爲這是個好預兆。陶弘景相貌堂堂，身上有塊特別的胎記，排列成北斗七星的形狀，大家都說他一定會有番一事業。

陶弘景從小就讀遍群書，不論是儒道經典，或是其他各類雜書，均囊括在他的收藏，陶弘景原本打算爲國奉獻自己的力量，於是進京趕考，可惜時不我予，名落孫山。在仕途上，蹉跎十幾年的光陰，最後看破，改習道家之術，因他的聰明才智，以及努力不懈的精神下，很快的便精通各類道術，像是兵法、風水、醫術等，也因此漸漸的有人慕名而來，拜師求藝。

陶弘景見求藝之人，有越來越多的趨勢，心想是否該選擇一個安身之地，這天，他帶著弟子們來到一座山，對著弟子們說：「我們可以由此山遠望，四處之景盡收眼底，東邊可以看見清澈的太湖，西邊連接著金陵聖地，也因爲地靈，常常出現傑出的人物，像是三茅眞君，即是在此升天；左慈道人也曾到此修練。最近我們的信徒與弟子越來越多，於是爲師想在此處，建立一座道觀，一方面我可以專心著書，一方面也作爲宣揚我教之德的功用。」陶弘景話一說完，弟子們無不附和贊同。經過幾年的時間，終於完成道觀的興建，陶弘景命名爲「華陽館」。在修道期間，除了招收信徒、宏揚道法外，陶最大的成就算是，將自古以來的一些道教人物和經書，作一番系統的整理，並且註解古代醫藥大典《神農本草經》，又對上清一派，加以解說，在道教研究上有卓越貢獻，因爲他的道觀，位於茅山之上，故此派後世也稱爲茅山宗。

在陶弘景的時代，佛道之爭早已紛亂多時，兩方均爲維護教義，而有言詞上的爭辯。陶弘景對這樣的爭戰，採取的是中立的態度，在他的修道期間，除了吸收佛教的重要教義外，甚至曾遁入佛門，當起佛教弟子，因而有機會接觸佛教經典，對佛經作深入研究。過去許多的道教門派，都曾努力的爲自己的教派，創立本身的神話傳說，傳說有天神、地祇、仙眞等不同類別，不過卻眾說紛紜，這樣在傳教上，遇到相當程度的困擾。陶弘景在閱讀佛經時，發現他們在天界的階級地位，是十分清楚有條理，啓發他將道教的神祇，如同佛教作等級分配。他先將系統整理，再把神祇分爲七個等級，寫成一部《眞靈位業圖》，爲神仙作祖譜分系，奠定道教神明尊位的基礎。

梁武帝跟陶弘景有段故事，陶弘景向梁武帝請求，希望在潛山一地修行，這時不巧，另有一位寶志和尚也看上此處，武帝心想，可以利用

元人陶弘景畫像

這機會，測測到底佛、道誰較厲害。武帝將兩人召喚殿前，對他們說：「朕無法決定要讓誰在此修行，不如你們比武一下，誰先到山頂者，誰便可獲得修行的權力，不論你們用什麼方法，只要證明誰先到即可。」陶、寶兩人同意後，一場鬥法正式開始，只見陶弘景騎著白鶴直衝山頂，在半空中，卻聽到呼地一聲，一只禪杖超越了他，陶便加快速度追趕，幾乎是同時，白鶴跟禪杖各降落山腰，一個在右邊的半山腰，一個則在另一頭。武帝見試練不分勝負，當場宣佈兩人均可在此修行。

延伸閱讀

在前面故事曾經提到南北朝佛道之爭的部分，本則故事更可證明這樣的事情，另外可以注意的是這兩則故事，都談到道教的書籍整理，猜想當時佛教的勢力應該不小，讓道教不得不開始注意書籍的重要。仔細的想想，故事中的梁武帝，雖知佛道有爭論，但帝王對兩種宗教都是禮遇的，對民間而言，佛道的並存，是提供更多信仰的選擇。在後來的小說中，像是《西遊記》，有天帝、太白金星等道教人物，卻也有佛祖、菩薩等佛教神明，呈現東西方天界，早已融為一體。

53 北天師道的創立——寇謙之

前言

寇謙之，北魏有名的人物，某天前往親戚家，路上遇見一個猛夫賣身，特地要求親戚將他買下，這人名叫成興公，因爲他的關係，寇謙之從此展開了修道之旅。

寇謙之平日喜歡思考，探索一些奇怪的事物，這天他蹲在樹下算個數學題，卻始終無法解開，十分的懊惱，成興公剛好經過他身旁，便問寇謙之：「公子在作些什麼？需不需要我幫忙！」寇謙之看了他一眼，煩躁的回答：「我那麼聰明的人都解不開，就憑你，怎麼可能。」繼續想他的答案，不再理會成興公。成興公看了寇謙之所作的題目，迅速地在地上演算公式，算完便不言一語的離開，寇謙之偷偷瞄一下成興公的答案，發現是正確解答，從此對他改觀，常常私下都要求成興公，希望能收他爲徒，成興公卻跟他說：「公子，我還想拜你爲師，所以快別這麼說。」

過不久，成興公卻帶著寇謙之，離開家鄉，出門尋求仙道去，他們遊歷各個雄偉山岳間，成興公多次給寇謙之成仙的機會，可惜他常常錯失良機。日子一天天的過去，終於到成興公回天庭的時候，成興公對他說：「你雖然未能修道成仙，跟道教還是有緣分，以後道教可能靠你來振興。」成興公離開之後，寇謙之仍留在嵩山修練，當時正是天師道當道的時期，而各地不時傳出有人假藉天師道的名義，欺騙他人錢財，甚至編造僞天書。寇謙之對這樣傷害道教的事，實在無法置之不理、漠視不管，於是離開嵩山，前往京城上奏皇帝，期望能用自己的力量，改正這股邪風，皇帝聽了寇謙之的說明，果眞任用他爲天師，來整頓道教。

相傳太武帝的時候，有位名臣崔浩，他也是出身天師道世家，跟寇謙之一見如故，在一拍即合下，上奏太武帝：「此人乃是上天派來幫助我們的眞人，陛下若錯失此機，恐怕統一會更加困難。」太武帝信任崔浩，於是重用寇謙之，並將他的弟子都接到京城，爲他們建立一座道觀，好讓他們能從事傳教活動，一時之間天師道興盛於北魏，而這經過寇謙之改革過的教派，後世稱之爲北天師道。後來太武帝連番征伐，總能屢戰屢勝，他認爲是寇謙之的因素，更是重謝他，也因此北魏歷代，都奉行天師道爲國教。

然好景不常，在太平眞君七年這年，太武帝在一間寺廟，發現一窩的兵器，這可不得了，於是要人仔細的搜查，沒想到，更發現藏有財寶無數的密室，甚至也有些房間，還窩藏有女子，各個顯示的證據，都不利於道教。太武帝一氣之下，便下令嚴查國內各個寺廟，連道觀也無一倖免，雖然太子拓跋努力的維護，卻無助於事。在此次事件後，太武帝對宗教活動就特別注意，以防止是叛變的前哨，這時寇謙之年歲已大，知道已經無法挽回些什麼，幾年後便去世，他留下的遺言說到，在他死後不出幾年，天師道又將衰敗。果眞拓跋太子即位後，大興佛教事業，北天師道也在這股聲浪下，逐漸的沒落。

延伸閱讀

普通人來說，道教可能就是中國傳統的民間信仰的代表，廟的不同，可能是所拜的神有差異，然而仔細的分別，就像佛教有大乘佛法、小乘佛法之分，道教也會有分派的可能，他們或許來自同一個源流，但可能是各自創立，為了在認知上辨別，故名稱上相似，像道教中北天師道、南天師道，有興趣的人可以參閱一些道教史。不過對人民或是皇帝來說，這宗教是否盛行，很現實的是看他是否有用於世，對太武帝而言，因擔心有害於他的功業，故下令抄廟，雖然佛教與道教有極大的不同，兩者甚至會有爭論，但君主若反對宗教時，是一視同仁的，最壞的情況，便是禁止所有的宗教活動。

隋唐時代

54

羅浮先生——軒轅集

前言

軒轅集，相傳是唐代的有名道士，人稱之爲羅浮先生，到唐宣宗時已經超過百歲，關於他眾多的傳說，其中有段是跟宣宗有關的故事。

相傳軒轅集雖然年歲已高，身體卻仍十分硬朗，臉上常常充滿紅潤的光澤，行動非常的敏捷，根本就無任何衰老的跡象。他身上有個奇異的特徵，就是那頭超乎一般人的長髮，他如果站在床前的腳踏板上，將頭髮放下垂直，可以垂到地面。除此外，軒轅集的眼力也超乎常人的好，他能在烏漆抹黑的房間裡，清楚的分辨屋內擺設，甚至雙眼可說是目光如炬。軒轅集喜歡到深山中採集藥草，每次他踏入山谷中採藥，原本停留谷中的野獸猛虎，都會自動前來保護他，不讓他受到任何的傷害，他會將所採的藥草，用來醫治附近的居民。受到軒轅集恩惠的居民，常常也會煮些齋飯請他享用，他幾乎都會親自到場、從不推辭。好玩的是，若是同時有兩家以上的人宴請他，神奇地是他也能同時出現在不同地方。有時興致大發，軒轅集自己會帶著酒壺到會場，請席間所有的賓客喝，雖然他帶著僅僅大約兩三公升的酒壺，但不論會場的客人如何的會喝，酒壺卻仍源源不絕的提供美酒，讓每個人都可以盡興而歸。其實軒轅集自己也很喜歡喝酒，白天的時候，就可以看到他拿著酒壺倒酒喝，雖然如此卻從未見到他喝醉酒的模樣。曾經聽某人說，原來軒轅集晚上時，會將頭髮垂放在臉盆，一瞬間，他的頭髮會流出今天所喝的酒，而且味道仍然芬芳不減。軒轅集治病的方法也是很怪，除開藥方給人外，他得知哪一戶哪個人生病，就會拿著硃筆在空中畫符，在這時候病人的家中毛巾也會出現他畫符的字跡，然後再用所畫的毛巾來擦拭身體，病不出幾天就痊癒，因此大家替他這個治病的行爲，取個好聽的名字，叫做「飛符醫病」。

宣宗聽到軒轅集這樣的神蹟，便想看看這傳奇性的人物，於是派人將他請入宮中，問些心裡的疑惑，及一些長生之道。兩人略談許久後，軒轅集準備告退休息，正當軒轅集退下後，宣宗馬上命宮女帶進一口臉盆，在裡頭擺隻喜鵲，再用白布蓋上，想讓軒轅集猜猜裡頭是什麼。在這一方，軒轅集才剛到休息室便對侍衛說，皇上又想考驗我，侍衛聽的是一楞一楞，不知道他所指何事。不久，便傳來皇上召見的傳令，於是軒轅集按令赴約，前腳踏回庭院即開口說：「皇上又想考我，那盆底下是隻喜鵲。」聽到軒轅集的答案，讓宣宗更加吃驚他的神力，不禁說：「我眞的是太小看先生，計倆原來早給先生識破。」於是兩人繼續的談笑風生。這時一旁的侍女看到軒轅集如此的有趣，忍不住的撲嗤一聲，這聲驚動軒轅集，他瞧瞧這位小女生，發現她長的是明眸皓齒，非常年輕漂亮，於是暗中施法，將她變成一位駝背的老婆婆。侍女臉色大變，惶恐的跪拜求軒轅集讓她恢復原貌，宣宗於心不忍，便向軒轅集求情請他放過侍女，軒轅集笑笑的一揮手，侍女即刻變回原來美麗的容貌。

宣宗看見軒轅集如此的神通廣大，或許也會未卜先知，便開口向他問到：「先生能否告知，我還能做多少年的天子？」軒轅集不言一語，只拿起桌上的筆，在張紙上寫著四與十，不過十的尾巴還有個勾，像是古時候將字倒寫的符號。宣宗笑說：「我哪敢奢望還能做四十年的天子。」沒想到那年到宣宗駕崩，剛好十四年。

延伸閱讀

常常我們在道教故事中，可以見到不相信道術的人，總會猜測神仙道士的能力，於是不斷的找些機會試驗他。其實這是人之常情，因為我們對於剛剛接觸、或是不甚了解的事物，總會採取小心翼翼求證的心態。這是好的，因為讓自己踏入未知的世界，除了勇氣外仍要有智慧，莽撞行事的後果不但是頭破血流，更可能會面目全非、一跌不起。做事的態度就是要像這樣，但是若心存捉弄的心，像故事中的宣宗，則要視情況而定，有時候是無傷大雅，甚至可以讓人捧腹大笑，但也要冒著傷害他人的可能風險，因為有人可能不喜歡這種遊戲。另外故事中的法術，可以在其他類似的故事中看到，像是無底洞的容器，隔空治病的醫術，都是道教故事常運用的技巧。

55 終南山翁

前言

中國道教中有許多的名山聖地，像是峨嵋山、崑崙山、五嶽，其中一處就是終南山，相傳山上有個仙人——終南山翁。

唐代有個書生陳季卿，家住在江南地區，就像一般的讀書人，季卿每當考試的那年，會不辭辛勞的赴京趕考，但不知是運氣不好，還是命中注定，屢次考試的結果都是落榜，不過他並不因此失望氣餒，有次落榜後，說他立志考取功名後才會返家，決定長住京城。時光飛逝，晃眼間已過十年，季卿仍然未考上進士，逗留京城的他，單靠些紙筆的工作糊口維生，雖不富裕卻也討個溫飽。

有一天，季傾到京城附近的龍山寺，拜訪寺中的僧人，誰知道剛好僧人出門辦事，季卿便在寺廟等他回來。隔不久，有個自稱終南山翁的老人，同樣的也是到寺廟找人，恰好那人不在寺廟，便跟季卿一起在爐火旁等待。兩人併坐有段時間，友人卻遲遲不見歸來，太陽也即將西沉。終南山翁先開口說：「先生等人也有段時間，太陽都準備下山回家，不知你肚子餓嗎？」原本不餓的季卿，經他這麼一提，好像真的有那麼一點，於是點點頭。終南山翁從背上的包包，拿出一包小東西，將它放在爐火煮成湯，過不了一會兒，等湯煮沸後便請季卿喝下。季卿將湯接過手，並謝謝他的盛意，再把湯緩慢的喝下，就在湯入肚後，原本飢餓的感覺消失，呈現飽飽的狀態，甚至感到身體漸漸暖和舒暢。

季卿喝湯後，終於有一點活力，便起身在屋內走走，他看到牆上擺著一幅地圖，地圖上有家鄉的名字，於是順著京城到家鄉的路線，用手走過一遍，他想到離家多年，不禁感慨的自言自語：「從京城渡過渭河，再經由黃河而下來到洛陽，再轉船至淮河、長江，這樣就可以到達江南的家鄉，現在雖然尚無功名，那又怎樣，是該回家一趟的時候。」原本一旁沉默的終南山翁，聽到他的話便說：「先生想回家，這沒有什麼困難呀！」說完請寺廟的小僧，取來一片竹葉，將竹葉折成小船的模樣，然後跟季卿說：「先生只要注視小船，順著剛剛的路線走，就可以回到家鄉。不過可不要停留太久，記得早點回來。」季卿雖覺得奇怪，然心想反正閒來無事，便按照終南山翁的話做，兩眼直視小船。奇怪的事發生了，眼前漸漸浮現活生生的河堤景色，小船不斷的變大，渭河的水泛起陣陣波濤。隱隱約約中，季卿感覺小船開始向前行駛，船速飛快的奔馳，瞬間已經來到滾滾黃河河口，在經過洛陽的龍門石窟，季卿還曾上岸瀏覽石窟的風光，就這樣的邊走邊停，像經過十幾天的時間，終於抵達久違的家鄉，家中的親人見他歸來，無不欣喜萬分，趕緊的準備佳餚為他洗塵。在家的時間，季卿享受跟家人相聚的時光，並作些詩抒發情感。一夜，季卿對妻子說：「應試的日期將近，我必須趕回京城，明天一早就要搭船回去，你要照顧自己。」當下寫首詩送給妻子。隔日一早，所有的親友都到渡口相送，季卿也在朗誦詩中，往京城的方向駛去，因為船速十分的快速，讓家人以為季卿早已過世，回來的則是他的魂魄，忍不住悲從中來。

很快的，季卿搭乘竹船回到寺廟，終南山翁仍在寺中，他向前致謝說：「我眞的好像回家一趟，這該不會只是夢吧！」終南山翁回說：「這並不是夢，兩個月後你自然就會明白。」因爲兩人在寺中打擾已久，又不見僧人回來，於是互相告別遠去。兩個月後，季卿家中的妻子突然前來，讓他感到十分意外，仔細問她爲什麼來到京城。妻子便將他回家之事，從頭訴說一遍，季卿漸漸明白那天是眞的回家，妻子見到他安然無恙，住個幾天便安心的回鄉。隔年，季卿還是名落孫山，在回家一趟途中，他看到自己題過的詩作，忍不住的唏噓。後年，雖然季卿考上進士，但仍決定到終南山追尋仙翁。

延伸閱讀

夢是真實又虛幻的，在中國的小說，常常可以看到夢境的描述，像在《西遊記》裡的夢境。人為什麼會作夢，其實常常是因為白天得不到的東西，希望夢中都能一一實現。而故事雖然並不是作夢，但這樣的描寫，讓人覺得夢境化為真實，夢是可能變成真的，也讓神仙的能力更加神奇。

56 千里牽姻緣——月下老人

前言

所謂姻緣天注定，民間數以千計的凡人，都是由上天冥冥中決定，而負責這件差事的，相傳是神仙中的月下老人。

唐貞宗年間，有個杜陵人名叫韋固，他的父母很早雙亡，所以自他懂事以來，便是一個人遊學各地，最後停留在宋城，而那年也幸運的高中功名。韋固雖事業有成，美中不足的是，老大不小卻無妻相伴，宋城中便有人自願爲韋固說媒，介紹城中的好姑娘，於是安排前清河司馬潘昉的女兒，在清晨的龍興寺門前相親。到了相會的當天，韋固迫不及待的趕往約定地點，希望早一步見到美人，那時天尚未明，月兒仍高掛天上。到達龍興寺時，韋固在石階前見到一位老人，老先生正對著月光看書，好奇的他湊上一瞧，發現書本上盡是些奇文怪字，對這堂堂的讀書人，是個重大的打擊，於是開口問老人，這是什麼文字。

老人看一看韋固後說：「這並非凡間的文字。」

韋固又繼續問：「借問若非人間的文字，那老先生又是哪裡人？」

老人回答說：「我是天上的神仙。」

韋固雖然有點吃驚，不過書中的文字並非人間所有，覺得可能眞的遇到神仙，再趕緊問問看這是什麼書。

老人說：「此書是姻緣簿，凡是人間的姻緣都由此書記載。」

恰好韋固正為婚姻煩惱，便請神仙幫忙查看何時才有姻緣。

老人翻翻書本對照著說：「公子的姻緣我已經排定。」

再從口袋中拿出一條紅線說：「這就是姻緣線，我將線各綁在男女的腳踝，這被綁的男女便是一對夫妻。」

韋固追問說：「現在我的妻子在哪？什麼時候才會結婚呢？」

老人說：「公子的妻子今年三歲，兩人的婚期是在十四年後。」

韋固求婚心切，怎能忍耐如此久的等待，十分激動的問：「如果眞的如此神準，那我的妻子是何許人也？」

老人說：「公子的娘子住在南店的北邊，我知道你想看看她吧！等天一亮我就帶你去見她。」

晨光剛剛乍現，相約的人還沒出現，老人也在收拾書卷準備離開，於是便跟著老人來到菜市場，迎面而來的婦人抱著一位小女孩，老人指著小女孩說：「這就是你命中的妻子。」

韋固大怒著說：「如果你說的是眞的，我將殺了這位女孩。」一回頭，老人已消失蹤影。

回到府中的韋固，越想越氣，暗中找來僕人，給他一萬錢做酬勞，要他除掉那位小女孩。僕人不敢違背主人的命令，畏畏縮縮的來到菜市場，找尋主人所說的母女，一看到她們，便舉起藏在袖口的刀子，閉上眼睛，往小女孩的身上一劈，打中小女孩後，頭也不回的逃跑，知道自己犯下大錯，連夜收拾包袱的離開韋府。小女孩的命大，僕人的那一刀沒有要了她的性命，卻也在她的眉中間留下傷痕，不過算是不幸中之大幸。

韋固隔天一早發現僕人不見，心想應該是闖下大禍，計謀得逞，便繼續相親求婚，可惜都不成功。雖想再考應試，也都是名落孫山，讓韋固十分的沮喪。幸好當時的政策是，只要祖上有功於國，便可在朝擔任官職，因此在祖蔭的庇護下，韋固轉任相州參軍。幾年後，韋固約三十多歲，終於娶得美人歸。洞房花燭夜，韋固掀開頭巾，發現妻子十分的年輕貌美，年約十七八歲，畫著當時流行的妝，眉間有個花鈿，心想能娶到這樣的嬌妻，已經心滿意足。婚後韋固漸漸的感到疑惑，他的妻子不論是什麼時候，總是帶著花鈿，洗澡、睡覺都一樣，於是找個機會問她，爲什麼不拿掉眉間的花鈿，他的妻子便老老實實的回答，說起自己的過去。

她氣憤地說：「我原本是刺使的姪女，父親是宋城縣令，剛剛出生父親就早逝，母親跟哥哥也跟著去世，市場的一位婦人看我可憐，接回家撫養。在三歲的那年，在市場被人所傷，留下眉間的疤痕。幾年之後，叔父將我接回，一直到現在。」

韋固聽完妻子的故事，突然想起年輕時的一段奇遇，那月下所見的老人，曾對自己說的總總話語，於是問妻子，是不是曾住過某地，妻子雖然驚訝他爲何知道，卻也只是點點頭沒多問。韋固才終於相信，當時所遇見的眞是神仙，是掌管凡間姻緣的月下老人。

延伸閱讀

故事的發展雖不是以月下老人為主角，卻也突顯這個神奇人物。因此在中國的傳說中，月下老人成為掌管婚姻的神仙，在中國的廟宇中，隨處可見月下老人的廟，有的附屬在大的廟宇，其中以杭州的「月下老人廟祠」最出名，當地有著這樣一副對聯「願天下有情人都成了眷屬，生前是注定事莫錯過姻緣」。每個時代對婚姻的態度都不同，但相同的是那結婚的心，不論是月下老人，還是《西廂記》中的紅娘，即使能幫助男女結為姻緣，婚姻是一輩子的事，是要靠新人們的努力，幸福才會真正來臨，那王子與公主從此以後過著幸福快樂的日子，是經過兩人的努力所獲得，並不是憑空而來。

57 城市的守護神——城隍爺

前言

城隍也是一個城市的守護神，上對玉皇大帝負責，土地神則是他的部屬，他的任務本在保護城民，後來演化成掌管幽冥鬼事，鬼魂報到的頭一關便是此處。

關於城隍爺的傳說，有許多不同的故事。

唐代的洪洲，有個司馬官叫做王簡易，有一天突然暈倒不醒，家人趕緊的請太夫診治，都說他已經沒有生命跡象，可以準備替他辦理後事，正當家人嚎啕大哭，留下傷心的眼淚時，王簡易突然間又醒過來，家人被他嚇一跳，覺得是王簡易死不瞑目，所以他的鬼魂回來作祟。王簡易先安服大家的情緒，然後說起夢中的景象。說他其實並沒有過世。剛剛他坐在廳上休息，朦朧間有個鬼差，手裡拿著一道符令，說奉城隍爺的命令特地來抓拿他，王簡易一臉狐疑地跟著他走，不知經過多少處，剎那間來到城隍廟。廟口聚集著一些人群，在議論紛紛說，像王簡易生前是個好人，做了滿多善事，理當修了許多

台南城煌爺廟、匾額。

功德，怎麼會來到城隍廟呢？王簡易被身旁的景色嚇到，才剛剛見到城隍爺，就趕緊的向他祈求釋放，城隍爺像沒聽見的繼續跟身旁的鬼官說話，他命令左右手查看王簡易的生死簿，左右手翻翻手中的簿子說，王簡易的陽壽未盡，理當不在此處，於是釋放他回府。

另外傳說在明代，有個青年姓宋，他勤奮努力地苦讀多年，終於順利的通過鄉試準備進行下一關的考驗，誰知在臨試的前一天，生了一場大病。生病的他整天不能做事，只能躺在床上養病，就在他腦子渾渾噩噩間，看見有個身穿官服的衙役，沒敲門便闖進房來，高高的舉起公文對他說：「本官奉命帶你前往考場應試，你不需要帶些什麼，只管跟我走便是。」說完不讓他開口，拉著他直奔考場的方向，不知是他的腦子仍不清楚，還是什麼原因，總覺得突然一瞬間就來到考場。

考場是座雄偉的宮殿，大殿的正上方坐著一些監考官，兩眼睜大的直視他。正殿的下方則擺著兩張桌椅，其中一張已經有個少年坐定，衙役則安排他到另一張坐下。考官一聲令下的說出考試題目，便讓他們兩個一起作答。先前的身體不適，都在這個時刻拋諸千里外，他略加思索如何做答後，便洋洋灑灑的揮毫，在白紙上做答，等兩人一停筆，試卷就讓監考官收走。不等放榜之日，監考官當場批改起來，很快的就有答案。批閱停止

霞海城煌爺廟：廟宇規模不大，但聲譽卻極為響大，以祭祀賽會聞名，每年農曆五月十三日的城隍賽會，各地擁至的香客，盛況超前，其中目前還有一位傳奇的女廟婆，掌管廟務，為其他廟宇所少見。

的考官，特地念出宋所寫的文章，他說：「心存有目的的去做好事，即使所做的好是再怎樣的偉大，都不能給他任何獎勵；另外不是心存有意的去做壞事，不論結果如何的嚴重，都不應該給他任何的責罰。」考官們邊聽邊點頭，最後互相交頭接耳討論，最後由正中央的考官對他說：「現在有個城隍爺的缺位，我們討論過後都覺得你是最佳人選。」宋經過他們的解說才明白，自己早已因病身亡，忍不住的悲從中來，哭著向考官求請，說自己的府上仍有老母需要扶養，如果就此上任離開人間，擔心母親無人照顧，懇請官爺放他回陽間服侍母親。原本回陽是逆天行事，但查看生死簿後，發現尚有陽壽，於是讓他回到陽間，等母親壽終正寢，再回陰間上任，在這期間就由另一名考生代理。宋聽完，叩頭拜謝考官，由衙役帶他回到原來的房間，發現家人以爲他已經過世，準備替他辦喪事，宋趕緊的回魂，起身後向家人說明這段奇遇。

新竹城煌爺廟，其建築規模全省最大之城隍廟，廟前的小吃，更隨著觀光人潮，而響譽全省。

延伸閱讀

如果說閻羅殿是政治中心，那城隍爺就是縣府，人死後都要送到城隍爺那一關，只要在世做過壞事，在城隍爺眼裡都會一一顯露。各地對城隍爺都有不同的禁忌，像是在江蘇一帶，城隍爺出巡的時候，圍觀的群眾不可以喊出任何聲音，如果觸犯禁忌，就等同喊出自己的名字，靈魂會被神明攝走。其實人在世的一切罪行，是否終有個審判，我想不到最後那一天，誰也不清楚，與其擔心後事，不如求個心安理得來的實際吧！

58

內丹派的由來——蘇玄朗的故事

前言

服丹藥成仙的故事，這樣的傳說便有不少，像是葛洪所著的《抱朴子》，就記載著許多例子，但是除外服丹藥，道教另有大派，他們強調的是內修之道，我們俗稱爲內丹派，而他們的始祖相傳是蘇玄朗。

傳說隋文帝的時候，有位名聲響亮的道士蘇玄朗，他爲求仙道，曾走遍山川各地，也曾在茅山派的門下，學習茅山之術，並獲得眞傳眞經，加上他本身勤奮修練，在修行上有些微的道行，不久便自立門戶、另創一派。因求道之人漸漸增多，蘇玄朗便率領弟子們，到羅浮山的青霞谷，建立一座道觀修行，因爲位於青霞谷，所以蘇玄朗便自號爲「青霞子」。

當時的道教處於高峰期，只要有道觀的地方，就一定有人潮跟隨，尤其那些慕名而來，想求神仙道術的人，更是絡繹不絕，期望能收爲門徒、學習煉丹仙術。當時道教盛行的修練方法，一爲修練仙術，另一則是煉丹服藥，但在青霞子的道觀中，裡裡外外找遍，就是不見煉丹室，更別說會有煉丹爐，雖然他的弟子對這件事，都有滿肚子的疑問，可是害怕青霞子會生氣發怒，遲遲不敢發問，這疑問也就延宕許久，直到發生了一件事。

這天，一位入門不久的弟子，慌慌張張的從門外跑進，氣喘如牛的說：「各位師兄我聽說一件奇事。」年長的師兄便說：「你慢慢講，講清楚我們會聽你說。」等他氣稍微緩和後說：「聽說前山道觀的朱眞人，最近得道成仙，我從熟悉他的弟子那邊聽到的，他能成仙的原因，是因爲朱眞人長期的服用仙藥的成果。」師兄聽完後說：「這件事不可讓師父知道，不過還眞羨慕他的弟子，他們以後得道成仙的機會比我們大多了，像我們這樣到何年何月才能得道。」一時殿堂上的師兄弟，便七嘴八舌的討論起來。不巧蘇玄朗剛好來到殿前，看見徒弟們圍在一起，像在討論嚴重的事，便向前問弟子們，發生了什麼事，每個弟子都怕師父生氣，不敢出聲，蘇玄朗發現沒有人願意說，便指定大弟子，要他說說究竟是怎麼回事，大弟子回道：「請師父先答應我不會生氣，弟子才敢說。」蘇玄朗點頭答應後，他接著說：「我們是在討論，隔壁道觀的朱眞人成仙一事，聽說他是服丹藥成仙，所以有人疑問，爲什麼在我們的道觀內，看不到任何一座丹爐，而且師父從來沒有教過我們煉丹之術，這就是剛剛我們所講的事。」蘇玄朗笑笑的說：「原來是這件事，這有什麼怕爲師生氣，我有這麼不講理嗎？」原本緊張的氣氛才緩和些，蘇玄朗繼續說：「我想你們都誤解了，道教煉丹術，並不只有一種，每個人身上便有靈芝仙藥，何須藉由外力才能煉丹，向外處尋找呢？好吧！時機也到了，以後爲師將會傳授你們內丹之法。」殿上聽見的弟子沒有一個不高興的。他根據自己在煉丹上的一些心得，撰寫了幾本經書，像是《旨道篇》一書，經他的努力，開啓後世道教的「內丹說」一派，而葛洪所創的煉丹說，則被稱之爲「外丹說」。

延伸閱讀

成仙之道就像是養身之道，除外服的幫助外，也有所謂的內修。道教的源流中，有一支是著重在內修，清楚一點就像是氣的修練，運用身體本來就存在的氣，在體內運行而有修練之效。道教有一修練的方式靜坐，並不是單純的坐著，而是利用靜坐，來讓體內的氣流動，以幫助修行。故事中的蘇玄朗，便是內丹派的代表，其實後世的道教，對於所謂的內丹或是外丹，都有統合的跡象，一方面外修丹藥，一方內修煉丹。不過在小說中，我們較少看到這樣的現象，比較引人注意的是像《西遊記》中太白金星，煉丹爐所煉之丹藥，被孫悟空偷吃而得以長生不老，像這樣服藥成仙之事，是比較多見。

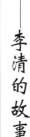

59 雲門仙蹤——李清的故事

前言

李清，相傳是隋文帝時，北海人氏，他從小便接觸道術，曾遊歷齊魯一帶，希望遇見仙人指點，卻總是時機不對，無法習得得道成仙之術，隨著歲月的流逝，他求道之心不減，反而更加強烈，終於在他晚年，有段境外奇遇。

在北海這地方，李清算是有名的大戶人家，每當逢年過節，總會有許多人前來送禮，生日這樣重要的日子也是如此，李清不好意思拒絕他人的盛意，只好將禮物收下，等到他七十大壽前，已累積一筆相當的財富，對於這樣收到貴重的禮物，李清總覺得太過浪費，今年下定決心不再如此，在生日的前幾天，他宴請一些親朋好友到家中作客，席間李清說了一段話。李清說：「明人不說暗話，幾天之後便是我的生日，大家也是曉得的，就往年的習慣，各位都會送我珍貴稀奇的賀禮，我想今年就不要吧！」眾人聽見後，開始紛紛議論，這時有人起頭說：「哪裡的話，祝賀老爺慶賀之禮，是應當的，自古以來沒聽過生日不送禮的，況且不這麼做如何表示我們的心意呢？」李清見大家祝賀之心如此堅定，於是繼續說：「如果你們真的想送我禮物，不如就送我一條麻繩吧！只要每個人都結一點繩，再將大家所結的繩子綁在一起，就是一條非常長的繩子，這就有祝我長壽之意。這樣不但節省，且富有心意，我收了會十分高興。」在李清堅持之下，大家雖不懂他的用意，也只能順著他的方式作。

原來在附近有座高山，有天突然斷壁，在山頂出現一個缺洞，洞深不見底，李清就是想用這條繩子探索洞底。在出發的前幾天，所有的親友都勸他，不要這麼做，但是李清多年來的心願，就是探訪仙人，他認爲這可能是唯一，也是最後一次的機會，不願就這麼放過。在一個晴空萬里的日子，除了備妥的繩子，外加一個竹籃，眾人齊聚山頂送行，有人擔心這趟下去必死無疑，建議用動物來試試洞的深淺，但李清堅持親自冒險，決不犧牲任何生命，於是登上竹籃，由眾人慢慢的放入洞中。

不知道過了多久，竹籃才碰到地面，洞內漆黑無比，向天一望，只剩一點微亮光線，李清踏出竹籃摸黑四壁，發現空間極小，不過前方好像有路可走，決定向前探訪，走著走著，原本極小的空間漸漸變大，從彎腰到可以伸直身軀，甚至發現前有亮光，最後來到一個龐大的洞口，走出洞外，一副桃花源景色，進入眼底。雖然李清十分興奮，但人的肚皮是肉做的，忍不住飢餓，飢腸轆轆地叫，他發現不遠處，似乎有人居住，趕緊的向前走，走到一座直立河旁的草屋，屋前有位青衣童子。李清向童子問道：「借問小哥，這裡是哪裡？」此時屋內傳出一聲：「李清既然已到，就請進來吧！」童子請李清入內，一進屋，屋內坐著一位仙風道骨的眞人，兩旁各坐兩位仙長，中間的眞人開口說：「這裡原不是你應該來的地方，我還是送你回去吧！」李清一見他們，便知遇到神仙，知是千載難逢的好機會，怎麼說都不願放棄，苦苦的哀求下，其中一位仙人便說：「我想他能來到此處便是天意，讓他留下一陣子吧！有沒有成就就看他的造化了。」於是眞人不再堅持己見，對李清說：「你可以在這住下，不過提醒你一件事，所有的地方都可以任你參觀，但北方的窗千萬不可開。」說完便跟其他的仙人消失，連童子也不見身影。仙人走後，李清便四處觀望，對於能留在仙境十分高興，當他逛完各處後，對眞人所警告的北窗，產生好奇心，心想爲什麼不能開這扇窗，見仙人都不在，大膽的將窗推開，一開故鄉之景歷歷在目，一陣思鄉情愁湧起，就在此時李清的身後出現了一個聲音：「你還是塵緣未了，留你在此已是不可能，你又有思歸之心，回去吧李清，人間還是比較適合你。」原來是仙人的聲音，隨後仙人便要青衣童子送李清出谷，並給他幾個像芋頭的食物充飢，及一本薄薄的書，李清依依不捨的離開。

一路李清想想，就當這幾天是場夢吧，反正家裡的人還擔心我，不知不覺走著走著已經回到鄉里，卻發現人事全非，街景也不是所熟悉的樣子，四處問李清之府，卻無人知道，最後登上當初的洞口，才發現已立亭紀念，他仔細的再詢問城中之人，最後由一個李氏的後人得知，世間已換人做皇帝，他才明白這一去便是百年。孤苦無依的他，拿出仙人所送的禮物一瞧，原來是本醫藥書籍，之後李清便從事行醫救人之業，相傳在玄宗之時，李清功德圓滿而成仙。

延伸閱讀

記得日本有個童話——蒲島太郎嗎?故事是說他救了一隻烏龜，烏龜為了感謝他，便帶他到龍宮遊玩，幾天之後太郎已想回家，公主便送他一個錦盒，並告誡他不准當場打開，然後由烏龜送他回到原處，當他回到村子時發現沒人認識他，最後才發現海上八天，陸上已過了八百年，再把錦盒打開，太郎迅速的變成一個老頭。發現了嗎?這段故事跟李清的故事，有一些相似的地方，他們有個穿越時空的方式，到另一個仙境，並在仙境中有一段奇遇，等到奇遇結束時回到現實，卻發現歲月如梭，人間已過百年，只剩下他一人活著。我們不知道日本的童話，為何跟中國的傳說有相似處，其實就中國的故事而言，不只是這則，許多的故事都通過這樣的方式進行，甚至有仙女在仙境，所以說中國的故事中，常常有穿越時空的劇情，這使故事讓人覺得更神奇了。

60 許栖岩巧遇龍馬

前言

唐朝貞元年間，有個考生名爲許栖岩，雖寒窗苦讀多年卻仍未提榜，於是留在京城準備下次應試。

這天，許栖岩讀書讀得疲累，到街上晃晃走走，在街角看到有人要賣一匹健壯的馬兒，心底便想將牠買下，便向前問問價碼，一聽價格太高，當下猶豫不決，不知該不該買下，剛好往前一點有個道士攤，便請他替自己算算那馬值不值得買，道士卜卦後告訴許栖岩：「這位公子，那匹馬可說是龍種，若買下必定會帶你升天。」栖岩聽後十分的高興，轉頭回去將馬買回。

沒過多久，栖岩要出遠門拜訪四川的朋友，騎著新買的馬兒前往，途中經過劍閣的險要危崖，不小心失足掉落萬丈深淵，當時情況十分的驚險，奇妙的是居然人馬平安，栖岩非常的驚訝。他繼續的往前行，不遠處看到一個洞口，洞中開滿鮮豔的花朵、碩壯的樹林，林木旁有口青石水池，再往裡邊走有座石屋，屋裡還有位道士正在靜坐，道士旁有兩位仙女伺候。那仙女看到有陌生人來訪，驚訝的問：「你是什麼人，竟敢闖入太乙元君的仙居。」栖岩一五一十的告訴仙女，而原本靜坐的元君緩緩醒來，他請仙女端來仙酒，請栖岩喝，兩人聊著老莊之學，漸漸的栖岩看清楚，這老人就是當初的算命仙，準備開口問他時，元君便先說：「當時我所說的事就要實現。」

說完不久，有個仙童騎著鹿龍來訪，邀請元君同往曲龍山賞月，元君則對栖岩說：「不如我們一同前往吧。」只聽著風聲呼呼的吹，轉眼間眾人來到曲龍山，主人東皇早就等著他們來臨，將他們帶往宴會共同歡樂，一陣的歌舞昇平好不熱鬧。但是歡樂的時光總是過得特別飛快，東皇目送著元君和栖岩離去，兩人則騎著鹿龍準備返回仙洞，在經過一處時，栖岩看到地上有座大城，便問這是什麼地方，元君說是新羅國，後來又經過唐國，頃刻間已經回到仙洞，這時栖岩已有回鄉的念頭，想拜別元君。

元君在他離開之前說：「今天你喝了仙酒，便能夠活到千歲，希望公子能守口如瓶，若能不荒唐縱慾，堅守身心的清靜，未來我們必能再見。」栖岩點頭後騎上龍馬，元君接著說：「你騎的這馬是我洞中的神龍，因犯錯下凡受難，你回到世上後將牠放置渭水，牠便會自行回來。」而元君身旁的仙女，也請栖岩幫個忙，要他到虢縣的田婆家，請她寄幾隻針給她。栖岩坐在馬上，奔馳一會兒便回到人間，遇到第一個人便問甲子，才發現自己這趟旅程已過數十年。栖岩先到虢縣辦完仙女的事，再將龍馬帶到渭水，那馬一下水，果眞化爲一匹神龍，盤旋著身軀直衝上天，消失在雲端裡，栖岩自己則到深山修練，相傳不久也升天去了。

延伸閱讀

有關於凡人入仙境的傳說眾多，但這篇故事的配角——龍馬，卻是一個較少出現的神物。《西遊記》是家喻户曉的故事，裡面載著三藏奔山涉水取經的馬，也是一匹龍馬。將龍跟馬一起並稱，並不是因為龍跟馬有什麼血緣，而是傳統對較好的馬，喜歡稱為龍，以彰顯自己的地位及馬品種的優良，後來在傳說故事裡，很自然的將龍跟馬聯想在一塊。

61

門神——秦叔寶與尉遲恭

前言

相傳秦叔寶與尉遲敬德是唐代人氏，本爲有名的武將，因爲皇上害怕有鬼魂騷擾，派他們守在門口，沒想到眞有辟邪的效用，人們於是把他們畫在紙上，貼於門板作爲避邪驅鬼之用，故後代稱之爲門神。

傳說唐代有位算命師袁守誠，讓他算過命的人，都稱讚他神準無比，只要一開攤，便是門庭若市，這一年，在涇河捕魚的漁民，不知爲什麼，總是無法捕到魚隻，在沒有漁獲量下，所有的人叫苦連天，幾乎快要活不下去，一聽說城中有這麼一位奇人，趕緊的前往拜訪，請袁守誠指點方向，神奇的事，此後每次都可豐收回航。雖然人間歡樂，卻苦了水底眾生，涇河龍王的大臣向他報告，最近河中的魚蝦大量減少，如果再這樣下去，將會有滅亡的可能，而罪魁禍首便是城中的算命師，涇河龍王見事態嚴重，便想會會這位神算。他僞裝成凡人，來到算命攤前，向袁守誠請教，明日的雨勢情況，算命師說會下三尺三吋四十八點的雨，涇河龍王心想：「好大的口氣，我這雨神都不知道，竟然能預測多少雨量，你輸定了。」便跟他打賭，贏的話送他黃金，若輸便要砸攤。

沒想到龍王一回府，便接獲玉帝聖旨，要他

明日下雨，內容與袁守誠所言，竟絲毫不差，龍王雖驚嚇他的能力，但爲獲勝便故意多下一點。隔日按照約定來到算命攤，氣勢高昂的準備砸攤，袁守誠卻不慌不忙的對他說：「在砸我的算命攤之前，先救救你的命吧，玉帝已知你偷改雨量一事，現在找人要砍你的龍頭，你還有心砸我的攤嗎？」龍王一急下，連忙請教解圍之法。袁守誠說：「現在能救你的只有唐太宗，因爲殺你之人，就是他的大臣魏徵，只要他答應救你，就可能逃過這劫數。」

這晚，太宗夢見龍王來訪，苦苦哀求他救命，太宗則問：「朕不知如何才能救你的命呢？」龍王說：「只要明天皇上纏住魏徵，不讓魏徵殺我即可。」太宗見龍王可憐便說：「這簡單，我會盡量幫忙的。」隔天一早，太宗以下棋爲由，將魏徵召喚至宮中，這一下便下個不停，幾個時辰過去，魏徵已經疲憊不堪，忍不住的心想，今日的皇上怎如此有興致，好幾個時辰卻不疲憊，雖然魏徵早已疲倦，卻也只能苦撐，最後終於打起瞌睡，太宗見魏徵爲國辛勞，難得一夢，不忍吵他。就在他入睡不久，卻見秦叔寶慌慌張張地，提著一個血淋淋的頭，來到太宗的面前，仔細一瞧，發現正是龍王之頭，回頭看看魏徵仍在睡夢中，趕緊的搖醒他問：「魏徵你瞧瞧，這是怎麼一回事嗎？」魏徵發現夢中之事成眞，答曰：「我剛剛入夢時，夢見天帝下昭，要臣行處斬之刑，我想這就是臣夢中所斬的龍頭。」太宗一則以喜，一則以憂，喜則能獲得這樣的賢臣，憂爲無法救回涇河龍王之命。

這事過後，太宗常常夢見龍王化爲鬼魂，找他索命，每晚不得安寧，都無法按時早朝，身體日漸消瘦，眾臣看在眼裡著急不已，爲了讓太宗安然入睡，武將秦叔寶與魏遲恭兩人自願守在皇寢外，保護皇上安全。奇妙的事發生了，自從秦叔寶兩人，待在皇寢外當守衛後，龍王的鬼魂便不敢作怪，唐太宗也得以入睡。可是秦叔寶兩人是肉作的，這樣每晚守夜總是太累人，太宗雖體恤他們的辛苦，卻又擔心他們一走，龍王又回來，這時有大臣提議，不如請國內最好的畫匠，爲兩人作圖，再貼於皇寢門口，從此以後鬼魂不再作怪。

延伸閱讀

門神的故事有許多類型，像是文門神與武門神，門神按照各地的習俗有所不同，有的以吉祥物，像是麒麟、鶴等代替，而門神一詞最早出現在禮記，原始的意義可能是祭拜之時守住門口之人。這段故事便是武門神的傳說，而魏徵斬龍王一事，在《西遊記》中也有詳盡的記載。中國另外有個門神也是耳熟能詳，就是神荼與鬱壘，上面的故事之前，中國門神的起緣就很早，最早可能就是用桃木作的板子，在木板上畫些神像等趨魔圖，這個東西稱之為桃符。

62 抓鬼大師——鍾馗

前言

鍾馗是民間流傳的抓鬼大師，只要是留戀於世間的孤魂野鬼，均逃不過他的手掌心，相傳他生前雖學富五車，卻因爲相貌猙獰的緣故，而無法通過殿堂的應試，死後感謝皇帝的賜袍，勵志終身抓鬼保護人間。

開元年間，唐玄宗常常巡視各地練兵的情況，藉此帶著楊貴妃到處遊玩，有回他們來到了驪山。平常有貴妃陪伴的玄宗，心情總是表現的不錯，可惜貴妃因爲身體微恙，所以先行返宮養身，玄宗又不能取消行程，於是剩下他一人，巡視操兵的情況。這日，玄宗巡視回來，便覺得身體十分的難過，召喚太醫診視病況，且服用醫藥仍不見效，一陣昏昏欲睡的感覺後，做起白日夢。

夢裡頭有一個小鬼，一腳穿著鞋子，另一腳光裸著，他另一隻鞋子掛在腰間晃動，腰上綁著的深紅色的腰帶，身上還背著一把竹扇子，嘻嘻哈哈的在玄宗面前跳來跳去，這讓玄宗原本頭痛的感受，更加不舒服。突然間，小鬼從他的身旁，搶走貴妃留下的香囊，及他最心愛的玉笛，得逞的小鬼，在殿內開始奔跑大叫，一副開心十足的樣子。即使玄宗大聲斥怒，小鬼卻像沒聽見的繼續玩鬧，玄宗忍不住的斥問：「你究竟是什麼人，斗膽敢闖進皇寢，還敢搶我心愛的東西，你是不想活了嗎？」只見小鬼仍哈哈大笑的回答：「你問我是什麼人，我乃是虛耗，虛就是把有變成無，像是偷人家的東西，這就是我最喜歡的遊戲，而耗呢，就是減少別人的愉悅心情，將好事變成壞事，增加別人的煩惱，這就是虛耗，也就是我！」說完，繼續玩著。

民國・任伯年・鍾馗

正當玄宗準備召喚士兵來抓拿小鬼時，突然從外，闖進一個頭戴破帽、穿著深藍色袍子的大漢，腰上綁著方巾，腳穿著朝中鞋，臉長的十分猙獰的樣子。他直直的走向小鬼，輕輕鬆鬆的，一把抓住他，小鬼便動也不能動，接下來讓玄宗覺得十分恐怖，他扯下小鬼的眼珠，並將他折成兩半，一口一口的往肚裡塞，只聽見喀嚓喀嚓的聲音後，不久整隻小鬼消失在他的口中。玄宗驚魂未定的問：「你是何許人氏？剛剛你的行爲是？」大漢恭敬的跪拜玄宗，抬頭緩緩的回答：「我是鍾南縣出身的進士，曾參加高祖武德年間的科舉殿試，不幸的落榜，自覺無顏見江東父老，一頭撞死在殿前的石頭，高祖聽說了這件事，便賜我綠袍，厚葬在鍾南山下。臣爲了感謝高祖的恩寵，發誓將平定擾亂世間的惡鬼、妖怪，聽聞有小鬼騷擾皇上，特來將他去除，現在惡鬼除去，臣將退下。」說完消失空氣中，玄宗也醒了過來。

醒後，玄宗趕緊的請畫家吳道子，依照他的口述，將夢中的大漢，描繪於畫紙上，吳道子的畫工使得鍾馗栩栩如生，玄宗稱讚不已，並下令全國將鍾馗畫像，在除夕夜的那天貼上，以求平安。

延伸閱讀

鍾馗故事是家喻户曉，除了這段抓鬼外，相傳他有一個妹妹，生前未出嫁便去世，死後無人祭拜侍奉，於是鍾馗便想為她找個夫婿，也就是「鍾馗嫁妹」的傳説。女子若未出嫁便身亡，娘家不能祭拜他，當然也沒有夫家祭祀，這樣的觀念影響中國許久，嫁妹的故事也因此發展而成一段故事。像是在清代的圖畫中，有幅鍾馗嫁妹，圖中的鍾馗騎著馬跟在轎子後，鬼卒門在前吹著樂器，熱熱鬧鬧的就像是人間的迎親隊伍。

63 藥王孫思邈

前言

孫思邈是唐代名醫，陝西縣人氏，曾救人無數，除醫學書外，也閱讀老莊玄學之書，對佛教也十分崇敬，是個頗爲虔誠的教徒，他流傳後世書的籍主要有《千金藥方》，相傳宋徽宗時被封爲「妙應眞人」。

傳說孫思邈的前世是位神仙，在周朝時有過活動，但他發現，眼前所見的景象是到處戰亂，爲了不想涉入俗事，選擇隱居在太白山上虔心修道。這日孫思邈悠遊於山林間，發現一位牧童，正在鞭打一條小蛇，於心不忍的他，跟牧童哥商量，願意用身上價值的衣物，來換取這條蛇，牧童知道可以平白無故獲得價值不斐的衣物，當然十分願意，換完後，高高興興的回家。孫思邈將受傷的白蛇，帶回他潛修之地，用山中藥草替他療傷，在他細心照料下，小蛇很快的康復，孫思邈便將它放回林中。沒過幾天，在相同的地點，孫思邈遇見一位白衣少年，十分恭敬的跟他說話，兩人越聊越有興致，便邀請孫思邈一起遊玩，走著走著，兩人來到了一座宮府，並見了宮府的主人，一聽之下，才明白此處爲涇陽水府，那位白衣少年，便是他所救的白蛇。龍王爲了感謝孫思邈，對他兒子的救命之恩，特地設宴款待他，筵席上盡是沒見過的山珍佳餚。但是孫思邈身爲修道之人，早已清茶淡飯慣了，因此只好喝些小酒，回報龍王的謝意，席後孫思邈告別龍王，準備返回人間，龍王請大臣，將寶庫中的稀世珍品，盡數拿出相送，孫思邈說：「我乃修道之人，給我也沒什麼用，你還是留著吧！」龍王見孫思邈淡薄身外之物，心想這恩不報怎可，聽說他喜好研究醫藥之書，不如就送他幾本醫書吧。便要大臣進藏經閣，拿出上古流傳的幾本醫書，果真孫思邈這次欣然接受，不再推辭，在謝過龍王的贈書之禮，他便返回修行的山中。在幾次的機會中，試用龍王贈與的藥書處方，發現十分有效，於是專心的研究，這全收在他流傳的《千金方》中。

隋煬帝聽說孫思邈的名聲，便想邀請他主持宮中太醫，並兼任國子監的博士，但是孫思邈拒絕煬帝的詔喚，他的弟子私下問他：「師父不是曾說，在朝中爲官能救更多的人，此時卻推辭，這是什麼緣故呢？」孫思邈摸摸他的頭說：「你有所不知，隋朝的國壽只有幾十年，之後的繼承者，才是享國較久的君王，那時我必會出來的。」

十幾年後，隋朝滅亡，這時由太宗當朝，聽說孫思邈仍在太白山上，趕緊的請大臣迎接他入朝。孫思邈接獲詔書入宮，太宗見他年歲雖高，卻一副神清氣爽，絲毫不有老態龍鍾的樣子，感嘆自身的老邁，便向孫思邈說到：「看見你，我開始相信有長生不老之藥，你能傳授於我嗎？」孫思邈回答：「世上每一個人求仙煉丹，都是有所圖，圖長生、圖延壽或甚至有圖名利，在我看來這都不會有結果。其實我這樣的一個凡夫俗子，怎敢奢望有成仙的一天，煉丹修道之術，只是爲救世上更多的人罷了。所煉的丹藥，可以治一般的疾病，對於養生長壽之事，非單靠幾顆藥丸就能達成。皇上這麼的期盼我，我卻無法提供這樣的幫助，愧對皇恩，我想我還是早早的離開，回歸山林雲野間吧！」太宗雖極力的慰留，然而孫思邈仍舊消失。相傳玄宗曾夢見一老人，向他要武都的雄黃，醒後派人送至峨嵋山，那位老人便是藥王孫思邈。

延伸閱讀

醫學和道學的相同之處，是在於濟世救人，於是當代的名醫，有時便傳有類似仙人的傳說，孫思邈的身世在《舊唐書》存有記載，像是他是京兆華原人，現在的陝西縣，便出自此處，其中有記載著他曾著《千金方》，於是後來傳說，說他跟唐朝的幾個皇帝都見過面。在全唐詩中也可找到孫思邈留下的作品。

四言詩　孫思邈

取金之精，合石之液。列為夫婦，結為魂魄。一體混沌，兩精感激。河車覆載，鼎候無忒。
洪鑪烈火，烘燄翕赫。煙未及黔，燄不假碧。如畜扶桑，若藏霹靂。姹女氣索，嬰兒聲寂。
透出兩儀，麗於四極。壁立幾多，馬馳一驛。宛其死矣，適然從革。惡黜善遷，情回性易。
紫色內達，赤芒外射。熠若火生，乍疑血滴。號曰中環，退藏於密。霧散五內，川流百脈。
骨變金植，顏駐玉澤。陽德乃敷，陰功□積。南宮度名，北斗落籍。（一字古書缺遺）

64 荷葉女神──何仙姑

前言

何仙姑，相傳爲唐代廣東增縣人氏，單名淳，後修道成仙，是八仙中唯一的女神，稱爲何仙姑有兩個意思，除姓氏外，在後世的畫像中，她總是拿著一枝荷葉，所以人們稱她爲何仙姑。

傳說何仙姑出生的時候，她的頭頂長有六根金色的毛髮，唐代武則天的時候，生活在雲母溪邊，傳說她在十四、五歲的那年，曾做過一個夢，夢中有神仙教她吃雲母粉養身，醒後的何仙姑，因爲夢中的景象異常清晰，讓她深信夢中之景是眞有其事，於是每天尋找服用的雲母。不知道是不是雲母眞有它的效果，何仙姑漸漸覺得身體日漸輕盈，便更加相信夢裡的預言，爲了堅信求道的心意，她立下終身不嫁的誓言，終日只知齋戒靜坐修道。不久後，何仙姑能夠以飛行的速度，來往各地的山谷間，每天早上出門，晚上回家時，總帶些奇珍異果讓母親食用，母親問她這果實究竟從何得來，聽說是千里外的五岭山，便知道女兒已非尋常人，對她的婚事也就不再逼迫。何仙姑爲何能如此迅速修得仙術，相傳有段插曲。何仙姑有次在岸旁修行，巧遇八仙之中的兩人，鐵拐李與藍采和，他們教授何仙姑一套辟谷的仙術，經過她勤加練習，功力突飛猛進，才能日行千里，來往各個名山之間。

武則天聽說有這樣的奇女子，便想會一會她的廬山眞面，便派遣使者迎接何仙姑，誰知在往返的途中，何仙姑便消失無蹤，不知到哪去，後來人們聽說在景龍年間，何仙姑由鐵拐李迎接，白日升天去了。升天後的何仙姑，仍常常出現人間，幫助有需要的人們，曾有人說在麻城一帶見過她的身影，也聽說何仙姑曾向唐代刺使高翬說過她的事蹟。此後我們常常聽說她下凡，解救世人。

現在我們所聽到，關於何仙姑其他的傳說，大多跟婦女有關。其中的一則故事是說，有個凡間的女子唐廣貞，因爲先天體質的關係，雖連生九個子女，卻都不幸夭折身亡，所謂的不孝有三無後爲大，因此對丈夫懷有愧疚之心，唐廣貞甚至認爲，這全都因爲自己是個罪惡的身體，所以上天懲罰她，不讓她產下任何一子。愧疚的心情日益加重，最後她自動的向丈夫請求休妻，然後千里迢迢的尋找何仙姑，拜她爲師學習道法。另外一則是，宋代有個女子懷孕後，一直處於難產的狀態，家人十分的擔心，便邀請何仙姑查看情形，何仙姑瞧了一眼便說，這是因爲她曾虐待懷孕的婢女，於是上天報應在她身上，小孩即使生下，也沒有任何生命跡象。

延伸閱讀

何仙姑的女性特質，為八仙注入一股陰柔之氣，讓八仙有著和諧的氣氛。然而她的神仙事蹟，是八仙中較少的一個，故事較常在她的生平討論，像是她的姓氏、出身地、何許人，在歷史上的八仙中，未定型的系統裡，部分的記載是沒有何仙姑，直到明代小說的流行後，才漸漸形成現在的八仙。另外古代的許多女神，被設定跟婦女有關，可能是只有女人懂得女人，或者在男女有別的中國，女性的事仍要由女人負責，像是懷孕一事，就有送子娘娘，而關於難產的故事，我們可以看看陳靖姑的故事。

65 乞丐神仙——鐵拐李

前言

鐵拐李是八仙之首，他的俗名爲李玄，另一說爲李凝陽，成仙時的面貌爲跛足的乞丐，手中總是拿著一根鐵拐，所以後世便稱爲鐵拐李。

當李玄還是個凡人的時候，長的是一副相貌堂堂，擁有魁梧身材的俊男，是許多人的理想對象。原本身爲讀書人的他，是該赴京趕考、求取功名，李玄卻很早就看破紅塵，選擇離開家鄉的親人，到遠處尋求道術，經過拜訪眾多的有道之士，他最後停留在一處清幽的洞窟，專心的虔心修道。

這樣過了幾年，李玄在道術上遇到一些瓶頸，覺得心中的問題困擾已久，雖經百思之後仍不解，想起聽人說太上老君住在華山，打算啓程拜訪這位同姓仙人。他穿山越嶺、披星戴月的來到華山，在山下便震驚華山的壯美，雲霧繞行山環，樹林格外的蔥鬱，一時間心情輕鬆起來，到處的觀望景色。就在他入山觀賞時，突然出現兩位仙童問他：「你是李玄嗎？你不是要到華山找尋太上老君嗎？怎麼還在這遊晃，讓我們來爲你帶路吧。」李玄雖然驚訝他們對自己的了解，卻也想眞正的神仙便該如此，不疑有他的跟在後頭，通過九彎十八拐的山路，終於停在一間茅堂，堂中坐著一位仙人，原來是太上老君。老君對李玄說：「李玄你命中是該歸列仙班，但修行不夠，我傳你一套仙法，回去之後，日夜反覆的練習，成仙之日就在不遠。」李玄獲得老君傳授仙法，更加勤練仙術，漸漸地道行日益加深，人們都聽說有個道行高深的道士，紛紛慕名而來拜師學藝，李玄收的第一個弟子叫楊子。

有天正當李玄靜坐時，老君與好友宛丘眞人一同邀他出遊，約定十日後出發。在出發的前一天，李玄將楊子召喚到跟前，對他交代：「爲師即將跟仙人一同神遊，留下的肉身便託付給你保管，七日之後若不能即時回來，你就把我的肉身給火葬吧。」隔日李玄施展離魂大法，跟老君們神遊去。楊子時時刻刻叮嚀自己，記住老師交代的事，除了上廁所外，吃飯睡覺都守護在他的身旁，寸步不離。連續五天都是如此，到了第六天，楊子的家中傳來母親逝世的消息，報訊的人要他趕緊的回家辦喪事，楊子起初不肯棄師而去，可是經不起旁邊人的搧風點火，說他師父早已仙逝，身體都了無生氣，要他別再守著一具屍體，加上他是個孝順之人，於是決定將李玄火葬後，趕回家鄉辦理喪事。

隨著老君雲遊各地的李玄，見到許多未曾識的事物，正準備離開老君回到肉身時，老君送他四句話，其中兩句是「欲得舊形骸，正逢新面目。」回到住處的李玄，發現肉身不知去向，也不見弟子楊子的蹤影，可是時間快到，若不找肉身附體，可能會魂飛魄散，恰好路旁有個乞丐的遺體，不管三七二十一的便附身，醒來後才發現他不但是乞丐，而且還是個跛腳，回想起老君送的詩，明白這是命中注定。雖然是個跛腳肉身，卻無損他的道法，李玄不久後便名列仙班，於是後來的人見到的鐵拐李，就是杵個鐵拐的跛腳仙人。

關於鐵拐李的俗家身分，還有另一則傳說。相傳他叫李大，出生平凡人家，平日喜好醫書，後來在鎮上的一家藥舖做事，有天遇見一個白頭老人，上門求醫。可是藥店老闆勢利，見他毫無分文，便不打算醫治他，甚至放狗咬他，經過李大的搶救，才撿回一條性命，李大後來知道他是仙人，經他的點化最後得道成仙。

延伸閱讀

八仙算是道教中較為人知的神仙，每個仙人也都有明顯的特色，他們的封號便是根據特色而來，其中鐵拐李便是八仙之首。仙人的離魂術，是中國人認為在肉身以外，還有靈魂的存在，得道之人是可以讓靈魂離開肉身的。中國還有一則有名的故事《離魂記》，故事是說有個女子張倩，認識一名王宙書生，兩人互生情意，可惜張倩的父親從中作梗，兩人無法結為姻緣，於是張倩的魂魄離開身體，到遠方跟王宙生活。幾年後張倩思念家人，希望返鄉探親，陪他回鄉的王宙才發現，跟他生活多年的竟是張倩的靈魂，張倩的肉身一直都在家中，未曾出門一步，最後兩個張倩合而為一。

66

純陽子——呂洞賓

前言

呂洞賓，唐代京兆人，俗名爲嚴，道號純陽子。他的祖父、父親都是朝中大臣，起初求取功名不至，後遇見火龍眞人傳授他天道劍法，又通過鍾離漢的考驗，受他渡化成仙，爲八仙中最瀟灑的神仙。

相傳呂洞賓的母親在懷他的前夕，才剛就寢不久，便聞到房中充滿著一股香氣，並且聽見陣陣的飄飄仙樂，還沒反應過來時，從窗外飛進一隻白鶴，直衝床上，刹時間又消失不見，這像是夢卻又栩栩如生。隔日呂母便發現自己懷孕，經過幾個月的等待，在四月十四日巳時產下呂洞賓。相傳呂洞賓長的是仙風道骨、鶴頂象背、虎體龍腮、鳳眼朝天，左眉角有一顆黑痣，腳底下的紋路像是龜背。從小他就十分聰明，能夠每天記住萬言的字，一出口便是文章。他身長八尺二寸高，喜歡綁著一條華陽頭巾，身穿破爛的黃色衫，樣子有點像是漢朝的張良，過了二十歲，仍未有嫁娶的打算。傳說當他還是個嬰兒的時候，馬祖禪師曾經見過他，並感嘆的說：「這小孩懷有不凡的仙骨，是從風塵外來的人，他日遇到廬便居住，千萬要記住這點。」後來呂洞賓到廬山遊玩，巧遇火陽眞人，傳授他一套天道劍法。

在呂洞賓尚未求道之前，曾屢次的赴京趕

考，有一年在京城的酒館中，遇到一個長鬚慈目、身穿道服的道長，一進屋就坐在他對面的空位上，他身上散發出仙風道骨之氣，讓呂洞賓好生羨慕，尤其道長又題了一首詩：「坐臥常攜酒一壺，不教雙眼識星都。乾坤許大無名姓，疏散人間一大夫。」詩中意境讓呂洞賓感受飄然，便向他自我介紹，也希望得知道長的姓氏，才發現原來他就是鍾離漢。兩人相聊甚歡，鍾離漢便邀呂洞賓一同雲遊四方，隨他入深山求道，呂洞賓雖心思向道，卻不敢馬上決定，鍾離漢心知他的難處，便跟他約定，隔日到一處茶館找他，到時再說他的心意便可。次日一早，呂洞賓按照鍾離漢的指示，來到一處茶樓，恰好鍾離漢正在煮黃粱，或許是因爲黃粱的味道，片刻之後，呂洞賓感覺睡意興起，不知覺地躺在椅子上睡著。睡夢中，呂洞賓仍然選擇應試，結果高中狀元，從此平步青雲，娶個富家女爲妻，官位可說是直線上升，一時間，人間富貴榮華的快樂集於一身。正當他享受人生中最美滿的時光，卻因爲他權高職重，身旁的小人眼紅，便設計陷害他，當時的皇帝又昏庸不明、不辨是非，可憐呂洞賓慘遭抄家的命運，一生的結果落得妻離子散，一人孤獨的站在寒風中。也就在這個時刻，呂洞賓從夢中醒來，發現剛剛全是夢境一場，爐上的黃粱仍在燉煮。

鍾離漢對他笑笑的說：「黃粱尚未煮熟，你已經到華胥國走過一遭。

唐人・呂巖像

你想想看幾十年的富貴，換來的下場是如何？」呂洞賓原有向道之心，只是不甘花在讀書的心血，現在從夢中走過一遭，讓他下定求道的決心，並拜鍾離漢爲師。鍾離漢爲測驗呂洞賓的決心，一共經過十次的試煉，發現呂洞賓對外物能不動於心，可見已有修道的慧根，於是將他帶到鶴嶺，傳授絕妙的仙法道術，經他苦修多年，終於修道有成。

往後四處雲遊的呂洞賓，有次閒遊湖南的大街，經過有名的鳳凰酒樓，看見酒樓的僕人，正在毆打一名書生，探聽之下，原來是書生沒錢消費，卻要硬闖酒樓，與姑娘幽會而被人發現，所以那些僕人將他趕出樓館並圍毆他。洞賓不忍見有人被打死，於是替書生求情，並給了小二們幾錠銀子，將書生從他們手中解救。洞賓帶著書生來到人煙稀少處，問他：「堂堂的一個讀書人，爲什麼要這麼做？」書生被這樣一問，流下心酸的淚水，他說：「我曾有個未婚妻，叫做白牡丹，是個聰明知禮的好姑娘，原本打算考取功名後，便將牡丹迎娶回家。誰知道前一陣子，牡丹的父親賭博輸了一大筆債，沒有錢償還，將牡丹賣到鳳凰酒樓。我一個窮困貧洗的書生，哪來那麼多的錢贖回牡丹，只能偷偷的進入酒樓跟她相會。可惜東窗事發，被酒樓的店員趕出，就是剛剛的情形。」聽完書生的故事後，呂洞賓要他回家靜候佳音，自己則化爲書生的面貌，打算上酒館試試牡丹。他先是以金銀珠寶引誘牡丹，又用花言巧語的哄騙，都讓牡丹給回絕，於是呂洞賓明白牡丹是個貞節婦女，卻故意的打她一巴掌，裝作憤怒的離開酒樓。他的一巴掌不但打痛牡丹，也讓她的臉變成半邊黑，而且顏色越來越黑，沒人敢上門光顧。之後呂洞賓再化身成書生的模樣，到酒樓將牡丹贖回，送到書生的家中，書生雖見到牡丹醜陋的樣子，卻不嫌棄她，仍維持原意娶她爲妻，願意照顧她一輩子。他的愛感動了呂洞賓，在婚禮的當天，呂洞賓前來祝賀書生，送給他一顆仙藥作賀禮，呂洞賓要書生將藥和在水中，再讓牡丹洗臉，就這麼一洗，臉上的怪異黑斑全都消失不見，臉上的皮膚甚至更加的光滑圓潤。後來這段故事的書生，漸漸被呂洞賓取代，傳說為「呂洞賓三戲白牡丹」。

延伸閱讀

呂洞賓算是八仙中最為人知，現在也流傳著一句俗語，「狗咬呂洞賓，不識好人心」。他的傳說故事也是八仙中最多，可見人們對他的喜愛。台灣的木柵有個仙公廟，設有白娘娘的神案，就是從呂洞賓與白牡丹故事關係演變的。故事中，鍾離漢試煉呂洞賓的部分，煮黃粱而入夢的劇情，其實在唐代就有這樣類似的故事，故事名為《枕中記》，主人翁盧生遇見一位道士，道士給他一個枕頭休息，一入夢便經歷了人生百態，醒來後，剛剛在煮的黍仍未熟，「黃粱一夢」的典故便是這麼來的。

木柵指南宮俗稱仙公廟，創建於光緒十七年（西元一八九一年），主祀純陽真人呂洞賓。

67 張果老顯神通

前言

張果老本名為張果，相傳唐代時已六七十歲，曾說過自己是帝堯人氏，他隱居在恒山一帶，是個不穿道服的道士，常倒騎著驢子來往各地，身為八仙中看起來最老的仙人。

張果老算是另類的道教神仙，從外表看來常穿著一件袍子，倒騎著驢子來往汾晉之間，他座下的驢子也十分神奇，當張果老累的時候，對它呼一口氣，就變成一張薄薄的紙，要用的時候，只要將水噴灑在上面，一隻活靈活現的驢子又復生。張果老的外表雖然看起來六七十歲，但聽說看過他的人常常說到，自己小的時候早已看過他，那時的他就是這個模樣，如果問他究竟活了多久，卻沒有一個人答的出來。他對於國君的邀請，總是採取迴避的態度，唐代的君王像是太宗、高宗、甚至是武后，都曾派人找尋他，可惜都讓他藉故逃脫，他在逼不得已的時候，連裝死的技巧都會用上，像武后在位時派人前往探訪，卻聽說他已經過世，十幾年後，卻有人在恆山看到他的蹤影，也因為張果老的機靈，總能避掉為官帶來的災害。

雖然張果老善於運用計謀，總能避過官患，但是不死心的皇帝卻不少，開元年間，皇帝派裴晤到恆山迎接張果老入宮，張果老又用閉息裝死的老方法，希望能逃過一劫，可惜裴晤已經知道他的花樣，不動聲色的讓他自露馬腳，並在他的身旁說些天子求道之心。不久之後，張果老終於醒過來，但卻不言一語的沉默，這也讓裴晤不知如何是好，最後只能回宮稟報聖上，要皇帝作裁決。皇帝聽完裴晤的說明後，靜靜的不說話，對張果老的興致更高，下令派徐嶠帶著聖旨前去迎接張果老，不知是皇帝的誠心感動他，還是天意，張果老終於肯到京城，晉見皇上。一進宮便與皇帝傾談數日，當朝的文武大官，也都紛紛的拜會張果老，相爭的與他交往，在京城形成一股崇張風氣。

朝中當然有人曾聽說張果老年歲的傳奇，心想這是個解答的好時機，便試探的問張果老，究竟是何時人？沒想到張果老笑笑的說，說他是在帝堯丙子歲誕生，曾擔任帝堯的侍中。若張果老所言眞爲事實，他的年紀早已超過千歲，所以大家都不相信他所說，卻還是弄不清他眞正的歲數。同樣的在當時，有個身具「夜光眼」的人，能看出任何的鬼神，卻無法得知張果老的身分，甚至像和璞的有道之人，也推算不出張果老的壽命，因爲這兩件事，讓皇帝更加相信張果老是個奇人。可是俗語說眼見爲憑，若未曾親眼見到，仍不信他有何奇異之處，皇帝決定再找個機會試試他。皇帝讓高力士帶著御賜的堇酒，請張果老品嚐品嚐，酒過三巡的他，便推託說酒不好喝，要回房休息。醒來的張果老，發現雪白的牙齒全都焦黑，便要人取來如意，敲掉所有的牙齒，敷上他獨特的藥材。隔天張果

宋人畫張果老圖

老的嘴，又長出一顆顆的新牙，雪白無比，皇帝聽說之後，相信他果眞是仙人下凡。

另外有一次，有個能通古今的葉法善和尚，說他知道張果老的眞實身分，皇帝聽說這謎有解，便趕緊的請他入宮，探究張果老的出身。葉法善和尚在說明眞相之前，向皇帝請求一事：「要微臣說出眞相並不困難，只希望皇上能答應保證臣的性命，我才敢說出口。」皇帝覺得大殿之上，怎會有人敢傷害他，便答應他的請求，於是葉法善繼續說：「張果老乃是混沌初期的蝙蝠精。」話未說完，突然倒地一命嗚呼，七孔流血至死，皇帝十分吃驚時，看見張果老徐緩的走進宮殿，明白這一切這是張果老施法的結果，趕緊的爲葉法善和尚求情。張果老說：「這小子實在太過多嘴，如果不給他一些教訓，恐怕以後會洩漏天機。」皇帝不忍和尚因他慘死，再三的拜託張果老，於是張果老要了一碗水，含住後噴向和尚，只見和尚緩緩的甦醒，謝謝張果老的再造之恩。皇帝一再的親眼看到張果老的仙術，對他更加的恭敬，並賜他法號「通玄先生」。然而仙道之人是不務俗事的，張果老向皇帝請求歸隱山林，離開不久便有人說，張果老已經羽化成仙，皇帝接到消息後，在逝世的地點建棲霞觀紀念他，此後便不再有人聽說他的消息，後來的人將他納入八仙之一。

延伸閱讀

現在所見到張果老的畫像，大多是倒騎著驢子，這其實也是有隱深的含意，像後世在畫像所題的一首題畫詩：「舉出多少人，無如這老漢。不是倒騎驢，萬事回頭看。」人總是以為朝著前方總是最安全、最正確的抉擇，孰不知？能看透過往，不被過往所困擾，前途才能一片光明，這首詩真是值得再三玩味。

68 八仙之曹國舅

前言

曹國舅，單名友，字景休，相傳是宋代曹太后的兄弟，後來經過鍾離漢與呂洞賓的點化，成爲八仙之一，在八仙圖的他總是身穿官服。

曹國舅除了曹太后外，另有一個兄弟曹二，曹二跟曹國舅雖然是兄弟，但個性上差異頗大，曹國舅生性淡薄、不慕名利，而曹二則是個仗勢欺人、無惡不作、姦淫婦女的壞蛋。曹國舅曾經費盡苦心的規勸他，沒想到曹二不但不領情，反而跟曹國舅爭鋒相對、像是仇家一般，痛心之餘的曹國舅決心離開曹府，歸隱山林求取仙道，離開前曾嘆息：「作善事的人終將興盛，惡貫滿盈的人總會滅亡，像二弟你這樣的人，恐怕會遭受報應。」

在深山潛心修道的曹國舅，幾年之後有兩個仙人來訪，一個長的目深口方，一個是風度瀟灑、道骨仙風，原來是鍾離漢與呂洞賓兩位仙人。他們明白曹國舅有求道之心，於是想助他修道，呂洞賓便問：「君子所修之道在哪？所修又是何道呢？」曹國舅想也不想的指著天；呂洞賓又繼續說：「你指著天，那天又在哪呢？」曹國舅這次仍不加思索的指指心。呂洞賓與鍾離漢相笑而說：「心就是天，天也就是道，你已經能體會道的眞面目，不久必能夠得道成仙。」於是留在當地，專心的渡他成仙。

相傳在曹國舅修道的過程中，有段插曲，曹太后聽說曹氏兄弟的事，認爲這樣兩兄弟反目成仇，總不是件好事，又聽說兄長正在修道，想藉機勸服他放棄，便在宮中設宴，邀請曹氏兄弟相聚。曹氏兄弟看在太后的面子上，都親赴宴會，席間曹國舅突然提議，說要表演個餘興節目。他從口袋取出一枚銅幣，對著它輕輕吹一口氣，剎那之間，銅幣變的跟燒餅一樣大，用兩手一扳，大餅又像脆餅般脆弱，被扳成兩半。曹國舅隨手將一半的燒餅拋在地上，剛好又順手抓住一隻老鼠。看到曹國舅神奇的法術，曹二與曹太后相信，曹國舅眞的學到仙術，也就不再勸他。

延伸閱讀

兄弟之間的個性，並不是同一個父母養，就會有相同的性格，甚至可能有很大的差異，故事中雖然是講曹國舅成仙的故事，但對筆者來說，為什麼曹國舅不感化自己的親弟弟，所謂的養子不教父之過，而長兄如父，曹國舅卻放棄曹二，選擇離開家園到深山修道。其實真的很難，對於修道人，是不是該放棄家庭專心求道，雖然道教的道士不像佛家的和尚，是一種出世的態度，但在修道成仙的過程中，總是離開親人了悟塵世，這跟中國人注重家族的觀念，有相衝突的部分，或許也是道教一直在找尋的平衡點。

69

踏歌藍采和

前言

八仙中有個手拿拍板的人，就是藍采和，其實藍采和並非他的本名，那是因爲每次人們見到他的時候，口中所唱的歌謠，總會有藍采和三個字，久而久之人們便稱他爲藍采和。

如同他的名字，藍采和究竟是何時、何許人也，都沒有人知道，最早的時代大約是唐末、五代時期，便有人在大街上看過他，那時的他總是穿著破破爛爛的藍色布衫，流連在各個城市大街。他身上的藍色衣衫圍著一條腰帶，仔細的向前瞧瞧，卻發現腰帶是用木頭染黑作成，在他的腳上則穿著神氣非凡的官靴，可惜只有一隻，另一腳則是光溜溜的。他特殊的外貌不只如此，更誇張的是即使是大熱天，他那件衣衫裡頭卻塞滿著棉絮，等到了冬天，卻將棉絮拿掉，只剩下破的藍衣衫，渡過刺骨的寒風。說也奇怪，他如此怪異的行爲，應該是會生病或熱死，但是夏天不見他流一滴汗、冬天也未見他凍死街頭，甚至還全身散發熱氣。

每當藍采和出現街頭的時候，總是拿著超大的拍板，拍板的長度約三尺多，像是喝醉般的唱歌，大大小小的人們都會跟隨他，看他究竟在幹什麼。藍采和看似個瘋子，卻又不是如此，他所唱的歌詞是因人而寫，詞中都有神仙意涵，十分的高深莫測。若拿到人們施捨給他的錢幣，就用繩子串起，拖著錢幣四處走，即使不小心遺失也不回頭撿，有時候將它們贈送給窮苦人家，有時候則花在吃東西上，他並曾而周遊天下。有的人從小便看過他的樣子，到白髮蒼蒼時，看到的藍采和，卻仍是記憶中的模樣。傳說後來藍采和有次在濠梁樓上喝酒，聽見美妙的簫笙樂，突然之間有隻白鶴從天而降，將藍采和接到天界，藍采和將身上的衣物全都丟棄，緩緩的向天界飛升，不過他遺留的衣物現在早已不見。

在後代有流傳著一首歌謠，相傳是藍采和當時所唱的，歌詞的內容是這樣的——

踏歌藍采和，世界能幾何？
紅顏一春樹，流年一擲梭。
古人混混去不返，今人紛紛來更多。
朝騎鸞鳳到碧落，暮見蒼田生白波。
長景明暉在空際，金銀宮闕各嵯峨。

延伸閱讀

在八仙之中，藍采和的外貌是最年輕，也最像個小孩子般，總嘻嘻哈哈的無憂無慮。其實人常常是在小的時候，最具有一顆童稚的心靈，越成長反而失去越多。藍采和便象徵這樣的人，能保持一顆單純的心靈，高高興興、快快樂樂的過每一天，不需要在意別人對自己外表的眼光、評論，就像藍采和常唱的歌詞中一句，世界能幾何？在我們短短的幾十年中，對世界又能如何呢？

70 謫仙詩人——李太白

前言

李白生於唐代，跟杜甫是中國兩大詩人代表，因爲他個性的放蕩不羈，又常常看些道教書籍，因此關於他道教式的神話傳說也不少，相傳他是太白金星轉世。

李白剛剛出生的時候，他的母親曾經夢見長庚星下凡進入她的身體中，因爲長庚星又名太白星，所以他的母親因此幫他取名爲李白。李白長的是非常的俊俏，有著不同常人的飄逸氣質，十歲的時候就精通各類書籍，看過他作品的人都十分稱讚，說他是天界下凡的詩人，有人則直接稱他爲李謫仙。雖然李白很有才華，滿腹經綸，可是成年的他從未想要進京趕考，直到有天遇到一位司馬先生，看他才華出眾，認爲他赴京趕考，絕對可以通過考試，李白漸漸思考這件事，最後決定到京城試一試。

來到京城的李白，四處遊玩時認識了當時朝臣賀知章，兩人一見如故，賀知章聽說他到京城赴考，便要他搬到賀府居住。原本按照李白的才能是不需要擔心應試的錄取，但當時流行一股行賄的風氣，如果不捐點銀兩的話，即使你的能力再好，也只能榜上無名。賀知章清楚的知道這點，開始擔心李白的前途，心想平日不受賄的我，沒有多餘的金錢幫幫李白，但又不能置之不理，乾脆寫封信給今年的主考官楊國忠跟高力士，或許還有點希望。誰知這一做反而弄巧成拙，楊高兩人接到信後心想，這個人還眞過分，自己接受好處不分杯羹給我，還要我替他做這個人情，這個李白我絕對不會讓他好過，於是在兩人自中作梗下，李白終究無法通過考試，甚至還受了一肚子委屈。

賀知章安慰他明年再來，這段日子就住在他家，等待時機出頭。賀知章的話不久便靈驗，當時唐玄宗跟番邦的交往頻繁，結果在番邦首次來訪下，朝中大臣卻沒有一人能出來充當翻譯，這件事惹惱了玄宗，當場在大殿發怒，賀知章將此事告知李白，李白便說如果他在一切就可以解決。賀知章聽完覺得這是絕佳的機會，趁機將李白推薦給玄宗，那天番邦又再次上朝，李白則拿著番文翻譯，聽到他能流利的念出自己的母語的番人無一不驚訝，他也不負所望的，在番邦的溝通上，表現出色的能力，玄宗當然非常的高興，慶幸朝中能有這樣的賢才。就在這件事後，玄宗開始重用李白，並發現他寫詩的長才，常常要他發表著作讓他欣賞，不定時還會要送他些金銀財寶，可惜李白無功不受錄，始終不肯接受。就這麼經過多年，直到李白因爲一首詩，得罪玄宗寵愛的楊貴妃後，李白就不再受玄宗所重用，他離開了京城開始流落四方，雖然之後玄宗屢次的派人請李白回宮，但李白這時已經對塵世間的名利、身外事物，不再感到興趣，所以也回絕玄宗的召喚。

有一天夜裡，李白像往常一樣在船上喝酒，月色高掛天空，在朦朧之間，李白似乎聽見天空傳來一陣仙樂，越來越靠近船隻，湖面也開始興起一陣陣的水波，李白在搖晃中抬頭一瞧，發現有隻龐大的白鯨浮在半空中，上面還站著兩位仙童，仙童手拿著旌旗對李白說，我奉天帝之命特地來領星君歸位。在岸邊的人們，都被這個景象嚇到，趕緊的跪拜，眾人親眼見到仙童將李白迎接坐在鯨上，緩緩的向天界飛升而去。玄宗聽見此事後，對李白存有很多懷念，特地命人在江邊蓋座李謫仙祠紀念。

延伸閱讀

其實到目前為止，李白究竟怎麼死的，還沒有個水落石出的答案，這也讓大家對他的事更有想像空間。而在中國詩歌世界，李白與杜甫的名氣在可說是不相上下，但是詩聖之名還是被杜甫奪走。其實李白這個人物充滿著傳奇性，就像他的詩作多變一樣，傳說中他喜歡看些道教書籍，因此道教將他的故事神化。而謫仙這個詞，傳說就是賀知章替他取的。究竟李白的詩歌如何呢？讓我們欣賞看看——

相和歌辭

松子棲金華，安期入蓬海。此人古之仙，羽化竟何在。
浮生速流電，倏忽變光彩。天地無凋換，容顏有遷改。
對酒不肯飲，含情欲誰待。
勸君莫拒杯，春風笑人來。桃李如舊識，傾花向我開。
流鶯啼碧樹，明月窺金罍。昨來朱顏子，今日白髮催。
棘生石虎殿，鹿走姑蘇臺。自古帝王宅，城闕閉黃埃。
君若不飲酒，昔人安在哉。

71

開元高道——邢和璞

前言

唐玄宗時，邢和璞算是聞名當時的道士，玄宗聽說他的神算，特地召他入宮，朝中的大臣貴族一時間，蜂湧而至、絡繹不絕，希望拜師於他的門下，其中於他較要好的是房琯。

房琯常常到邢和璞的觀上，與他聊天說說心事，邢和璞也利用些機會想開導他。這日原本兩人坐在觀內談天，邢和璞突然提議說，我們到外面走走吧！房琯覺得也好久沒有出遊，於是兩人坐上房琯的馬車來到城門。這時邢和璞又提議說不如下車走走，對房琯說：「我們下來活動活動，別只靠馬車。」說完便往城外走，房琯趕緊的跟上。兩人沿著一條鄉間小路，不知不覺的來到一座村落，房琯直覺想他住在京城多年，什麼時候城外多了這個村子，雖然疑惑卻也趕緊跟上，這時房琯感到有點疲累，邢和璞看看他的樣子，知道他的勞累便說：「我們到那座廟歇息歇息。」

坐在矮牆的兩人，繼續聊著未完的話題，只見邢和璞一面跟房琯說話，一面拿著手杖到處撥撥敲敲，剎那間邢和璞突然停頓，開始在敲擊的地方直敲不停，最後連手杖都丟掉，雙手用力的往土挖，挖著挖著，竟然挖出個年代已久的陶器，邢和璞吹吹上面的灰塵，對著房琯說：「記得這個東西嗎？」又從陶器中拿出一封信，將信打開指著「永公」二字，笑著對房琯說：「也記得這封信嗎？房琯。」房琯對邢和璞連續的行爲，驚嘆不已，這像是他早已知道這些事，早知道這些東西的位置，又仔細的瞧陶器和信，朦朧之間，憶起過去的歲月，上輩子的前塵往事蜂湧而上，過去的他身穿著袈裟，單名永，在某處的一座廟宇出家。

回憶停止後，他繼續追問著邢和璞說：「剛剛的事你都知道對不對？那我的未來會怎樣？你一定也清楚。快告訴我好嗎？」邢和璞笑著說：「別著急，我找你來此處，就是要告訴你的這事。未來你的官運平順清雲，最高能做到宰相的地位，可惜你的晚年，會因爲誤食膾魚而亡，死後後人會以龜茲木材，替你作個棺木。你死的地方不是在廟、家、更不是公堂。」房琯聽完這段話，大笑的說：「你不用跟我開玩笑！跟你聊天已經很開心了，不需要再捉弄我！」似乎沒將邢和璞的話放在心上。

幾年之後，房琯果眞當上了宰相，一路官途平順，然而晚年卻因年歲已大，便貶謫爲一小小的州長，上任才不過幾日，便生了一場大病，當地的太守邀請他赴宴，房琯覺得病情稍稍穩定，於是便決定赴約。席間滿桌的山珍海味，房琯想起被貶後，不知有多久未曾嚐過如此美味的佳餚，忍不住多吃了幾口，其中剛剛上了一道膾魚，更是房琯所愛的美食。沒想到他赴宴回來，舊病又復發，比原本的病情更加嚴重。夜裡間，房琯似乎有人在他的耳邊說著：「沒想到那個邢和璞所說的果然不假，這人的一生都被他料中。」第二天一早，書童照常的打著水盆給房琯盥洗，一進房便發現房琯已了無聲息，忍不住的嚎嚎大哭。當地的人聽說房琯過世，剛好原本有塊打算給廟作神像的木頭，是龜茲木頭，便用它來作房琯的棺木。

延伸閱讀

在道士的神力仙術，最讓人津津樂道的是未卜先知的能力，常常事情尚未發現端倪，便可以知道結果，而且精確無比。簡單來說，便是能超越時空、通曉古今，像是在西遊記中，佛祖將孫悟空壓在五指山下，便對他說：「五百年後，有位僧人會路過此地，他就是解救你的人。」這樣的神力充滿著中國的傳說故事。但是知道未來的事好嗎？這個答案是見仁見智，但是若連現在都掌握不好，哪有什麼未來可言。

72 申天師元之

前言

關於申元之充滿傳奇性，我們不知他何時何地人，只知他喜好遊歷名川大澤，且時常蒐集各類方術，因此練就一身的道行。

這年申元之受到唐玄宗的邀請，與其他的道士一同提倡道教玄風。相傳唐玄宗在邀請之前，曾做過與申元之聊天的夢，夢中之人身穿道士服，自稱爲白雲居士，玄宗見他仙風道骨，所以十分的愛好，夢醒後便派人尋找，也就是後來申元之來京城的原因。玄宗一見探子所帶回之人，認出是夢中人，高興的從殿上走下，一邊說著：「你就是夢裡的那個人，你還記得我嗎？白雲居士。」馬上賜座，開始問他一些問題，申元之也一一據實回答，聊到彼此的生日時，才發覺竟是同月同日生，越是加深玄宗對他的喜愛，而將他留在宮中，並賜他大國師的封號。玄宗十分的信任申元之，即使巡視各地也會將他帶在身旁，閒暇之餘，跟他聊些玄黃之道，一聊常常就是幾個時辰，甚至是深夜促膝長談。在服侍皇帝的宮人中，有個名叫趙雲容的人，在耳濡目染下，對神仙道術有著好奇心，私底下會向申元之請教些問題，申元之見她有著恭敬的心，有空會指點她迷津，漸漸地她知道有煉丹仙藥一物。

這日，雲容特地利用時機，向申元之求賜仙丹靈藥，申元之很老實的告訴她：「雖然我只剩下一顆靈藥，能給你服用，然而你將不久人世，你吃了也是於事無補。」雲容聽了趕緊的跪拜磕頭，要申元之救救她，但是申元之只是搖搖頭，雲容見此狀便說：「其實我並不是怕死，只是若有緣聽見道的眞理，死而無憾。」申元之見她可憐，又有求道之心，從衣袖拿出一個小瓶子，接著對她說：「這是絳雪丹，雖不能讓你逃過一死，但此丹服下後，身體百年不化，你請人作較大的棺木，在你口中放顆玉石，墓穴挖深一點，百年後必有復生的機會。這是流傳已久的太陽煉形法，修煉成功便是地仙，再過百年就可居洞外洞。」雲容聽完之後，便將此事告訴貴妃，希望能幫她準備後事，不過保留復生一段，果眞不久，趙雲容便喪生於蘭昌宮。百年之後，有人敲開此墓，墓中之人早已不知去向。相傳之後元申之仍活在人間，自號爲田先生，另名田山叟。

相傳元和末年，有個趙昭，跟田山叟有不錯的交情，有天田山叟給他一個指示，要他到深山的竹林處。趙昭半信半疑的，按著田先生的指示，來到一個竹林，這時已是深夜時分，在月色下，趙昭找到一個富麗堂皇的宮殿，宮殿傳來陣陣悅耳的音樂，好奇的他悄悄地潛入宮裡，一進宮，便偷聽到三位美女的談話，話的內容是感嘆不知有緣人在哪。趙昭一聽，急忙跳出來說，願當那個有緣人，三位美女一見陌生人，嚇的逃跑，趙昭趕緊的說，是田山叟要他到這，她們才相信他不是壞人。趙昭一問三位姓氏，才知首位美人便是趙雲容，再仔細一問，原來雲容是貴妃的婢女，因田先生的幫助有段奇遇，而這田先生就是申元之，雲容藉著趙昭生人的氣息，漸漸地變成一個活人，又施法將貴妃送她的貴重財寶取出，兩人從此以後過著恩愛的日子，相傳他們能夠長生不老，這都是申元之的功勞。

延伸閱讀

仙丹靈藥的功用，在道教的故事常常提到，最為人所樂道的是能夠長生不老，或是死而復生，然而這段故事的仙藥，是保持她的屍體不腐爛，接著安排了後來的這段奇遇。關於仙藥的傳說，在魏晉的筆記小說有許多例子，像是「劉晨阮肇」，故事是有兩位年輕人，不小心地誤闖仙洞，遇見洞中仙女，仙女們賜給他們一些仙桃，之後兩人回到人間，早已過了幾十年光陰。這是長生藥的最好例子。

73

彭城高道——羅公遠

前言

羅公遠，唐鄂州人氏，相傳從小就有神力，有次海中的白龍偷偷上岸，仍被他識破原身，並設計一陷阱讓白龍現出原形，看過的人都不得不佩服他道術之深，當時他才不過是個小孩子。

唐太宗時特別禮遇道士，特建玄道觀，而鄂州刺使上告皇上有此奇人，這天帶著羅公遠入宮，這時剛好張果老和葉法善在下棋，看見羅公遠如此的年輕，忍不住的開口說：「這毛頭小子懂得什麼？」各抓了一把棋子，要羅公遠猜猜手中共有幾隻棋，羅公遠看了玄宗一眼，回答：「手中並無棋子。」兩人雙手一攤，眞的沒有半個棋子，兩人大吃一驚，太宗見羅公遠有此神力，所以年紀雖小卻能上坐，排在張果老和葉法善之後。

玄宗國盛時，朝中會有異邦奉獻的貢禮，其中有個水果叫「日熟子」，常常過午便會送至宮裡，今天卻遲了，而且到日落昏黃，仍不見使者蹤影，因天氣寒冷，每個人的面前都擺個爐火，只見羅公遠插了一根筷子在爐中，隨即又拔起。不久便聽見，宮外的人傳唱使者到，葉法善便問：「你們發生什麼事？爲何耽擱這麼久的時辰？」使者連忙的道歉說：「在我們前往京城的路上，就像平常的那條路，可是半途忽然烽火連天，無法繼續前進，直到剛剛火息後，趕緊加快腳步趕路。」法善一聽，便知是羅公遠所為，轉眼一瞧，只見他笑而不語。

中秋時分，月亮分外的明亮，玄宗獨自的遊走後花園，感覺特別的孤獨，突然間羅公遠從遠處前來拜見，一見玄宗如此的落寞便問：「皇上要不要到月宮中走走。」說時遲那時快，將手中的枴杖往天空一拋，一座通往月宮的橋樑，刹時浮現眼前，銀白色的橋身，一輛馬車在橋頂等著，羅公遠請玄宗上坐，車聲隆隆的開往月宮。不知前行多久，只見眼前越來越亮，一陣陣的寒氣逼近，終於停在一座宮殿外，繁天星辰在四周圍繞。羅公遠介紹這就是月宮，帶領玄宗進入宮中，只見一群群的宮女，翩翩起舞，耳邊傳來陣陣悅耳之音，玄宗向公遠詢問，是否知道此天樂曲名為何，公遠回答：「這是〈紫衣曲〉。」玄宗迷惑此樂，用心的記下樂譜，打算回人間請樂師寫譜再奏，就是後來的〈霓裳羽衣曲〉，不久兩人沿著原路回到人間。

之後玄宗屢次的向羅公遠討教道術，像是隱身術，卻都不成，也曾要過仙丹靈藥，公遠也沒給，一氣之下將他以眾箭射死。幾年後，有位與公遠相識的大臣，在官道上遇見他，心想他不是消失已久，怎會出現於此，公遠便說出遭刺的經過，皇上雖然如此對我，但念他貴為天子，你幫我轉交幾樣東西吧！說完把一封信跟蜀當歸的藥付託大臣，大臣回宮詳述給玄宗聽，東西也交給皇帝。幾年後安祿山之亂爆發，玄宗逃至蜀地，羅公遠在劍門暗地迎接，沿路保護他到成都才離去，太宗這時才想起蜀當歸除藥外，也警告著他這次災禍，極力的想搜尋羅公遠，可惜他已經不知去向。

延伸閱讀

唐太宗遊月宮一事，是民間口耳相傳的故事，而故事中施法的人就是羅公遠，不過有的故事版本，是說玄宗夢遊月宮，且不論如何，月亮對人間的信眾總是帶有神秘色彩。另外玄宗在月宮所聽的樂曲，〈紫衣曲〉，也就是〈霓裳羽衣曲〉，是聞名於唐代的樂曲，王建的霓裳辭十首序言，便提到這段故事：一曰〈霓裳羽衣曲〉，羅公遠多祕術，嘗與明皇至月宮，仙女數百，皆素練霓衣，舞於廣庭，問其曲，曰〈霓裳羽衣〉。帝曉音律，因默記其音調，及歸，但記其半，會西涼府節度楊敬述進婆羅門曲，聲調相符，遂以月中所聞為散序，敬述所進為曲，而名〈霓裳羽衣〉。列舉其中一首——

霓裳羽衣之一

知向華清年月滿，山頭山底種長生。
去時留下霓裳曲，總是離宮別館聲。

74 李荃與《黃帝陰符經》

前言

道士李荃，法號達觀子，住在洛陽少室山中，喜好神仙之術，一日無意中發現了《黃帝陰符經》，雖不懂經書的奧義，之後專心的研究後註解，另成《陰符玄義》一書。

李荃在山中隱居修道，無意中獲得《黃帝陰符經》一書，雖不懂其文，見盒上屬名寇遷之，覺得這是一代宗師收藏之物，一定有其特殊之處，但書本已漸漸腐爛，便尋紙筆將全文抄寫，不知不覺將全文背誦起來。有一次，李荃遊歷到驪山山下，遇見一位白髮蒼蒼的老婦人，髮髻紮紮實實的在頭上，卻有幾根滑落耳邊，杵著一枝枴杖，樣子十分的奇怪，站在一旁撥弄火堆，口中念念有詞。吸引李荃注意的是，婦人口中念著的：「火生於木，禍發必克。」這兩句明明是經書上的句子，他趕緊的向前行禮詢問：「請問老人家，你剛剛念的句子，是不是出自《黃帝陰符經》呢？」老婦人一臉吃驚的樣子回答：「你怎麼會知道此書呢？我一直在傳授此書當然知道，你又是怎麼知道？」李荃便將如何獲得此書之事，詳細的說給婦人聽，婦人聽完說：「難得你有此福緣，我看你相貌堂堂，心地純潔，就收你爲徒吧！不過你恐怕有一場災禍。」說完拿出一張符，燒成水讓他服下，之後坐在一張大石上，開始講解經書上的重要內容及觀點：「此書包含了天地人萬事萬物的道理，十分的精妙，傳授者必須每天背誦七遍，每年的七月七日都須抄寫在山中大石。」時光快速的飛梭，已到黃昏時刻，李荃的肚子開始咕嚕咕嚕叫，老婦人從囊中取出一碗生米，然後要李荃用葫蘆取水燒飯。李荃四處的尋找水源，找到後裝滿整壺，等到快滿的時候，突然覺得葫蘆變得十分沉重，一個不小心便跌個四腳朝天，葫蘆也拋向河中，然後直下的往河底沉，他撈了許久卻都找不到，心想只有跟老人家道歉，結果走回原處，發現老婦人早已不知蹤影，留下的只有那碗生米，空空蕩蕩的樹林風聲，飢腸轆轆的他不管三七二十一，不到幾分便將生米吞下肚裡，從此以後李荃不會感到飢餓。之後李荃又隱居深山，探訪名師道術，世上沒人知道他究竟去哪，唯一留下的只有《黃帝陰符經》的註解本——《陰符玄義》——是重要的六註解本之一。

延伸閱讀

在中國的經書世界，存在著一股註解經書的風氣，每一本重要的經書都曾有過註解，像是《論語》、《老子》，註解越多越顯現此書的重要性，道教的經書也有這樣的風氣。但有時註解經書的是一位默默無名之徒，不知道其人的詳細資料，有為感謝他、及讓書的名氣增大，於是產生一些傳說，就像李荃巧遇仙人一事。

75

道教的畫仙吳道子

前言

吳道子是唐代有名的畫家，後世稱他爲畫聖，出生於陽翟縣，曾向張旭、賀知章學過書法，但見他在繪畫上更有天份，改將他送往學畫，終成爲聞名於世的大畫家。

吳道子擅長各種畫，如佛像、山水、動物，相傳有次他在一座橋上的石頭，隨手畫隻栩栩如生的老虎，興致一來便替牠點上眼睛，沒想到不久傳出，當地有人死於猛虎的爪下，吳道子聽聞後，知道是自己闖禍，趕緊的回到原來的橋上，將虎的眼睛擦掉，之後便沒有猛虎作亂，而這座橋俗稱爲「臥虎橋」。吳道子的畫工名聲廣播，傳進玄宗的耳裡，玄宗便派人前往吳道子處，希望他能爲玄宗作畫。受命的大臣，雖然一副瞧不起吳道子的樣子，但這是爲皇帝作畫，不可輕蔑以待，故在一匹昂貴絹帛，畫上嘔心瀝血之作，誰知這位有眼不視泰山的大臣，誤以爲吳道子是隨便作畫，想讓皇帝責罰他，便偷偷的請京城另一名畫家，重新作畫，再送進皇宮。玄宗一看，發現這不過只是普通人之作，怎可以算是一位超脫塵世的畫家，招來大臣仔細盤問清楚後，才知畫作已被掉包，於是要大臣趕緊將原作拿出，將吳道子的畫一攤開，一幅日月星的三星圖，白日日光閃耀天空，夜晚星月相互輝映，是幅絕妙好圖，世上難得之寶，馬上命人將吳道子請進京城。

玄宗將他請到宮中後，常常要吳道子畫美麗的圖，能讓他欣賞欣賞，有次希望他畫出一幅河岸圖，吳道子卻遲遲未交卷，玄宗便宣詔問他：「為何這次無法作畫。」吳道子回答：「微臣在宮中已久，對外面的世界有些淡忘，怕畫不出皇上要的畫，請皇上准許讓微臣出城，四處的探訪山水名景，回來後一定畫出。」玄宗想想便說：「我給你三個月的時間，回來後便要交出作品。」吳道子利用三個月的時間，探訪各地的風景名勝，甚至是人煙絕跡之處，到每處都是聚精會神的體驗，果然回宮後，在一面白牆畫出嘉陵江三百里的風光，玄宗更加的賞識他。

一日，玄宗宣召吳道子入宮，要他在一面白牆上，畫出景色優美的山水畫，吳道子說：「這並不難。」說完，便動手在牆上作畫，他將一盤墨塗抹牆上，用畫筆順勢的添幾筆，一朵朵的花綻放，接著墨水到處橫流，有命人取來白布覆蓋牆上，再掀開，一棟棟的山水樓台浮現眼前，花叢鳥鳴聲猶如在耳，玄宗徘徊其中、流漣忘返，正當他入神時，吳道子指著山腳的一處洞窟說：「皇上，這裡是仙人的住處，你只要輕輕敲幾下，就會有人來開門。」玄宗半信半疑，心想是吳道子在開自己的玩笑，直說不可能，於是吳道子，自行在洞門敲幾下，果然一個童子出門迎接，他便順勢的跟童子走入洞中，玄宗原本跟著他們，沒想到吳道子進入後，洞門便自動關上。這時錦衣衛來報，說剛剛吳道子從宮牆中離去，玄宗回頭望牆上的畫，所有的山水花鳥不見蹤跡，剩下一面乾淨無暇的白牆。世人驚嘆他畫工之神，於是稱他為畫聖，並且成為道教中的畫仙。

延伸閱讀

吳道子不只是唐代的名畫家，也是中國繪畫史上的重要人物，在他之後，繪畫進入一個新的紀元，達到鼎盛。他不只是擅長人物畫，山水、花草、鳥獸，畫什麼像什麼，尤其在人物畫的貢獻良多，為當時的道教、佛教作神像畫，保存不少人物的相貌。道教的故事人物中，有一部分是將中國的藝術家神化，不管是最先開始的東方朔，還是唐代的李白，幾乎都讓他們的藝術更神乎其技。

76 韓湘子施法救韓愈

前言

八仙中有個手執花籃、或是長笛的男子，便是韓湘子。相傳他是唐代文豪韓愈的姪子，字清夫，父母雙亡後由韓愈撫養，雖然韓愈苦心培養他，然生性不凡的他，對求取功名一事毫無興致，後成爲八仙之一。

韓湘子在年輕的時候，不但不喜歡讀書，甚至常常飲酒作樂，個性十分豪放不羈，把他的叔父韓愈是氣個半死，常常念他說：「你爲什麼不能乖點，念一些書好求取功名，這樣混日子有什麼意義？」而韓湘子也總是這麼回答韓愈：「叔父，我所學的東西跟你有所不同，那不是書本可以教我的。」

在韓湘子二十多歲的那年，前往洛陽探親，誰知一去不返，整整二十個年頭都杳無音訊。突然在元和年間，一身破爛的回到長安的家中，韓愈雖對他仍有不滿，卻心想這是唯一的姪子，所以仍讓他留在府中。但是韓湘子的年歲不小，總不能像個小夥子遊手好閒，韓愈便安排他到學堂讀書，只是韓湘子不像其他的學生埋首苦讀，他不是發呆看著窗外，就是利用下課時間找些書童賭博，或是喝到酩酊大醉、不醒人事，甚至有時一出門，便好幾天不回家，讓韓愈一個頭兩個大，常常找機會訓話，卻也不見他改善。這天，韓愈心一狠，對他放浪的行爲已經忍無可忍，將他喚到面前，怒氣沖沖的問他：「你已經老大不小了，究竟有什麼打算，像你這樣的每天玩樂，實在不像話。你說過你學的東西跟我不同，你倒是說看看，這麼多年了，究竟是學些什麼？」韓湘子不急不徐的回答：「叔父你千萬不要生氣，若是問我所學何事，可用一首詩代表。」接著念出詩詞。

青山雲水隔，此地是吾家。終日餐雲液，清晨啜落霞。琴彈碧玉調，爐煉百硃砂。寶鼎存金虎，芝田養白鴉。一瓢藏造化，三尺斬妖邪。解造逡巡酒，能開頃刻花。有人能學我，共同看仙葩。

韓愈從不知韓湘子曾學過詩文，又仔細玩味詩中滋味，盡是些神仙道術，口氣甚大，便問他說：「如果眞的就像詩中所言，可否能展現一下，讓叔父瞧一瞧。」韓湘子思考一下，指著眼前的一叢白牡丹說：「我能替這些牡丹染上不同的顏色。」他從袖口中取出一些藥，埋在牡丹花的土壤下，接著對韓愈說：「等到明年開花時節，一定會開出碧色的牡丹，四面的花叢中，各有一朵五彩相間的牡丹。」韓愈一聽完韓湘子之言，便覺得他是在唬人，心想爲何不當下證明，要等到明年春天，這分明是拖延戰術，卻也不點破他的計謀，只是一笑置之。就在幾天後，韓湘子又悄悄的離家，韓愈越覺得他是怕謊言被戳破，所以趕緊跑了，雖然擔心他離家後不知如何生活，卻也無可奈何。

就在這一年，韓府發生了大事，韓愈因觸怒獻宗而被貶爲潮州刺使，在前往潮州的路途，突然寒風驟臨，下起一場大風雪，分辨不清四方，讓韓愈的隊伍進退兩難。這時，在風雪中出現一個身影，來到韓愈的面前，韓愈仔細一瞧，發現是姪子韓湘子，韓湘子問候叔父後，不多說些話，接著爲隊伍指引方向，到附近的驛站休息。隔日又送韓愈一程，直到鄒州才向韓愈告別：「叔父，我將與老師一同前往他處，無法再爲叔父送行，請叔父保重身體。」說完兩人就此分別。

隔年的春天，京城的韓府來了一封信，告訴韓愈家中發生一件奇事，韓愈心愛的牡丹花，神奇的開出碧色的花朵，在四處也有彩色的牡丹。讓人感到驚訝的是，在每一朵的花瓣上，都刻有幾個小字「雲橫秦嶺家何處，雪擁藍關馬不前。」

延伸閱讀

人生的出路是否只有讀書一途，答案應該是否定的，但是即使是現今的社會，讀好書、擁有好的學歷，仍是每個父母對子女的期望。就像我說的，人生不見得只有讀書才有未來，但是吸收書本的想法，對於未來的計劃是有某些程度的幫助。書本不是萬能，像人生，就是要親身體會，並非是書本能教授。總而言之，讀書能幫助你的知識，但卻不是人生的全部，擁有一顆時時提醒的心，踏穩每一步，比擁有好的學歷，更加的對人生有益。

77

顏真卿羅浮成仙

前言

唐代的顏眞卿，是一位中國的大書法家，與柳公權齊名，爲世人所敬重，尊稱他的書法爲「顏體」，他流傳的〈多寶塔碑〉與〈麻姑仙壇記〉，在中國書法界，是人人極想收藏的名帖。

唐代書法家顏眞卿，自小用功讀書，經史子集是樣樣俱通，並且對國家大事，懷抱遠大的夢想，開元年間順利考中進士，進而在宮中擔任監察御史一職。在他多年的官場生涯中，總是保持著清廉的態度，完全不受賄，處理公事也是不偏頗，就如同他的文章一般，受到廣大群眾的尊敬，可惜他的晚年發生一件大事，改變了他的一生。

原本爲朝中大臣的李希，不知道是不是吃了熊心豹子膽，竟然興起謀反的念頭，另外起個國號大梁國，亂臣賊子是不容許寬恕，玄宗左思右想下，再看看文武百官，決定派他最信任的顏眞卿，代君出征，討伐大梁國。知道這個任務消息的人，都認爲出征的結果，恐怕是凶多吉少，便陸陸續續的前往顏府，準備替他餞行與拜別。顏眞卿明白大家的心理，知道所有的人都預想，這將是個悲慘的結局，但他自己反而不擔心，依然是一副豪放十足的樣子，沒有顯露任何的悲傷，甚至安慰著難過的親友，他命令廚房大開筵席，款待平日照顧他的親朋好友，席間談笑風生，酒一杯接著一杯喝。

隔天一早，顏眞卿整理衣著，帶上軍帽，一步步的踏上軍車，面對送行的親友說：「過去的歲月中，有過許多歡樂的時光，我們也彼此分享著心事，但其實有件事，我從未對人提起，現在趁機說給你們聽。在我年輕巡視全國各地的時候，路途中曾遇見過一位道士，他自稱是陶公公，說與我有段機緣，特地前來送我幾個賀禮，祝賀我的官途順利。他所送的禮物十分奇特，是一顆神丹及刀圭，看來毫不起眼的東西，卻是多年來，我能保持強健體魄的秘方，才能有如此旺盛的精力，來應付繁忙的公務。陶公公在離別的時候，曾對我說了一個預警，他說當我七十歲的時候，將會遇到終身的一個劫難，事件過後，便可以跟他在羅浮山相會。現在想起這段往事，或許陶公公所指的便是此事，我想這就是人們所稱的命吧。」說完駕著浩浩蕩蕩的軍車，消失在清晨的霧裡。

幾個月過後，顏府傳來顏眞卿在戰爭中遇刺的消息，因爲當時戰況十分危急，無法幫他辦一場風光的葬禮，只能選擇一塊良地，暫時安置他的身軀，等他日再來收斂屍骨。終於等到戰亂平定，顏府的親人急忙的趕往墓地，希望早日接他回鄉，結果一開棺木，發現顏眞卿的肌膚，仍像活著般紅潤，指甲像手指一般的長度，鬍鬚則像新生的頭髮，看見的人都感到驚訝不已，又擔心這個異象，便將他遷移至偃師北山下葬。

相傳後來有人經過羅浮山，遇到兩位道士仙人，其中一位仙人得知此人自北而來便問他說：「這位兄弟來自洛陽，貧道是否可以委託一事，麻煩你將此信帶往偃師北山的顏眞卿府上，爲了感謝你幫我這個忙，我將送你一個禮回報。」此人心想，反正辦完事情過後是要回鄉，就當日行一善吧，便答應他的委託。幾個月過後，此人回到洛陽，特地繞到顏府，將道士委託的信送達，顏府中人十分的納悶，平日並沒有跟那個道士有所來往，怎會有人送信，將信一開，發現信中竟是先祖顏眞卿的字跡，十分的吃驚，一問送信之人，所託的道士的相貌爲何，發現竟然與先祖顏眞卿十分相似，總覺得是先祖顯靈。在一次斂骨的日子，後人將顏眞卿的棺木一開，裡面空空無也，才明白顏眞卿早已成仙。

延伸閱讀

我們可以仔細的觀察，吳道子及顏真卿，兩位都是中國藝術上重要的人物，但是在道家的故事中，兩人便出現另一種神話傳奇，關於他們道教似的神蹟，從文人到各種藝術家，已經讓道家的世界更加的豐富。另外在故事中有所謂的撿骨，台灣也有這樣的習俗，這包含著對前人的感恩之心，可惜在現實生活的逼迫下，漸漸地喪失這樣的風俗，對祖先的感恩心情也隨之消失。

78 曠世鬼才詩人李長吉

前言

李賀，字長吉，昌谷人氏，曾經在朝中任官，是一個多愁善感的詩人，有著詩歌的天份，可惜的是，天妒英才，只活了二十七歲，是個短命的詩人。

李賀的天份，很早就被家人發現，相傳他在七歲的時候，便能夠寫一手好詩文，看過的人都讚不絕口，甚至互相的傳抄欣賞，因此李賀的名聲廣受好評，在人群中傳了開來。當時的文學家韓愈，有次從朋友口中聽說這樣的奇人，甚至看過傳抄的李賀詩文，實在不相信，這優秀的作品，會出自於一個七歲的小孩之手。詩文不論是文字情感每一部份，實實在在擁有名家之風骨，心存疑惑的韓愈，決心一探究竟，便邀請了好友皇甫湜，一同到李府上拜訪，見見傳說中的神童。

聽到韓愈要來訪，府裡上上下下忙的不可開交，李老也特別囑咐李賀，千萬不可調皮，因爲要來拜訪他們的，可是目前朝廷中重要的大臣，如果得罪，他們可是吃不完兜著走，李賀明白父親擔心的是什麼，可是他不將這事放在心上，完全像他平常一樣的玩樂。這日李府充滿一股十分凝重的氣氛，忽然府外傳來一聲，「韓愈大人駕到、皇甫湜大人駕到」，李老連忙協同家臣，趕到門口迎接，李賀卻是一副心不甘情不願的，被拎著一同前去。將韓愈等人請到大殿坐定，韓愈便自動開口詢問詩文一事，他說：「聽說貴公子時年七歲，卻寫了一手的好詩。」將所帶的詩文交給李老，李老一看戰戰兢兢的回答：「承蒙大人喜愛，這的確是不才犬子之作，隨手寫寫罷了。」韓愈看了李賀一眼，心想這小孩長的相貌神秀，尤其在神宇間，透露出不凡之氣，決定出個題目，試試他的能力，便開口問李賀：「聽說這些詩文是你寫的，那可不可以當場寫首詩，讓伯伯大開眼界呢？」說完讓隨從取出紙筆，放在李賀的面前。李賀停頓一下，看看四周人，伸手拿起毛筆，在硯台上沾一沾墨，便在紙上揮毫，不到幾分鐘，完成一首以韓愈、皇甫湜來訪爲題的詩，題爲〈高軒過〉，韓愈看過後讚不絕口，反覆的吟詠，認爲李賀是天地間不可多得的人才，稱讚他有朝一日必有一番作爲。

弱冠之後，李賀雖有才氣，卻無心貪戀官途，即使有上官提拔，也不肯出仕。對於世間的事物，他特別喜歡遊歷山水，常常在山水間吟詩作樂。他花費在作詩的心力，比照顧自己的身體更用心，爲了蒐集題材，總會出遊數日不歸，也會苦惱找尋不到作詩的靈感，有時突如其來的思緒，便久久不能言語，甚至茶不思飯不想。李賀的母親，看見他爲了作詩，不辭辛勞，十分的擔心他，害怕他會累壞了身體，忍不住的念念他說，如果照他這樣的傷害身體，作詩眞的會嘔心瀝血。誰知一語成讖，李賀的身體一天天憔悴，卻仍不放棄作詩的想法，終於惹來天妒英才，在他二十七歲的那年逝世。相傳臨終之前，有位紫衣仙人下凡見李賀，對他說：「我是奉天帝之命，特來迎接你上天宮。」李賀回說：「我還沒寫出自己滿意的作品，恕難從命。」仙人說：「天帝就是希望你能上天庭，寫寫好詩，你就跟我上去吧。」這時李賀才首肯，隔日家人便發現李賀過逝於自己的房中。

延伸閱讀

李賀的確是中國詩歌上難得一見的詩人，他跟李白一個被譽為詩仙，一個則為鬼才，就是稱讚他的詩歌。可惜的是，他自小體弱多病，造成他性格上的憂愁善感，但或許因此造就他詩歌上的成就，唐代末年的李商隱對李賀的稱讚，認為上天將他帶走是因為像他這樣的人連天上也少有。我們來欣賞一首他的詩——

夢間

老兔寒蟾泣天色，雲樓半開壁斜白，
玉輪軋露濕團光，鸞佩相逢桂香陌，
黃塵清水三山下，更變千年如走馬，
遙望齊州九點煙，一泓海水杯中瀉。

79

溫王爺傳說

前言

高雄附近的東港有座東隆宮，建築十分的金碧輝煌，裡面供奉的神明爲溫王爺，每年廟宇都會舉行大拜拜祭祀祂，關於溫王爺有這樣的一段傳說。

唐貞觀年間，在山東有個名人爲溫鴻，從小便聰明有智慧，除了寫著一手好文外，也有著一身的好功夫，當地的鄉民十分的敬重他，溫鴻雖然年紀輕輕的，卻有自己的想法，他決定四處遊學、增廣見聞。沒想到在他旅行的途中，碰見唐太宗出征高麗遇難，便出手相救，得救的太宗當然器重他，封他爲山西知府。

溫鴻治理山西的期間頗受人民愛戴，他大興教育，從教育著手改革，地方因此文風興盛，將當地管理得很有秩序，太宗當然更加欣賞他。幾年後，山西附近發生兵亂，皇帝委任他爲大將軍，統領當時的軍隊征服叛亂。太宗果眞慧眼識英雄，溫鴻不只是個賢良官吏，更是個用兵如神的戰士，經他出兵征討，很快的便收伏叛賊，戰勝的他擔心屬下會濫殺無辜，下令不得傷害一兵一卒，這樣寬大的肚量心腸，更贏得戰敗之人的感激，聽說他事蹟的叛黨，也紛紛自動來投降。溫鴻發現戰亂已定，便班師回朝向天子稟報消息，太宗知道事情經過，當然是龍心大悅，加封溫鴻爲一地之王，並追封大使以便宣揚大唐國威。

然而人有旦夕禍福，溫鴻巡視各地而來到海上，忽然吹來大風迷失了方向，後來便不曾再見過他的蹤跡，有的人說他跟其他的船上兄弟一起成仙去了。

成仙的溫鴻，仍在民間不斷顯現他的神跡。相傳清朝乾隆年間，在台灣沿海的東港捕魚人，突然看到有批木材在海上漂浮，仔細的查看下，發現是從福建過來的良好樟木。這件事轟動附近的居民，許多人都紛紛趕往觀看這難得一見的異象，其中有個識字的讀書人，發現有顆木頭上刻著「東港溫記」幾個字，然盤問當地人民，卻無人曉得這是哪戶人家的記號。事情還沒完，這批木材來沒幾天，又有另一批跟著來，而且還是整整齊齊的排列一塊，人們恍然大悟地說相傳這是神明賜的禮物。可是雖是禮物，卻沒有人敢將這些木材進一步的利用，正當眾人焦頭爛額，苦無對策之時，有座靈驗的廟宇傳來神明的訊息，說那些木材是爲了給溫王爺建廟的材料，而那塊最大的樟木，便是用來刻溫王爺的神像。因此人們有錢出錢、有力出力，遵照上天的指示，建造溫王爺的廟宇，長年供奉他神像。

延伸閱讀

台灣的人們就像中國其他地方一樣，都有自己的傳說，只是因為我們的祖先是從大陸移民而來，於是會將一些信仰一併帶來，有時會配合風俗做些許改變。另外台灣有建醮的習俗，每個地方會因為當地供奉的神明信仰不同，於是配合的大拜拜時間也不定。大拜拜是祈求神民保佑我們外，也是讓整個鄉村感受到節慶的氣氛，沿襲農業社會以來的傳統，像是台中各地大約在三月份，都會舉行大拜拜，有的是三月十五，有的則是三月二十日，可是因為社會進步，人們更加的忙碌，於是節慶建醮的氣氛減弱許多。

屏東縣東港鎮東隆宮，每三年一科的王船祭，乃全台規模最大，歷時八天的時間，隨著王船化為灰燼，也帶走人間的一切災難。

80 裴航與藍橋佳會

前言

唐穆宗時候，有個名爲裴航的書生，赴京趕考不幸落敗，回鄉的途中，經過老友的居處，老友送他一筆錢，他便利用這筆錢遊歷各地散心。

在裴航旅遊的途中，搭乘一艘美麗的船隻，聽同船的乘客說，相傳絕世美女樊夫人就在這艘船上，裴航一聽，便想一探芳容，於是將心情化成一首詩歌，託人送去給樊夫人。等了個幾天，卻音訊全無，裴航心裡像被螞蟻爬過似的，難耐無比，忍不住的問委託人，有沒有眞的把信送達，得知樊夫人看過此信後，心想或許她覺得我的誠意不夠，便再派人送奇珍異果去，才送去不久便有回訊，樊夫人請裴航走一趟相見，裴航一見樊夫人的容貌，驚嚇的說不出話來，果眞是世上難得的仙女。

見裴航發呆，樊夫人主動的開口說：「十分感謝你送的禮物，只是我丈夫剛剛退隱，我急著要跟他會面，無法跟你多聊。另外你命中的妻子，將要出現在身邊，注意雲英兩字。」聽完樊夫人的話，裴航剎時一臉潮紅，只能先行告退，幾天後再訪樊夫人，已不知其去向。

晃個幾日後，裴航覺得不能再這樣遊蕩下

去，所以暫時想回京城，找尋考取功名的機會，在經過藍橋時，感到十分口渴，決定下車找水喝，剛好下車的旁邊，有位老婦人坐在屋簷下乘涼，便向他要了一杯水，這時聽見老婦人說：「雲英啊！給這位年輕人一杯水。」只見一個溫柔婉約的少女，從屋中端出水，而雲英這兩字則敲動裴航的心，難道這是樊夫人所說的人嗎？老婦人見裴航目不轉睛的直視孫女，便開口說：「年輕人，你沒什麼機會了，她已經許配給人，過不多久便要出嫁。」裴航不肯死心，追問老婦人說：「請求夫人給我一個機會，我對你孫女眞的一見鍾情。」他千拜託萬拜託之下，老婦人才說：「好吧！最近我的身體十分不好，前幾天求了一個藥，但需要搗藥的玉杵臼，只要你將此物拿來，我便將孫女嫁給你。」

聽到有機會可迎娶雲英，裴航不顧一切的答應，他探訪各地的名醫藥舖，希望能在百日內趕回，然百日過半仍沒消息。一日在街上，向賣玉的人打聽消息，賣玉的人說：「你來的剛剛好，我有個藥舖朋友，要出售玉杵臼，我替你引薦的話，他該會賣給你的。」拿著介紹信的裴航，趕往藥舖，結果將信給藥舖的老闆一瞧，老闆是願意賣，但需要兩百錢，裴航一聽這麼多的錢，趕緊的變賣所有家當，還好湊到兩百錢，買到玉杵臼。

就這樣的趕往藍橋，趕路的途中，還擔心雲英會提早出嫁，終於皇天不負苦心人，讓他趕上了百日，老婦人見他如此的守信，便將雲英許配給裴航，但要他再搗藥百日，才能舉行婚禮。百日過後，婦人服下丹藥，然後對著裴航說：「你在這等我們。」說完拉著雲英直奔深山。不久一輛馬車來迎接裴航，將他帶往深山的宮殿，這是裴航才明白他們是山中仙人，樊夫人也在其中，在他們的幫助下，裴航很快地也名列仙班。

延伸閱讀

一般的男子，對於女子總是充滿著幻想，尤其是絕世美女，然而有緣的自然是你的，無緣的強求也得不到，故事中的主角，幸運的遇見生命中的女子，在神仙的幫助下，成為一對神仙眷侶，留下一則藍橋佳話，給後人無限的幻想。況且誰不希望娶的是個美若天仙的女子，又因此能得道成仙，但是這只能是想像罷了。

81 陳摶老祖的故事

前言

陳摶老祖名圖南，號爲扶搖子，是亳州眞源人，相傳有個漁夫打魚時，撈到一顆紫色的肉球，以爲是天賜美食，用開水煮它，結果從肉球中蹦出一個嬰兒，這就是扶搖子。

四五歲時候的陳摶，仍未開口說過一句話，撿到他的漁夫以爲他是啞巴，不以爲意，直到有次陳摶在海邊嬉戲，遇見一個青衣女子，女子餵他一個東西後，便能正常說話。從他開口說話時，便勤奮讀書，不到二十歲，已經精通群書，曾赴京趕考，但沒有及第，於是決心不再考試，等到父母過世後，便專心的修行求道。

陳摶他遊歷各地時，聽人說，武當山是個福地，許多仙人都是在那修行，而啓程前往武當，他在山中找到一個巖穴，作爲他全心修練的地方，相傳他在穴中共待了二十幾年。有天他在庭園中賞月時，出現一位神仙，他告訴陳摶：「修成正果之日不遠，選擇一個地方歸天。」陳摶不久便遷居到華山一地。他剛到華山的時候，在山中有隻猛虎，只見陳摶對猛虎說著幾句話，牠們就乖乖的離開華山。陳摶有個遠播的怪癖，他只要一睡，如要自然醒來，時間可能長達數個月，有次一個樵夫上山砍柴，發現有個東西躺在一顆大石頭上，仔細的靠近一瞧，原來是陳摶，他搖晃著陳摶的身體，結果沒任何的動靜，心想該不會死了，正準備在地上挖個洞，誰知陳摶伸伸緊繃的身體，還問樵夫幹嘛吵醒他，樵夫問他睡了多久，陳摶回答竟然是數十天，這讓樵夫驚訝的說不出話。

陳摶雖然身在深山，卻與山下的居民相處融洽，時時到他們的府上作客，村民也樂意有這樣的道士來，絲毫不會礙於他身分的奇特。這日到山下找位名叫崔古的朋友，談《易經》上玄之又玄的道理，在微風吹撫下，又吃過中飯，陳摶開始想睡覺，崔古知道陳摶嗜睡的怪癖，便說：「到屋裡休息吧！醒了之後我再陪你聊聊。」

隔日，有個金礪先生來到崔古家前，金礪說：「我聽說你跟陳摶仙人是好朋友，你可不可以幫忙把我介紹給他，我很想跟他學習道術。」崔古則回應說：「你來的正不是時候，他剛剛入睡，這一睡少則數十天，多則幾個月。我不知道什麼時候他才會醒來。你還是下次再來拜訪吧。」於是金礪又回到家中。一年以後再次的探訪崔古，剛好陳摶到崔古家作客，便向他請問一些事，陳摶則是有問必答，但金礪心中存有一個疑惑，遲遲未曾開口，覺得此次機會難得，便問陳摶：「請問仙人，聽說你常常一睡便是許久，這樣是有什麼道理呢？」陳摶回答：「睡眠的道理如果不認識的話，想超脫生死的界線可難喔。現今的人，每天都是吃的飽飽，一心追求名利，疲倦的時候才睡，常常一晚醒了好幾次，好不容易睡著了，卻惡夢連連。爲什麼會這樣呢？就是因爲現在的人，心底想的只是如何的獲得名利，心智上被美食美色所誘惑，這就是一般人睡覺的方法。但是眞正養身睡眠的感覺，是有種飄然於天，悠遊於別外洞天的感覺，而我正是此種睡法啊！」

延伸閱讀

這故事有另一個啓示，現代許多人有失眠的困擾，我想就跟陳摶所說的那段話很有關係，對於汲汲於名利的人，或沉溺世間的慾望，獲得越多，越是害怕哪一天會消失，漸漸地連睡眠的時間都在想這件事，怎麼能有充足的睡眠。所以說睡要睡得有品質，而不在時間的多寡，若睡的有品質，是可以達到充足睡眠。在流傳的故事版本中，有首寫到陳摶送給金礪的詩，與大家分享

常人無所重，惟睡乃爲重。
舉世皆爲息，魂離神不動。
覺來無所知，貪求心愈動。
堪笑塵中人，不知夢是夢。

82 媽祖林默娘提燈救父

前言

相傳林默娘是個孝順的女兒，她不分日夜風雨地，在父親捕魚回航時，提著燈讓他能正確的找到回家的路，後來成爲道教的女神媽祖，則有一段較長的故事。

相傳在唐憲宗時，東南沿海一代有座湄州島，島上有戶姓林的人家，林氏已經連生四個兒子，這次妻子在懷孕時，曾夢見觀世音菩薩，送她一顆無花果。於是經過長達十四個月，終於產下一個女嬰，當時家中香氣十足，久久不散，平常的小孩都會哭鬧，可是這女嬰安靜得很，所以取名單字默，俗稱林默娘。默娘雖然不哭鬧，卻非常懂事、也十分聰明，有次到廟裡拜拜，未足歲的默娘，竟懂得以雙手合掌姿勢禮拜，讓父母驚訝她的智慧，等到五歲，她已經可以默背「觀音經」，聽到宗教音樂總是專心聆聽。

聞名全省的大甲鎮瀾宮，建廟已有兩百餘年，每年往北港朝天宮進香聞名全省。

默娘的父親與兄弟們，常常來往各個小島間，有的做生意、或是捕魚，這天所有的人都出海，只剩默娘跟她的母親在家守候，那晚默娘的母親，巡視默娘的房間時，見默娘的神色不對，不論怎麼搖晃，都喚醒不了她，忍不住的嚎嚎大哭，像是聽見母親的哭聲，不久默娘便醒過來，醒來的她神色卻很凝重，他告訴母親說：「爲什麼要將我喚回，這樣我無法救回哥哥。」她的母親認爲默娘可能受到驚嚇，所以神智有點不清。隔天一早，出海的人都回來，只有不見默娘的大哥，聽到其他兄弟的解說，知道昨晚有場大風雨，許多人都喪生大海，他們是靠著一位女神，指引著他們通過困境，才能獲救。林氏想起昨晚默娘之語，忍不住的悲傷，原來她所說都是眞的。

北港朝天宮，是全省香火最盛與信徒最多的媽祖廟，三月二十三日媽祖誕辰，盛況空前，所謂「三月瘋媽祖」即是如此。

默娘一日日的長大，終於到了適婚年齡，她的父母打算爲她找門親事，誰知默娘絲毫不想結婚，認爲有比結婚更重要的事要做。她到處的行善救人，漸漸的累積她的名氣，有次仙人下凡授予仙術，渡化她成仙，之後相傳有人常在沿海處，看見一位提燈的女神，那就是媽祖林默娘。後人爲了紀念媽祖替家鄉人作這麼多事，也希望她能從此保佑著當地，大家有力出力、有錢出錢，建立中國第一座媽祖廟，此後媽祖廟的香火不絕，也十分的靈驗，像是不孕的女子到此求子，拜後總能懷有身孕。宋代的時候，曾發生一場大瘟疫，聽說當時媽祖顯靈，指點當地人找尋一處清泉，只要喝過的人，病情都不藥而癒，她的神蹟讓歷代的皇帝，不斷的替她加封神號，像是夫人、天妃，到天后，更顯得她地位的重要，名聲也就更遠播。

她身邊的兩個守護神，千里眼與順風耳，則有一段小故事，他們倆本是商朝紂王的部下，與武王征戰而死，死後流連於桃花山，有次媽祖經過此處，他們擋住媽祖的去路，經過一番戰鬥後才收服二人，見他倆有向道之心，故收在身邊當駕前護衛，另外有一說是，兩人爲山中之精怪，不過這是較後來流傳的故事了。

延伸閱讀

在沿海地區，媽祖是一個重要的神，尤其在台灣地區，大大小小的廟宇，加起來不下數百，甚至有為誰是正統的媽祖廟爭吵，每年廟宇也會舉行一種祭典，所謂的「媽祖出境」、「媽祖出巡」，這在台灣是個年度大事，媽祖其實也有分大媽、二媽等，這使故事更加的多源化。另外媽祖受台灣人民的歡迎，在當地也產生不少的神蹟傳說，甚至也有媽祖接炸彈一事，更顯得媽祖在台灣人心中神聖的地位。

鹿港天后宮，是台灣本島最早建立的媽祖廟，於明朝永曆元年（西元一六四七年）創建，其中有許多珍貴的文物建築，値得尋幽訪勝。

83 三太子李哪吒

前言

李哪吒，唐代李靖的第三個兒子，前身是玉皇大帝駕前的大羅神仙，曾大鬧龍宮、殺害石機娘娘母子，因知錯便將肉身還給父母，後來藉蓮花復活，成爲天界之神。

李靖原是駐守邊疆的大臣，曾學過一些道法，他另外兩個兒子，金吒、木吒也各自到深山學道，哪吒是他第三個兒子。相傳他的夫人剛生下哪吒，是一顆肉球，肉球到處的飛，李靖心想這是哪來的妖怪，一氣之下，便拿著刀劈向肉球，這才看到肉球裡面有個小孩，小孩從中跳出，他身穿紅色的肚兜，右手拿著乾坤圈，據說他生下五天就會跑跳，長的就跟一般少年相同。

有天哪吒在家裡悶久了，跟母親撒嬌說要到海邊玩，夫人沒他的法子，允許他的要求。哪吒在海邊蹦蹦跳跳玩耍，累了流下一身的汗，於是在東海口洗澡。這一洗可不得了，他身上的兩件寶物，在海中引起洶湧波濤，也驚動海底的東海龍宮。龍宮從未有這樣的震動，龍王便派巡海的夜叉前往查看，誰知一出海面便給哪吒用乾坤圈一擊斃命。龍王心想，敢在老虎的嘴上拔毛，便派龍王三太子點些兵馬，衝破海面前往迎戰，一陣天地變色的戰亂後，龍王三太子仍不敵哪吒的寶物，被打死在海岸，哪吒還將他的龍筋抽出，準備作成腰帶給父親當禮物。

戰亂中有傷兵回報戰況，龍王一聽大怒，親自率領群將迎戰，哪吒卻毫無懼色，來一隻殺一隻，來兩個成一雙，用他的兩個寶物就將龍王們殺個片甲不留，龍王則負傷逃回龍宮。龍王雖身負重傷，卻想起這次龍宮死傷如此慘重，覺得心有不甘，一肚子的怨氣難伸，決定上告凌霄寶殿，請玉帝替他做主。正當龍王前往雲霄殿，卻給哪吒瞧見，用身上的混天綾包圍，最後一槍刺死，直線的掉入海中。哪吒高興的大拍雙手，準備返回家中，經過南天門時，發現有個神壇，神壇上擺個神弓，好玩的隨手一拉，弓裡的箭向著西南直飛，瞬間消失無蹤。誰曉得這一箭卻又闖下大禍，射死石機娘娘的兒子，她心中大惱，帶著兵器找哪吒索命。連龍王都不是他的敵手，石機娘娘雖率領群仙，卻也急急拜退，最後也慘死化爲石頭原形。

哪吒心滿意足的回返家中，準備向父親獻上戰果。沒想到李靖一看到他，便破口大罵的說：「你這孽障，還不知道闖下大禍，我們即將有滅門的可能。」哪吒不知有何過錯，一問之下，才知道是今天的行爲，便跟父母說：「一人做事一人當，我絕不會連累家人。」說完奪走李靖的寶刀，往自己的身上砍，接著倒地身亡。夫人想阻止也來不及，只能抱著屍體大

三鳳宮建於康熙十二年（西元一六七三年），主祀中壇元帥哪吒太子，是全省規模最大的太子爺廟。

哭，李靖也忍不住的傷心，卻只能幫他安排後事。

肉身雖亡、靈魂不死，哪吒的靈魂在人間遊蕩到西方，西方的世尊認爲錯不致死，於是取來蓮花數百，加上金丹放置中間，口中念著咒語後，哪吒便藉由蓮花重生。重生後的哪吒，知錯能改，在人間廣作善事、收服妖魔，聽說孫悟空大鬧天空的時候，哪吒還曾幫李靖抓拿。

延伸閱讀

在台灣的民間信仰中，哪吒三太子是無人不知無人不曉，其實哪吒的故事源自佛經，並非中國傳統所有，但在道教的世界，漸漸地吸收這位佛教的神明，並讓他跟道教的世界結合，像故事的人物有許多都是中國的神仙人物，呈現中國民間信仰的包容力。另外哪吒的父親有托塔天王的稱號，是因為上天擔心哪吒又作亂，便賜給他一座九層玲瓏寶塔，塔裡面有些煉熬之苦，哪吒曾被父親收服在寶塔中，因此後來李靖成仙後，人們就稱他為「托塔天王」。

84 唐代女仙——謝自然

前言

謝自然，祖籍山東，父親曾是朝中官員，母親也是出生名望世家。

謝自然從小十分的聰明伶俐，常常討得父母歡心，不過她天生就不喜歡吃葷，只要一碰就會不舒服，父母親擔心她的身體，就偷偷的請廚師變化料理，想讓她不知不覺的吃下，誰知她一聞味道，便曉得有沒有加葷料，屢試不爽的謝父，看她身體像常人一樣健康，也就不再勉強她。她家原本在南充的大方山下，山頂有座廟宇，廟中有座太上老君的神像，有一次自然上山拜見神像，從此便不肯下山，她母親曾以死相逼，希望她返回家中，但自然心意已決，最後只能順從她的心意，甚至舉家遷至山頂。

謝自然因爲這一拜，開啓她的求道之旅，常常的反覆讀頌《道德經》、《太上黃庭內景經》，相傳她原本還有吃些米飯，但有日突然感到不適，便不再吃飯，改吃些樹汁，喝些清水，最後連這些都不需要食用。當時父親聽說她的事，都以爲是以耳傳耳的訛言，不需要在意，後來回家一看發現眞有其事，生氣的說：「我們歷代都是書香世家，那些妖言惑眾的道士，從未接近相信，你這麼做想氣死我嗎？」於是命人將自然關在堂中，不准任何人送飯給她。誰知數十天過後，自然平安無事的走出堂中，反而更加的神采奕奕。謝父十分的驚訝，於是不再阻止她修道。自然常說她最崇拜的神仙是西王母跟麻姑，也敬仰魏夫人的故事。四十歲那年，她離開家鄉遊歷到峨嵋等明山聖地，她聽說有位得道高深司馬承禎，於是前往天台山拜見大師，並在大師修行的旁邊蓋座茅房居住，起初大師不肯收留她，自然卻每天的為大師洗衣燒飯，像是老師般的對待，經過三年的歲月，大師對她的誠心感到驚訝，有一天問她：「我並沒有什麼值得妳尊敬的地方，怎麼禁得起妳這樣服侍，我實在很好奇，妳可跟我說說妳的想法好嗎？到底妳想得到些什麼？」自然回答說：「我嚮往老師能夠身懷無上的道法，故千里迢迢的來到山上，並花三年的時間等待，就是希望老師能夠傳授我道法，讓我能超出生死之外得到渡化。我只有這個要求希望老師答應。」大師停頓一會兒，卻仍決定不適合傳授她道法，回絕她的要求，因為大師擔心她是女子，恐怕無法承受道法。

幾年的時間又過去，自然心想大師絕意不肯傳授道法，聽說東方有個蓬萊仙島，島上到處是仙人，我不妨到東海尋找。打定注意的她，來到東海，搭乘自己所帶的蓆子，在海上飄移，希望能找到傳說中的蓬萊島，多日後遇到航行的船隻，請他們載她一程，途中停留在一座美麗的島嶼，島上四處都是未曾見過的景象，讓自然神往不已。她心想難道這就是蓬萊島，便到處尋找是否有仙人的蹤跡，許久後，她見到不遠處有個庭院，像是有人細心照料過，覺得應該有人居住，便前往一探究竟。通過院子的自然，發現庭院中坐著一位女道士，跟她打招呼，她也回個微笑。女道士問為何來到遠方，自然便從頭到尾將事情述說一遍。女道士聽完說：「我想你的願望很難達成，蓬萊島離這還很遠，況且一般船隻是進不去，除了得道的仙人外。其實在中國本土就有高深的仙人，就是天台山上的司馬大師，你何須捨近求遠來到此處。」自然聽完女道士的一番話，剎時頓悟，於是拜別女道士回到船隻，那時全船的人也在等她出發。出發沒多久的船隻原本繼續向東行，這時刮起一陣大風，兩三下就讓船隻改方向前進，不久就回到中國本土。

自然回到中國後，連忙的趕回天台上請大師賜教，並把海上的經過據實以告，再次將自己求道堅定的心意向大師表達，請求他的原諒和指教。司馬看她向道之心如此堅定，雖是位女子卻不畏辛勞的精神，終於願意教授她道法。學得上清道法的自然，仍回到大方山上繼續潛修，曾幾次幫助人民解決困難，有一年的早晨，自然拜別所有家人，不久騰空仙逝。

延伸閱讀

何謂堅持是要有恆心，任何的事情究竟該花多少時間等待，應該是見仁見智，故事中主角幸運的能夠學到道法，但是人世間有許多事放棄後再回頭已過多年，如果不想讓自己後悔應該掌握當下，耐心的等待，否則到頭來兜了一大圈，可能還是回到原點，這不就好笑嗎？謝自然的故事，在唐代也是耳熟能詳，像是大文學家韓愈，便曾寫過有關謝自然的詩作，筆者選擇劉商歌頌的讚美之作——

仙侶招邀自有期，九天升降五雲隨。不知辭罷虛皇日，更向人間住幾時？

85

爾朱洞的故事

前言

爾朱洞，字通微，小的時候曾遇道先人傳授他道法，於是替自己取個法號歸元子，他曾經做法解救成都之事廣爲流傳。

修道的歸元子，平日健步如飛，喜歡喝些小酒，酒後常常吟詩作樂。他原本在蓬山修道，後來移居到四川以賣藥維生，住在一間客棧。客棧的老闆對他很好奇，經常半夜都會聽到他的房裡發出怪聲，總是猜他在裡面做什麼，有時利用他出門的時間進去瞧瞧，也沒發現有東西被破壞。終於某夜，老闆偷偷的打開門縫，看到歸元子在床上打坐，似乎很沒什異狀，原本要離開，卻看到歸元子的身體緩緩的升起，碰到屋樑後又回到床上，而那怪聲就是他的頭碰到屋樑的聲音。

唐代末年，有個將軍王建，帶領軍隊圍攻成都很久，卻始終都無法攻下，於是生氣的說如果拿下成都，將會殺個片甲不留。這消息很快的傳到城裡百姓的耳朵，大家都非常惶恐害怕，只有同樣留在城裡的歸元子說：「請各位不需要太過擔心。」接著跟店家拿了一塊薦子，對著它開始做法。這方做法的時候，王建跟他的部屬正在軍中操練，忽然看見有朵烏雲飄到頂上，上面有個神人對他們說：「這城的子民由我保護，若誰斗膽想傷害任何人的話，本人必定讓他遭受厄運。」王建看到這神跡，早就嚇到腿軟跪下，於是入城後特定下令不准傷害眾人，全城也因此得救。

事件過後歸元子仍在四川賣藥，居民有病也會請他醫治，而當時太守聽說他的名氣，便要屬下去購買藥丸，歸元子得知後對著跑腿的說：「若是太守要的話，原本十二萬錢則要提高到一百二十萬錢，否則不賣。」跑腿的趕緊回府稟報太守，太守聽到歸元子獅子大開口當然不爽，於是定他個妖言惑眾的罪名，將他關在一只竹籠裡，又將籠子扔到河裡。但是上天保佑，歸元子大難不死，籠子隨波逐流卻不沉。直到有兩個漁夫在河上捕魚，無意間網到這只籠子，小心翼翼的將籠子打開，驚嚇裡面竟然有個人。其中一個說：「這人不知怎麼搞的，竟被關在籠子裡。」兩人合力將他喚醒。醒來後歸元子不知時間過了多久，感謝漁夫的問：「謝謝兩人的救命之恩，但不知這裡離銅梁有多遠？」漁夫回答說：「我們是白石江人，離銅梁還有四百多餘里，從那往東去，就是酆都縣平都山，山上有座聞名的仙觀。」

話說，爲什麼歸元子不逃出籠子，其實是他師父曾經說過，當他看見白石浮水之時，便是他成仙之日。過去他曾試著沿河投石，卻不得其法，現在才恍然大悟。歸元子邀漁夫二人一同喝酒，並將剩下的丹藥送給他們吃，最後來到一座荔枝樹林，乘著仙雲飄然而去。

延伸閱讀

人生不穩定的時候，最需要心靈上的力量支持，而歸元子助鄉民之事，可能是當地曾遭受戰爭，需要有神明來保佑。另外在道教的世界，漁夫或是樵夫都被認為是仙人所化成，這跟道家注重隱逸生活有關，越是生活隱密之人，越會被認為他是天上神仙。

宋元明清

時代

86 劉操道士與三腳蟾的故事

前言

劉玄英，剛開始取名操，字宗成，生於五代，從小便想考取功名，及第中後，一路官運順遂，曾當上燕主劉守光的宰相，平日喜好研讀一些道家書籍，後來成爲道教的重要人物。

這一日，劉操像平常一樣地在書房讀書，突然家僕進來稟報，說有位奇怪的道士求見，他自稱爲正陽子，劉操聽見道士求見，趕往大廳看看究竟是何許人。劉操見道士便問說：「請問道長有何貴事，爲何到寒舍呢？是否願意教授學生道術之理。」只見道人向他說了一番道法大要後，跟劉操要了十顆雞蛋及十枚硬幣，將一顆雞蛋再放一枚硬幣如此逐一的堆高，像是在表演特技一般，驚奇的事發生，雞蛋疊了十顆之高，卻不搖晃倒塌，表演完後才說：「人生在世，是比這雞蛋更加的有風險，只要一不小心，隨時有倒塌的危險，甚至可能因此而喪失生命，這樣如此傷害身體的事，卻是一般大眾都在作，眞是悲哀啊！」劉操聽完這番道理，像是頓悟世間俗事，將身家財產全部給予身邊的人，辭去官府的職位，開始他的修道之旅，自號「海蟾子」。

在他修道之路，幸運的遇見呂洞賓，賜給他靈藥仙丹，又助他修練，終於很快的得道成仙，之後曾經協同道友，前往探訪陳摶老祖，傳授他們道法仙術，因此功力上更加精進。相傳他隱居時，有人在同一時間，發現他曾在相隔幾十里的兩處，同時作詩題畫，更讓人相信他有分身之術，不久後劉操便羽化成仙。

相傳劉操有另一段故事，在清代有戶人家，有天發生一件奇事，有個流浪漢來到府上，希望老爺能收他爲僕，他不需要工資，也不用給他飯吃，只要一處安身之地即可。這樣的好事，老爺從未聽說過，本來不願意，卻又貪小便宜，這是穩賺不賠的生意，便讓他留下來幫佣。在幫佣的日子，他的表現奇好，不但十分勤快，常常別人嫌髒的工作，他都能甘之如飴，讓老爺對他更加信任。

歲月飛快的走，又是一年一度的元宵佳節，處處是張燈結綵，老爺子帶著全家到街上賞燈，把最心愛的小孩，由他負責保護看緊，全部的人開開心心的賞燈，突然之間，有人發現他跟小少爺消失在人群，於是老爺吩咐僕人，趕緊找尋兩人的蹤跡，將近午夜時辰，卻沒半點消息，只好先回府，等明天一早報官。就在所有的人回到府上，發現他跟小少爺在庭院中玩耍，老爺子忍不住的責備，問他說：「剛剛幾個時辰，你究竟把小少爺抱到哪去，爲什麼全城找遍，也看不到你們，你給我交代清楚。」他不慌不忙的回答：「老爺請息怒，今天是元宵佳節，各處都有慶典活動，但是最精采

明史文玉蟾圖

的仍是福建的花燈，於是我帶小少爺到福建賞燈。」老爺心想今天的他，怎麼說起瘋言瘋語，一回頭看見兒子，拿著福建盛產的荔枝要給他吃，才明白他所言不假，聽到的人都認為他是神仙。

幾個月過後，他正在清理井水的污泥，剎那間，一隻肥大的三腳蟾蜍，由井口跳出，他趕緊的追趕捕抓，他的手腳俐落，很快的便抓到。他用一條彩色的繩子，纏住蟾蜍的身體，掛在肩膀上，逢人便說：「這是我抓到的蟾蜍，經過這麼多年，他還是逃不出我的手掌心。」向老爺拜別後，從空中消失不見，看見的人才知道，原來這人就是劉海蟾，於是後來的劉海蟾圖像，總是腳踏三腳蟾蜍。

延伸閱讀

到底劉操與蟾蜍的關係是什麼？是因為他的法號為「海蟾子」，所以故事漸漸地將他與蟾蜍連上，還是因為他的圖像中，總是腳踏蟾蜍，而有「海蟾子」的稱號，已經是不得而知。而劉操的圖畫，常常是被當作年畫，貼在家中各處，民間中也流傳著，蟾蜍是招財進寶的吉祥物，做生意的人都會在店面擺個，蟾蜍咬金幣的雕像，或許跟這故事有點關係。

87 醫藥大仙——保生大帝

前言

保生大帝俗名吳本，字華基，別號雲東，福建泉州人氏，生於宋朝。人們非常敬奉他的醫術，後來的醫生和藥館對他尤其虔誠，是個醫藥大仙。

相傳吳本的母親生下他時，已經是近四十的高齡，在懷他之前，曾在夢中吞過一隻白龜。吳本從小便擁有過人的資質，博覽各類群書，尤其特別愛好醫藥書籍，長大成人的吳本，便在當地醫治民眾，因爲他醫術高明，大家都把他像神明一樣敬奉。

在他開始醫治民眾前，有過一段奇遇，十七歲的時候，吳本一個人到海邊賞月，突然從空中降下一位神仙，並說要帶他到瑤池聖宮會見王母娘娘。穿越層層雲海，吳本來到一座華麗的宮殿，殿前坐著正是王母娘娘，娘娘對他說：「你在醫術上有過人之處，仙界特地讓本尊傳授降魔之術給你，並賜給你一部珍貴的醫書，讓你能廣救世人。」因爲這段奇遇，吳本在醫術上進步神速，很快便四處的懸壺濟世，讓他看過的病人，都說他是位神醫，誇張的更說他可以讓人起死回生。明道元年，漳州發生一場大旱，糧食急速的缺少，人民哀聲連連，吳本要大家別擔心，說十

學甲慈濟宮，分靈自福建白礁鄉為本省「保生大帝」的開基祖廟，創建於明朝永曆十五年。

日之後，一定會有糧食到達，果然不出吳本所料，不到十日，陸陸續續的有船隻從港口進入，帶來一批批的米糧。隔年當地不幸又有瘟疫流傳，造成人民大量死亡，情況十分的慘烈，吳本聽說後，趕緊的前往漳州，醫治需要的病患，並施法去除鬼怪，瘟疫才慢慢的消失，因爲他一生救人無數，所以他所到之處，都廣受居民的招待敬拜，感謝他的大恩大德。相傳不久吳本便得道成仙，但關於他救人的故事，仍繼續的傳誦。

吳本濟世救人的故事，除了在一般民眾外，甚至是一些生靈們，只要生病都會前來求醫，於是有「點龍眼、醫虎喉」的故事。

有天吳本到山上採集藥草，發現有隻白額的猛虎，形狀痛苦的地上打滾，吳本向前一看，原來是有根骨頭卡在猛虎的喉嚨，吞不下也吐不出來，只能嚎嚎嗚叫，吳本不忍心看牠如此的痛苦，便到河邊取一碗水，加上一些符，灌入猛虎的喉嚨，剎那之間，骨頭化成一道白水，順勢流入肚中。後來猛虎爲了感謝吳本的恩德，自願地看守保生大帝的廟宇。

這天吳本照舊的在藥堂醫治民眾，輪到一位眼病的先生時，吳本特別看了他一眼，心知這人是巨龍化成人形，卻也不動聲色，仍替他點些藥水醫治，沒想到巨龍多年的眼翳從此痊癒，才步出堂外，便化身巨龍騰空駕霧離去。

因爲他事蹟的廣大，造福的群眾眾多，於是歷代的君王不斷的冊封他神號，像是大道眞人、沖應眞人。一般人則稱他爲吳眞人、大道公等，現在保生大帝的名號，是明代仁宗所追封，全名爲「萬壽無極保生大帝」。

延伸閱讀

台灣保生大帝的信徒眾多，這跟台灣有許多祖先是從福建而來有關。台灣人的先民來處雖雜，但承接中國傳統的思想，仍是有跡可尋，而宗教上的信仰便是。道教上的神明，我們都可以在大陸、台灣兩地，找到相同或是相似的。早期台灣的蠻荒，讓所有渡海來台的人，都抱著必死的決心，在絕望的心情下，提供精神的依靠便是宗教，一旦生病所想的也是求神拜佛，於是保生大帝這位醫藥大仙，便在台灣紮下虔誠的根基。

台北大龍峒保安宮，位於大龍峒哈密街，主祀保生大帝（俗稱大道公），是福建省同安縣民，於清嘉慶十年（西元一八〇五年）從福建分靈過來而創建。

88 為帝除妖的王文卿

前言

王文卿，字述道，生於宋代南豐縣，一出生便與眾不同，他曾寫「紅塵富貴無心戀，紫府眞仙有志攀」的詩句以表自己向道之心。

有天王文卿告訴父親，昨夜曾夢見過一間宏大的樓房，樓前有條巨大的蟒蛇盤踞，他試圖要抓住蛇頭，誰知道蛇奮力一躍，直奔白雲而去。王父對他說，或許這預兆著，將來繼承家裡仙緣的就是你。如此一來，王文卿就更敬重道教，專心一志的修道，決心遠離紅塵俗事，爲了開闊眼界，他遊歷天下各處聖地。

徽宗年間，王文卿準備渡過揚子江時候，看見一個奇人站在河邊，便開口跟他聊個幾句，幸運的獲得奇人傳授他，飛天晉見天帝的法術，還有能夠呼風喚雨的道法，此後王文卿能夠召喚雷雨之神，叱咤風雲之間。如果遇到一處久雨不止，王文卿就施法祈求天候放晴，經他施法過後，原本烏雲密佈的天空，馬上就消散一空。別人聽說他的道法，便請他到家中斬妖除魔，王文卿就會派遣天兵天將下凡收妖，讓家家戶戶平安寧靜。不過他的行蹤飄搖不定，想找他可就要碰運氣，他對世俗功名十分淡薄，卻常常跟友人吟詩作樂，大家都說他的個性豪放不羈。

宋徽宗經林靈素的推薦，對王文卿非常有興趣，多次的派人尋找他卻徒勞無功。後來徽宗的一位皇叔曾被他救治，再次堅定找尋他的意念，在宣和四年請得王文卿入皇宮。一日，宋徽宗召喚王文卿，對他說近日來身體稍有不適，太醫看過都找不到病因，是不是宮中有鬼怪作祟，文卿回答說：「皇上猜測的沒錯，皇宮的東南角上有鬼怪居住。」徽宗說：「如果眞是這樣，那卿家有解決的方法嗎？」文卿說：「皇上不用擔心，我來畫幾道符咒，再派人將符咒帶到皇宮的後門，灑在河水中，我們只要靜觀其變就可以。」文卿從懷中拿出幾張黃紙，開始在上面揮毫，不一會便完成幾道符，徽宗按照他的方法做。沒多久，派遣的使者回報說：「微臣按照皇上的指示，將神符灑遍河面，神符接觸河面不久，便直接往河底沉。」王文卿接著說：「這不須奇怪，等一下會有雷聲，請皇上做好心理準備。」果眞幾分鐘後，傳來一陣霹靂啪啦的巨響，空中的雷劈開宮中東南角的檜樹，樹中藏有一條蟒蛇，蟒蛇也被雷劈成兩半，徽宗看到文卿的高深道法，十分慶幸有此賢臣。

相傳從前京城附近有個狐王廟，聽說是後晉所建，有天廟中突然燃起大火，將整座廟燃燒殆盡，面目全非。當時的執政者張天覺，趁機說是上天要除狐妖，下令將全國多處的狐廟全數破壞，改爲一座座的道場。經過多年後，張天覺政權喪失時，那曾被他傷害的狐妖們，像是要報復他過去的行爲，集體的攻入皇宮內擾亂，像盜取皇宮中的珍奇器具寶物，或是迷惑宮中的人們，而害死不少人，之後漸漸地才又離開。王文卿到宮中不久，徽宗便將這段傳說講給他聽，王文卿聽完後便上奏皇上，請他再京城附近蓋座三層高的雷塔，並在裡面放一個鐵甕。皇上雖不知他的用意，卻全然相信他，馬上請工匠進行建造。等到完成的那個夜晚，月色明亮高掛天空，王文卿提著寶劍施展輕功的來到壇上，隨即三兩下畫完一道符拋向天空。剎那間風雲變色，陣陣強風吹襲、烏雲迅速齊聚，皎潔的月色不知行蹤，可說是昏天暗地，有時夾雜著雷光閃電。等到半夜，守夜的兵士看見雷壇的上方，出現天兵天將抓拿著紅色狐妖，送往王文卿所在的雷壇鐵甕中，等全數到齊後，王文卿口中開始念念有詞，再將符咒貼在鐵甕口，然後放入所挖的深洞掩埋，突然間大地開始驚動，過一會兒才漸漸停息。天一剛亮，王文卿即刻的進宮起奏聖上，說昨晚已將妖狐收拾，並且連皇池中的墨魚精一併解決，皇上從此可以高枕無憂。徽宗半信半疑的來到皇池，發現有隻死魚浮在水面上，身長長達一公尺多，對王文卿的道法更加佩服。

延伸閱讀

傳說在宣和年間，王文卿被賜法號「沖虛通妙先生」，父母親都受到封賜。關於書籍上記載的王文卿，可在《惠應錄》中看到。一般來說皇帝對自身的安全十分注重，連鬼怪的擾亂都不願發生，因此稍微有不寧靜，便需要人做法安心，因此歷代皇上跟道士也有著微妙關係。另外原本在民間傳說中，山精野怪都是有人祭拜的神明，所以狐廟也不是不可能存在，但道教系統漸漸壯大後，認為這些都是道聽塗說、妖精作祟，並非真正的道教神明，因此為讓自己的神明更完整，對這些奇怪的廟可能會剷除，不容許他們存在，所以故事中才會有下令全國毀壞狐廟的事。

89 禪道性命雙修的張伯端

前言

北宋神宗時期，有個名爲張伯瑞的道人，精通各類書籍，曾向劉玄英學習道術，自號爲紫陽眞人。

相傳張伯瑞曾考上進士，擔任地方上的一個小官，這一當便是多年，他平日待人不錯，唯一的毛病就是餐餐要有魚，如果有一餐沒有魚，便食不下嚥。有次他屬下開他玩笑，將一盤美味的魚給藏起，張伯瑞怪罪於婢女，說是她嘴貪偷吃，誰知這位婢女不甘受辱，回房後便上吊自殺，事情鬧開後沒人敢自首，張伯瑞也一直以爲他畏罪自殺，直到有天屋梁傳來陣陣的腐臭味，請人爬上一看，一條魚已經生蛆發臭，張伯瑞財明白錯怪了婢女，但已經無法挽回什麼。他十分的自責，認爲自己是什麼父母官，竟然只爲了自己的口腹之欲，白白害死一條性命，他嘆息著吟唱一首詩後，放一把火燒掉所有珍藏的書籍，不小心連公文都波及，被判一條毀壞公文的罪名，官職被廢，流放邊疆地區。

在某機緣下，張伯瑞回到中原，獲得劉玄英的幫助，道術上增進不少，自號爲紫陽眞人，他除專心於道教書籍的研究外，對佛法也略知一二，他常常說，道佛要雙修，才是眞正求道之路。有次他與一位自稱有高深道行的禪師比武，禪師說：「每當他打坐入定，靈魂能夠飛到千里外的地方，瞬間又回到肉體。」張伯瑞聽說，便想跟他一較高下，這日張伯瑞去找禪師，對他說：「我聽說大師能靈魂出竅，遊於千里之外，貧道想討教討教。」兩人一坐定，便各顯神通地施法。這時只見張伯瑞的靈魂，脫離他的身體，漸漸地飛向揚州，等他抵達揚州時，禪師悠閒的遊繞花園，一問之下，早已到達一柱香，張伯瑞笑笑的說：「大師我們難得來到揚州，不如各自摘一朵花，當作個紀念吧！」張伯瑞各自回到身體時，忍不住打了個哈欠看看禪師，不見他手中的花，便對他說：「大師，我們不是約好，各摘一朵花作紀念嗎？怎麼不見你的。」禪師則說：「大地萬物各有其命，何須摘花以顯呢。」說完便離開。張伯瑞這時從袖子裡，拿出一朵花，弟子感到十分納悶的問：「同樣的能夠遠遊，爲什麼師父手中有花，大師卻沒有呢？」張伯瑞說：「問題就在，道教以命立爲教宗，佛教則以性立爲教宗，其實應該是性命雙修。若能如此神遊，便是能見其形的陽神，而非見不到行影的陰神。」張伯瑞將他在修練上的心得，寫成了幾本書，像是《悟眞篇》、《青華秘文》等，被尊爲金丹派南宗的開山祖師，他著作中以《悟眞篇》較爲重要，書的內涵包括三教思想。

在三月十五日，張伯瑞作化成仙，幾年之後，有位劉奉眞曾在王屋山遇見張伯瑞，授他的指點，成爲白龍洞道人。

延伸閱讀

到底修道是要學習道還是佛，其實是許多人心中的疑惑，古代的許多讀書人，也有這樣的困擾，最多的狀況是道佛雙修，也就是佛道合一。其實這是最好的狀況，就像是學習的態度，我們應該屏除好惡的念頭，盡量地吸收為己用，不侷限自己各方面的學習，這樣廣大的蘊含能量，等到用時，才不會覺得書到用時方恨少。

90 宋徽宗與林靈素

前言

在北宋有個林姓窮苦人家，女主人懷孕將近二十四個月，卻尚未臨盆，直到有一晚，她夢見一位神仙來訪，之後便生下一個男嬰，取名爲靈蘁。

靈蘁在五歲之前，未曾開口說過一句話，就在這一年，有位道士特地前來探訪靈蘁，看到他說：「好久不見，我知道你在這，特地的來看你，以後有緣再見面吧。」說完便離開，神奇的是，沒想到自此後，靈蘁便說話自如，且條條有理，不像是童言之語。他能夠過目不忘，只要是唸過的詩歌，均可以倒背如流，連當時代的蘇軾也十分佩服。但人各有志，長大後的靈蘁，並沒有走上仕途之路，反而跟道士頗有機緣。他曾經認識一位趙道人，有天道士對他說，他的陽壽將盡，希望靈蘁能幫他處理後事，幾天之後，果眞過世在所居住的地方，靈蘁用他僅剩的財產辦理後事，不多不少恰好用盡。在替他處理遺物時，靈蘁發現幾本署名給他的道書，書中記載，盡是些神仙變化之術。按照書上的指示，靈蘁勤奮的練習，一時之間道術大進，靈蘁便決定行走江湖，幫助需要幫助的人，他遊歷各地山湖，結果又在同一處，遇見死去的趙道人，要他前往解救東華帝君。

他所說的東華帝君是誰呢？原來就是宋徽宗，宋徽宗曾是天上神君，因故化爲凡人，他最心愛的妃子鄭皇后，也是天上的仙子「紫虛元君陰神」，靈蘁利用神跡與徽宗相識，徽宗特別賜名爲靈素，又號「通眞達靈先生」，而讓徽宗與死去的妃子相見，便是靈素的安排。

靈素留在徽宗身邊，盡全力的幫助他治理國事，有時甚至請天上神仙下凡，替宋徽宗增壽，當時的太子對於道教的活動，不甚贊同，覺得都是妖邪之術，常常與他的父親唱反調，靈素也是勸他，太子有孝心便可，何須人人均有向道之心。漸漸地靈素頗受徽宗的信任，將他視爲心腹，這情形看在其他反道教人的心底，十分吃味，覺得靈素一定是使用妖術，來蒙騙聖上，常常找尋機會，試圖將靈素趕離宮中，蔡京便是其中一個。

靈素爲了修道的清靜，在自宅另立一個密室，從沒有人見過內部的樣子，蔡京的探子將這消息告訴他，便要他再查仔細一點，回報的結果發現，內部盡是些金龍床、黃羅帳，這是大逆不道之罪，便趕往宮中稟報聖上，將情況詳說一遍，希望皇上能將靈素加以嚴辦。皇上早知這班群臣對靈素心存懷疑，但爲取信於眾，便起駕前往靈素住處，查看到底是怎麼一回事，一時間，靈素的住宅擠滿大批人潮。靈素面對這樣的情況，顯的不慌不忙，皇上說明來意後，便要靈素帶他到所謂的密室，一探究竟，結果打開一瞧，裡面只有簡單的兩張椅子跟一張床，並沒有蔡京所說的東西。蔡京當場傻眼，不知所措，徽宗回頭看了他一眼，打算定他個欺君之罪，靈素搶先說：「蔡京也可能被他人陷害，況且這對我來說沒什麼，皇上請你饒恕他吧！」徽宗才沒有定蔡京罪名。靈素再指著牆上的一道符，請徽宗仔細的瞧瞧，符上寫的便有蔡京說的東西，靈素說：「他人從外面看來，可能會見到符上所顯示的東西，這是我在上請天尊時，所唸之符咒。」徽宗才明白蔡京所言，其實不假。

在京城的日子，靈素盡心地爲徽宗做事，有天他帶著一張奏摺給溫州太守，麻煩他轉交給徽宗，又將所有的神符、書籍等都教授給張如晦，對著大家說：「我陽壽已盡，請大家不要難過，人的身體只是皮囊，我現在將得道成仙，這是値得高興的一件事。」他在八月十五日這晚，仙逝於家中，徽宗聽到消息後，悲痛不已，親自撰寫祭文悼念，更命當地的太守舉行隆重的祭祀之禮。

延伸閱讀

道士的仙術，究竟是不是真實的，這並不是最重要的，像故事中的徽宗，對靈素是一種朋友間的信任。但宗教涉及政治是不是好的，我想很難說，至少靈素便沒有用什麼方式，謀取任何官職，或是用丹藥害死君主，在皇帝與道士的交往中，他們表現的是一種朋友的交往，這或許是我們可以從故事中，另外體會到的。

91 清水祖師的故事

前言

清水祖師，俗稱爲祖師公，在台灣有廣大的信徒。其他地區，有人則稱他爲「烏面祖師」，台灣的寺廟中，以三峽的清水祖師廟最有名。

相傳清水祖師的俗名爲陳應，有的則稱爲陳昭應，在宋仁宗期間，出生於福建省的永春縣小姑鄉。陳應因爲家中窮困，便從小在寺廟出家。剛開始的時候，他是在大雲院作雜役，常常無緣無故遭受他人欺負，等到年紀稍長，便決定獨自前往高泰山，自行的結廬社修行，謹守嚴格的戒律。但在山上苦思多年的他，自覺這樣下去始終無法突破，心想如果沒有好的師父教導，可能終究難成大業，所以改到大靜山拜師學藝，投靠在明松禪師的門下，經過三年的修行，終於悟道，打算回到原來修練之地。在離開之前，明松禪師要他記住多行善事、廣結善緣，這話給他很大的啓示，從此後便依循師教，到處的幫人民治病，普渡眾生。

神宗元豐六年，福建清溪發生嚴重的旱災，鄉民到處求救無門，日子不但過不下去，可能連性命都將不保。鄉民聽說陳應的道行高深、法力無邊，便派人到陳應修練之處，請他下山爲鄉民

三峽祖師廟原名「長福巖」，面積只有五百坪左右，廟小卻是相當著名。

祈雨。陳應聽完鄉民的問題，覺得應該盡點心力，於是下山到當地，舉行一場祈雨祭典。在陳應祈雨施法不久後，只見天降甘霖，雨水甚是充沛，解除當地乾旱的危機，鄉民的心情豈能用久旱逢甘霖等字形容。爲了感謝他爲鄉民所做的事，於是鄉民請他留下常住鄉中，並建造一座精舍供養他，鄉民請他替精舍命名，陳應看到舍前泉水清澈冷冽，因此取名爲「清水巖」。他在清水巖修行期間，總共待了十九年，在這日子陳應努力爲鄉民服務，像是募款造橋。當時連漳州一帶的居民，也十分的崇拜他，常常請他到鎮鄉上祈福。在宋徽宗年間，享年六十五歲逝世。

陳應生前曾遊歷清溪鄉南邊的大山，對同行的人說：「這裡是難得一見的聖地，幾十年後，我將在這裡現身。」到了宋高宗紹興四年，山林因爲雷電引起森林大火，火勢延綿不絕，從早燒到晚都不曾停過，最後不知爲何終於停止。火勢熄滅後，鄉民上山巡視災情，結果在一處人煙稀少的石門，發現門前擺有白菊一束，一座香爐，香爐還緩緩升起餘煙，最神奇的是，像是有個仙人隱隱約約的端坐在那，大家都認爲是陳應顯靈，於是就在石門處，爲他建造一座寺廟，取名爲「清水別巖」，他的弟子並在當地爲他安置舍利。陳應的神蹟不斷的顯靈，經過人們口耳相傳，終於傳到朝廷，當時的皇帝特地賜封他法號「昭應大師」。在台灣當地的清水祖師廟，至少有九十多處，證明台灣清水祖師香火的興盛，其中以台北市祖師廟的香火則最盛，是清水祖師廟兩大重要的廟宇之一。

延伸閱讀

台灣對於清水祖師，有個另外的稱呼，稱他為黑面祖師，關於這個稱呼有一個小故事。相傳清水祖師年幼便失去父母，由他的哥哥撫養長大，幼年的他，就必須幫多病的大嫂煮飯做事，奇怪的是，從沒見到他砍過柴，爐灶卻能燒出熊熊烈火。有天，他的大嫂偷偷的看他，究竟如何能夠辦到這事，她這麼一瞧，發現祖師竟然將腳深入爐中當柴燒。他的大嫂吃驚的趕緊跑進廚房，卻看見他整個人躲進火爐消失不見，因此我們看到他的時候，總會覺得他的臉黑黑的，便稱他為黑面祖師。但台灣似乎不只有他這一位黑面神，像是黑面媽祖就是另一位神明，俗稱的黑面三媽也是以「黑面」著稱。

目前正在進行第三次重建，由李梅樹教授主持，其中的雕樑畫棟，全靠召集的老師傅一刀一刀刻畫出來的，如果有到此地，是值得好好仔細欣賞一番。

92 汾陽薩客——薩真人

前言

薩眞人，俗名爲守堅，法號汾陽薩客，宋代山西西河人氏。傳說他曾向虛靜道人學習道術，又得到天仙的指點，道法因而大增，被公認爲虛靜天師的傳人。

守堅年輕的時候，覺得人生在世要做些有益他人的行爲，在眾多的行業中選擇了醫生，因他心想醫生醫治病人，可以解救他人的性命，的確是非常有益的行業，於是開始拜訪名醫，跟名醫學習醫術治病，後來漸漸地自立門戶，憑他的聰明才智醫好不少病人，在當地頗有名氣。但月有陰晴圓缺、人有旦夕禍福，有個病人吃他所開的藥方，沒過幾天就病情惡化的去世，他仔細研究自己所開的藥方，而且詢問各地的名醫，才發現罪魁禍首，竟是自己用藥錯誤，他十分的自責內疚，覺得自己根本不適合當個醫生，因此停止行醫救人。他思考很久的時間，非常愼重的想想下一步究竟要該做什麼，這時守堅常常聽他人說道術的偉大，道術中也含有不少醫藥之理，當時天下的道士，以江南的虛靜天師最有名氣，於是收拾些衣物，前往江南拜訪名師。

但是路途那麼的迢迢，加上守堅原本就是窮苦的人，不到半路就用盡盤纏身無分文，正當他進退兩難，迎面來了三位談笑風生的道人，道人們雖然年歲稍長，卻是步步輕盈，像微風般的飄到守堅面前，又突然的停止。其中一個和藹可親的道人問說：「少年郎，怎麼年紀輕輕的就愁眉苦臉，是不是遇到什麼困難，你打算上哪去？」守堅看他如此的可親，便將事情的來龍去脈全都告訴他，道人聽完他的故事後說：「原來是這樣，可是你太晚來了，你所要找的道人已經羽化成仙，是找不到他的。」守堅聽到這個噩耗不敢相信，自己辛苦而來，怎會是這樣的結果，於是繼續問他，有關傳說中另外的林靈素、王侍宸兩位道人，結果得到也是相同的答案。守堅不言一語的發呆，腦子一片空白，雖難過也只能接受這事實。道人見他傷心的模樣，微笑的說：「少年郎，不需要這麼難過，天下不只這幾位道人，況且修道最忌諱就是急躁。目前最有名氣的天師，是我的好朋友，他的道術也不會比你找尋的道人差，我幫你寫封引薦信函，你帶著信去找他，我想他會願意收留你。」說完隨手的拿片樹葉，用樹枝劃個幾下，便交給守堅要他收好，並照他的話做。道人擔心守堅路上會遭遇困難，便對他說：「我在你的手上畫一道咒語，這道咒語可以保證你路上不必挨餓。每次使用都會出現七文錢，一天總共可以使用十次，足夠你在路上的需要。」另外兩位安靜地道人，這時突然出聲，說怎可讓他一人表現，於是各自賜他一項法術道具，分別是雷法與醫治百病的扇子。

守堅在路途中，除自己所需的金錢外，都將剩下的文錢送給需要的人。而心急的守堅，連夜趕路的來到道人指示的天師府，準備踏入府中求見天師，他手往懷中一伸，準備拿出道人所寫的信，卻發現信早已不翼而飛。守堅心想，沒有信的證明，如何說服天師收留我，煩躁的他在原地繞圈不知所措。就在此時，天師府的大門突然敞開，有個童子從裡面走出來，請守堅跟隨他入府。摸不著頭腦的守堅，跟著小童來到大廳，聽中坐著一位老夫人，老夫人邊擦淚水邊對他說：「薩先生請坐。」守堅雖吃驚爲何夫人知道自己的姓名，但看到她手中那封遺失的信，便照話坐下。老夫人繼續說：「這封信是我兒虛靜天師的字跡，前一陣子他已經坐化成仙。信中提到你們認識的經過，他交代我將房間內的秘經全送給你，我想你就收下吧！」守堅這麼一聽恍然大悟，原來遇見的三位道人，就是尋找已久的三位活神仙。

延伸閱讀

求師成仙的薩真人，另外有則故事跟城隍爺有關，故事是說，原本有一個地方，每年都用童男童女祭拜城隍廟，薩真人不忍心看到這個情形，決心要跟城隍爺鬥法，最後的結局是薩真人將城隍廟摧毀，解救當地人民。

93

王重陽創立全真教

前言

王重陽生於陝西縣一個大户人家，曾爲朝廷命官，然不滿朝廷而歸鄉，最後學習道術，創立全眞教，爲後代道教一大支派。

王重陽，自小接受儒家教育，在他的計劃中，原本是打算赴京趕考，當個文官，可惜一不小心，得罪朝廷的應試官，他心想這樣絕不可能通過考試，所以臨時起意，決定改變方向以武應試，考取當時較不受注目的武官。承蒙老天眷顧，終於好不容易通過考試，誰知道卻被分配在落後的村落，當個小小的官吏。王重陽感到十分沮喪，不想白白的浪費青春，在這毫無前途可言的地方，於是放棄官職，準備返回家鄉。渾渾噩噩地生活，在過了一段失意的日子，他遇見仙人呂洞賓、鍾離漢的化身，獲得道術眞經，才皈依道教，創立了全眞教，自號爲重陽子。

相傳他爲了幫助修行，在終南山下造一個古墓，作爲修練之地，稱之爲活死人墓，經過一段時間，覺得時機已到，他應該下山廣傳教意，便準備離開當地，將活死人墓的出口封掉，直奔故鄉而去。王重陽費心的向所有鄉親們傳道，誰知因過去王重陽的形象，沒人願意跟隨他，都覺得他又在發瘋，這結果讓王重陽失意萬分，放火燒掉自己的茅宅，離開家鄉到處旅遊，最後來到了山東。

他在山東認識了馬鈺，傳說在王重陽來找馬鈺之前，曾夢見白鶴飛過他的家園，後來他跟王重陽聊起這段夢境，王重陽便在白鶴飛過的地方，建立一座道觀，命爲「全眞庵」。雖然馬鈺對道教十分的敬仰，但在他的心中，拋妻棄子的行爲，也是絕對不可，因此遲遲不願跟王重陽佈道，即使王重陽費盡心力的解說，甚至用詩提醒他，仍無法成功說服。

這日，王重陽跟馬鈺說：「我將閉關一段日子，在這期間，只要每天給我一碗飯，其他的東西都不需要。」當時正是寒冬時節，連待在屋內，都讓人冷的顫抖，而王重陽閉關的地方，只有簡單的擺設，連取暖的地方都沒有，馬鈺擔心他會凍死，還問他需不需要送些爐炭，王重陽直搖頭的說：「只要一碗飯，百日後便將功成。」窗外的梅花漸漸地凋落，天氣不再寒冷，百日也很快的過去，在這段期間，馬鈺只有按照王重陽的指示，一天一碗飯。終於到了出關之日，馬鈺在閉關的地方守候王重陽，等他一出關，發現他滿臉紅潤，如沐春風，心想果眞是修道仙人，在這樣的環境中，還能保有紅潤的氣色，十分的羨慕。於是拜王重陽爲師，成爲他的大弟子，王重陽也盡心的渡化馬鈺夫妻倆。之後王重陽陸陸續續的廣收門徒，像是譚處端、劉處玄、丘處機、王處一等，都是他的門下弟子，成爲後世俗稱的「全眞七子」，正式的創立了全眞教。全眞教經王重陽及他弟子的努力，漸漸地在各地成立分教，全眞教才廣爲人知，甚至成爲中國道教史上，眾所皆知的教派，分布的地點從山東到河南山西，都有他們的蹤跡。

延伸閱讀

還記得金庸的作品《神雕俠侶》或是《射雕英雄傳》嗎？裡面就出現過全真教，王重陽跟全真七子，都化為金庸筆下的英雄，這樣的人物早就在道教故事中流傳，甚至楊過、小龍女的古墓，原來在王重陽的故事中，真的曾出現過這樣的地方，只是金庸添加幾筆，讓他成為古墓派，也賦予道教人物新的意義。

94 丘處機振興全真教

前言

丘處機是全眞教中的重要人物，他曾跟從王重陽學習道術，道號爲長春子，他創立的龍門派，是全眞教的重要分支，也因爲他的努力，全眞教進入最興盛的時期。

丘處機爲道教努力的時代，也是一個混亂的時期，政治上出現的是三國拉距，宋朝、金朝、蒙古各想稱霸爲帝，各自也欠缺一些稱霸的因素，沒想到正因爲如此的亂世，道教反而讓人民有種向心力，寧願信仰宗教，也不願附和政治中的任何一方，因爲政治上只要一不小心，就會被視爲叛賊，於是道教漸漸地滋長壯大。當時的統治者發現這樣的情形，除了戰場上的爭鬥外，也開始將權力觸及宗教領域，拉攏宗教領袖，藉此來拉攏人心，讓自己的政權有正統性，丘處機便是處在這樣的時代。他所住持的道教「龍門派」，是當時頗爲龐大的一支，金朝的國君、蒙古的成吉思汗、宋朝的皇帝，都曾經請他爲座上客，這時他選擇的是蒙古。

丘處機與成吉思汗第一次相見時，成吉思汗遠在印度討伐邊疆，丘處機翻山越嶺的來到他的帳前，接受他的款待，席間成吉思汗向丘處機討教，問他有關道術方面的知識，這時天空傳來一陣雷鳴聲，成吉思汗連忙請教丘處機，剛剛的雷聲究竟是什麼現象。丘處機趁機說：「正因為你們對父母不孝，不孝之人的下場，就是被雷神劈死，故你們常常可以聽見雷聲，正是上天在警告你們。」因爲丘處機說的頭頭是道，成吉思汗更加的信任他，蒙古人則稱他爲「丘神仙」。

在蒙古軍營的期間，成吉思汗一有問題，便請丘處機幫忙，一同商量國家大事，丘處機總是試圖幫忙改善，蒙古人的一些陋習，漸漸地蒙古人也開始愛上中原文化，甚至派人到中原尋找經書，帶回蒙古傳授給後代子孫，一時間形成一股漢化運動，大家也都十分感激丘處機。而別離的時分總是來的特別快，丘處機覺得時日已久，該是準備求去的時候，成吉思汗幾次的慰留都不成，也不再勉強他，但是爲了感謝他的幫助，只要是在他統治境內的道觀，都可以免收歲收，也賜給他一道令牌，在蒙古境內通行無阻，回鄉的沿路還派兵護送他到邊界爲止。

回到燕京的丘處機，發現短短一年間，原本的道觀已經殘破不堪，弟子們早已失散流亡各地，他先從住在附近的弟子下手，一一的找回，然後藉由他們的幫助，開始全眞教的復興工作，總共花了將近三年的時間，才恢復原來的面貌，甚至更觸及其他的地區，比原本的規模更加的龐大，在他跟弟子們的努力下，當時的全眞教堪稱全國第一的道教教派，氣勢凌駕其他派別之上，是全眞教的全盛時期。

延伸閱讀

全真教的勢力集中在北中國，不過因為小說的力量，成為讓人印象最為深刻的道教代表，另外有一個問題，到底道士可不可以娶老婆，也是筆者一個疑問，像是外國的宗教，神父與牧師，兩者中只有牧師是可以娶妻生子，另外一個必須要終身不娶，若娶妻生子的話，是否就無法清心寡慾，那如何能真正的修行呢？或許因該是兩者情形都有，甚至按照各地而有不同吧！而金庸小說更是對全真教，有另外一番深入的描寫，這除了當時道教的興盛外，也因為全真教的人物名氣是道教中最廣所致。

95

八仙遺珠——徐神翁

前言

徐神翁，字守信，宋代海陵人氏，我們在元代的雜劇中可以見到他的故事，他原本的是八仙其中一分子，不知爲什麼在後代，漸漸地被曹國舅取代他在八仙的地位。

徐仙翁在家中排行老二，父親是位衙門的官差，因爲官俸並不多，家中從小便十分貧困。長大後的徐神翁，爲了糊口也在天慶觀當一個差役，以便幫助家中的生計。徐神翁在觀中打掃的時候，常常是拿著一把掃帚，默默地不停的打掃，有時口中念念有詞，像是說些卑微的話，就這麼數十年如一日。有天，天台山有名的道士余元吉，來到他們的道觀借地修養，因爲生重病無法自行清理身體，日子一久，身體是又髒又臭，觀裡頭的人能避則避，沒人敢接近他半步。這麼多人中，徐神翁卻是個例外，他不怕髒臭的細心照料余元吉。余元吉十分的感謝他，雖然自己仍逃不過生死，所以在臨終前，將身上的丹砂全都送給他，從此之後徐神翁便傳出許多神蹟。

有回，天慶觀的觀主讓徐神翁到隔壁的村莊收租，徐神翁接受命令後便離去，當天下午，觀主卻看到他在庭院灑掃，便問他說：「我不是要你去收租，那麼早就回來，是不是租金全都收齊了。」徐神翁回曰：「觀主請稍安勿躁，你可以絕對的放心，明天租金一定能收齊。」說完繼續他的工作。隔天，所有的佃農很早的就上門，將要交的租金送來，觀主看到佃農們能自動自發的繳錢，很高興的說：「不錯嘛！你們能將錢自動送上，眞是難能可貴。」佃農回答說：「觀主是哪的話，不是你要徐先生無時無刻的監督我們嗎？怎麼還開我們玩笑。」觀主聽完後，從此對徐神翁改觀，隔年提拔他爲觀中道士。

說來也眞是奇怪，徐神翁自小家貧，無法讓他上私塾學字，不識字的他竟能熟讀各類經書，當了道士後更是用功努力，不知不覺中，也流露出未卜先知的能力。原本徐神翁是個素食主義者，平常對葷是連聞都不行。有一天，他突然的大開葷戒，吃起大魚大肉，並勸觀中的其他道士，跟他一起這麼做，大家都不知道他有何用意，空有滿肚子的疑惑。不久後，徐州附近傳來一個消息，傳說有妖人假借道士之名行妖作亂，官府準備狂掃道觀，附近的都難逃巡查，甚至許多的道觀無故的遭受連累。當時負責追查的官差蔣之奇得到的消息，那幫妖人道士都是吃素的，於是在寧願錯殺不願放過的原則下，只要是吃素的道士，都特別的注意。這天終於輪到天慶觀，蔣之奇十分懷疑徐神翁等人，便問他們說，懂不懂道術，吃不吃葷的問題，徐神翁的回答都是不。蔣之奇消除疑問後再問徐神翁，問知不知道他是誰，徐神翁回答說：「我看大人應該愼重地選擇刑罰，不應草率的胡作非爲。」這句話深深的激怒蔣之奇，忍不住要大聲叱怒。看到他的樣子，徐神翁不及不徐摸摸自己的背說：「這裡長的一個瘤，每次生氣都讓我痛苦不堪。」只見蔣之奇靜靜的離開座位，到徐神翁跟前拜下說：「經書上曾說：『神公受命，普掃不祥』指的就是你吧。」原來蔣之奇有個久治不癒的隱疾，當他生氣發怒，背部就會發出陣陣刺痛，曾經看過許多名醫，卻也從未治好，知道這件事的，只有親密的幾個人，所以當神翁說出口，蔣之奇當場覺得是神公再世。因爲他的這句話，在人群中漸漸傳開神翁的神奇，替他取個徐神翁的名號。相傳徐神翁的名聲遠播到朝廷，宋徽宗曾封他法號「虛靜沖和先生」。

延伸閱讀

徐神翁另外還有個小故事，相傳當時有個名人蔡京，對他十分的禮遇，屢次的問他自己的終身，神翁每次的回答也只有簡單二字「東明」，便不再詳加解說，蔡京始終不解二字，直到蔡京流放時客死他鄉，過世在一間「東明廟」，才曉得東明二字指的是什麼。另外前言提到的八仙，可以在八仙的延伸閱讀加以了解，可能是因為民間傳說開始的未定期，漸漸地八仙淘汰換人，最後到明代才正式定型。

96

張三豐創立武當派

前言

張三豐，俗名為全一、或是君寶，他的道號為「玄玄子」，他融合了正一派和全眞教的教義，另立一派，成爲道教中武當派的始祖。

關於張三豐究竟出生何地，有不同的說法，相傳可能的地方是遼東，看過他的人都說他不修邊幅，終年都穿同一件衣服，行蹤常常飄移不定。張三豐曾在河南大清宮、陝西的金台觀等道教盛地，學習道教的知識，也曾在終南山遇見過火龍眞人，拜他爲師，傳授道法仙術，他遊歷各地最後留在武當山，開始廣收弟子，創立武當門派。

相傳明代的幾個皇帝都曾找過他，張三豐卻避而不見，唯一有接觸的算是蜀獻王朱椿，他是朱元璋第十一個兒子。故事是這樣的，有次他請張三豐到四川作客，席間有許多的貴賓獻上奇珍異寶，這時便有人說：「張道人。聽說你是有道人士，應該會有許多稀奇的寶物，怎麼不見你帶一個來送給王呢？難道是捨不得你的寶物嗎？」張三豐笑一笑，起身對獻王說：「貧道也有一禮祝賀。」從袖口拿出大把大把的棗子，棗子連根，眾人皆以爲是他是潛藏好的，誰知這時張三豐又要了一個金盆，並放滿整盆的泥土，並從嘴中拿出一顆牙，將牙齒埋入泥土。短短的一瞬間，從土中冒出嫩芽，又快速的成長結苞，綻放出一朵蓮花，花瓣比盆子還大，花瓣的顏色是五光十彩，整個席間都籠罩在這光芒，蓮花並散發著一鼓清香的氣味。

因爲如此，張三豐更是聲名遠播，連明成祖都慕名而來，相傳張三豐帶領弟子來到武當，囑咐他們留在此處，不久發生了一場大火，燒掉原來的老舊道觀，成祖爲紀念他，而在武當山興建道觀，之後也有許多的皇帝來到武當朝聖，英宗更賜他爲「通微顯化眞人」。

張三豐創立武當派，是融合當時各道教派別的教義，而自成一格，一方面注重自我的修練，一方面也加強對道教經典及煉丹的知識，甚至爲了強健身體而創下拳法，像是中國的太極武術，相傳便是張三豐所創，與當時的少林拳法齊名。而武當所敬奉的眞武大帝，最後成爲道教中一位重要的神祇。

延伸閱讀

我想若是熟讀武俠小説的讀者，不可能沒聽過張三豐，這位武當派的掌門人，有傳説他是出身少林，後來信奉道教而創武當派，他所練的拳術也與少林相關，但這都只是傳説。張三豐的出生是個謎，而他提倡的教義又是融合各派，無法看出他所遵從的是何門何派。道教上像這樣的傳説，不只滿足了宗教上的需求，也豐富了我們的小説世界，像在金庸的小説裡，全真教與武當山可説是重要的門派，而道教人士的神秘性，也就更突顯了。

97

判官崔府君

前言

崔府君，單名一個珏，是河北彭城縣人氏，根據《列仙傳》記載，因為他聰明敏慧、神機果斷，故能夠白天審理陽間事物，晚上則到陰間處理鬼事，宋眞宗封他為護國齊西王。

相傳在彭縣有對的夫妻，結婚多年唯一的遺憾是膝下無子，聽人們說遙遠的衡山有一間神廟，拜過的人都說十分地靈驗，求什麼得什麼，夫妻倆討論一個晚上後，便決定前往衡山求子。兩人在衡山的途中，有一天夜裡，夫妻作了同樣一個夢，他們夢見有個仙童，端著一個大理石的盒子，放在兩人面前，並對他們說：「天帝念你們膝下無子，特地送給一個禮物，請你們收下。」當場打開箱子一瞧，兩顆晶瑩剔透的美玉，像是最美味的水果，兩人便各自吞下一顆，剎那之間也就醒來。兩人按照行程拜完神廟，回到故鄉的時候，妻子便發現自己懷有身孕，經過懷胎十月，在六月六日這天，生下一個兒子，想起夢境中的暗示，故取名為珏。崔珏從小的時候，便能夠日讀千字，故又名為子玉。在太宗當政年間，順利的考取進士，擔任縣令一職。因為他辦案料事如神，再難破的案件，到了他的手裡，總是能迎刃而解，故人們尊稱他為崔府君。

相傳他不只是處理陽間的事物，到了夜晚更化身爲陰間的縣令，到陰府斷案，所以在他的縣內，不論是白天或是夜晚，都是井然有序，呈現一片安居樂業的景象。平常崔府君會因爲需要而頒布公告，有次他貼出一則公告，要所有的縣民在五月十五後，暫時的停止狩獵，等過了一段時間後，他會令行頒布解除的日期。但是總有那種愛冒風險的人，有個獵人心想，我偷偷的上山打獵也沒人知道，誰知老天有眼，正當他獵到一隻兔子，準備高高興興的下山時，當場被衙役抓到，送到官府審問。崔府君端坐大殿上，看著底下的犯人問：「明明宣佈停止狩獵，而你卻明知故犯，該當何罪！現在給你兩種選擇，一個是當場處罰，另一個是到陰間受罰，你要作那個選擇？」獵人心想：「當場處罰的結果可想而知，況且陰間的事又有誰知道，反正都是要受罰，不如選擇陰間。」他將決定告訴崔府君後，便當場釋放，還得意洋洋的回家。

夜裡，獵人才剛上床不久，突然夢見有一個小鬼，將他抓到陰府受審，又聽到：「你該當何罪！」，一抬頭，發現崔府君身穿官服，在殿堂一一的宣讀犯人的罪狀，並列舉將受的懲罰。等輪到他的時候，崔君府特別說：「你還記得我嗎？當時在陽間判決，你選擇在陰間受罰，就讓我再確定一下你的罪行。」將行刑的罪狀一一訴訟，並作了處罰的判決後，便要小鬼把獵人裝進一副棺材，送回他的房中，小鬼又浩浩蕩蕩的離去，他睜開雙眼，才發現是夢。然聽說從此以後，每個晚上獵人都到陰間受刑，這時候獵人對當時的決定後悔萬分。因爲這個事件，人們便知道，崔府君白天要審理陽間的案件，夜晚則化爲陰間的判官，於是又稱他爲崔判官。

崔判官不只是能處理陰陽兩界的案件，甚至一些特殊的事件，大家也都會請他出面解決。有次崔府君接獲百姓的通報，說雕黃嶺有隻猛虎傷人，崔府君馬上派人，貼張符錄在山神廟的門口。過不了多久，有隻大虎咬著符到縣衙投案，請崔府君為牠定罪，當他一一細數罪狀之時，老虎已經一頭撞死在石階上。之後擔任滏陽縣令時，也曾爲人民除掉大蛇，他總總的事蹟，讓人不得不稱他爲仙吏。

傳說有天他跟朋友在玩骰子，剎時出現幾個身穿黃袍的男子，對他說：「吾人奉玉皇帝大之命，特來迎接崔府君，擔任磁州土地神。」幾日之後，崔府君交代完後事便斷氣。

延伸閱讀

在道教的世界中，我們之前看到的都是得道成仙者，得道的方式原因有多種，不過很少提到陰間，也許是受到佛教因果輪迴的想法影響，我們開始注意死後人的去向。常常我們都可聽到報應，在陽間作的壞事若沒有報應，死後也一定會有惡果。到底有沒有陰曹地府並無重要，其實人世間都是你來我往，人不要心存僥倖，貪小便宜的話會失去更多，因而只要為善的話，就會受到上天恩澤的。

98 註生娘娘──陳靖姑

前言

陳靖姑，是福建臨水鄉人，故一般稱呼她爲臨水夫人，因爲成仙後的她仍然常常顯靈，幫助難產的婦人，所以大家又尊敬她爲註生娘娘。

相傳陳靖姑的哥哥是陳守元，長年的在深山中修行，作妹妹的她常常送飯到山中。有一次，陳靖姑像往常一樣送飯，在山路的途中遇見一位老婆婆，老婆婆對她說，已經好幾天沒吃飯，餓的快要死掉，陳靖姑看她十分可憐，便將飯送給她吃。老婆婆爲了感謝陳靖姑的大恩大德，從衣中拿出一本《秘錄符篆》送給她，原來這老婆婆是位奇人，剛剛是在試探陳靖姑的心，通過測驗的陳靖姑，因此接觸道術，開始她的修道之旅。

雖然陳靖姑一心一意的修道，卻也在父母的安排下，嫁給劉杞爲妻，婚後的她仍到處救人。一年陳靖姑已經懷孕數月，當時的鎮上發生旱災，眼看著居民受苦的陳靖姑於心不忍，心裡非常的掙扎，最後決定墮胎後，恢復法力施法求雨，她的誠心感動上天，下了一場大雨解除旱災。而她自己卻因爲操勞，身體過度疲倦，幾天後便去世，去世時才二十四歲。臨終之前，要大家不必難過，死後的她一定會化作神仙，繼續的保護大家，尤其是那些懷孕受苦的婦女。

傳說古代有個徐清叟，他其中一個媳婦懷孕已經超過十七個月，卻遲遲尚未生產，家裡面的人正在焦慮擔心，忽然有個婦人拜門求見，自稱姓陳，能夠醫治難產的疾病，聽說府上有人懷胎多月，仍未生產，特地前來幫助她。家人一聽有這樣的仙姑，連忙的請她入內，請她救救人命。陳仙姑先是診斷病情後，吩咐徐清叟另外找個空房，在房的樓下挖個洞，並將婦人移到空房的床上，接著又讓人拿著棍子在洞口等。不久，婦人產下一隻巨蟒，長達一尺多，猛蛇從洞口鑽到樓下，剛好被所等的僕人，亂棒打死。徐清叟非常的高興，為了感謝陳仙姑的幫忙，準備許多的金銀財寶要送給她，仙姑不肯接受，只向徐清叟要了一條手帕，並在上面題有「徐清叟贈救陳氏」，說她是福州人氏便離開。

後來徐清叟有機會擔任福州官員，派人到處尋找救命恩人，可是找遍整個福州，就是沒有她的蹤影。正當要放棄的時候，聽當地的居民說，福州有個陳夫人廟，鎮上只要家中有婦人難產，便會到廟中求仙拜神，而廟裡的神明會化作凡人，到府中救治孕婦。徐清叟打算親身的走上瞧瞧，一到廟裡，眼前所看到的便是送給仙姑的手巾，上面還題著他的親筆字跡，於是上奏朝庭，請聖上冊封神號。

現在福建一帶，還是可以看到陳夫人廟，也有著一個習俗，如果有了身孕，在生產前請人畫上陳夫人的畫像，並每日供奉神像，一直到平安生產，替小孩洗澡後，最後向畫像拜謝，再將他焚化即可，當地人都將她視為掌管生育的女神，因此稱她為「註生娘娘」。

延伸閱讀

在之前〈何仙姑〉的文章中，有提到女神跟生育的關聯，這個故事就是最好的證明。中國人對於後嗣，視為重要大事，五子登科中便有一科是生子，中國傳統的社會，認為家裡的人丁代表的就是氣勢、生命力，人丁越望，家族也就越龐大。因之婦女就背負這一個重大責任，在古代可不知生育是男女雙方缺一不可。不知男人不孕，娶再多的妾，仍是膝下無子。婦女在生育的一件大事，便是害怕難產，如果遇到可能會賠上性命，因此在這樣的情形下，而有「陳夫人」這類神明的產生。

99 豐都知縣入冥記

前言

相傳人間有些通道可以直達地獄，其中最有名的是豐縣的水井，聽說有個知縣曾經從井底走到地府，為人民陳情。

在四川的豐縣，有個水井十分的有名，每年固定某個時間，人民都會在水井附近燒紙錢，如果不按照這個習俗的話，那年全縣必出大災難，因此年年居民都花上許多錢財買冥紙，將冥紙燒給地府，人們都說這是向地府交稅。

這樣的習俗不知從什麼時候開始，只知道已經有一段歲月，人民雖然過的辛苦，卻也不敢不遵守它。直到清朝的時候，有個知縣來到豐縣上任，初次聽說這樣的怪事，覺得愚昧無比，於是下令全縣停止這樣怪異的行為，而且還說：「這是什麼樣的道理，我才不相信會這樣的靈驗，告訴全縣居民不必燒紙錢了。」這消息一公佈全縣開始議論紛紛，大家討論的結果是，推派代表去跟知縣求情，告訴他人民的心聲。代表來到縣府拜見知縣，接著說：「縣長剛剛上任有所不知，這習俗有多年，過去我們也曾有中斷燒冥紙的時期，結果當年縣內就馬上出事，可說十分的靈驗，於是漸漸的相信這事，都不敢不燒冥紙，縣長頒布的命令根本是爲難我們。」知縣聽到這樣便問：「那要怎樣你們才會停止燒紙錢？」代表者說：「縣長眞的要幫我們，可以去跟閻王交涉，如果他同意我們不用燒紙錢，我們才願意停止。」知縣一聽要跟閻王談判，不但沒有受到驚嚇，反而鎮定的問：「如果可以的話，我當然願意跟閻王談談，但是要怎樣才能到達地府呢？」代表說：「我們縣內有口井，由那口井底便可直通地府。」知縣說：「好！我就走這麼一趟，希望能夠順利見到閻王。」

不過這個知縣的身材十分肥胖，挺個超大的肚子，縣民擔心這麼下去可能會有危險，於是勸他還是不要這麼做，讓他們繼續燒冥紙就好，但知縣一聽縣民不相信他，更堅持說，我決心要下去大家不用勸我。說完便要他的屬下用繩子，緩慢地將他放到井底。到井底的知縣，發現原來它是個枯井，井底沒有一滴水，不過有個通道在前方。知縣心想這大概就是地府的方向，深深吸一口氣後，往前繼續前進，漸漸地原本漆黑的井底，有道光從遠處投射，突然間眼前一片光明，出現幾座宏大的宮殿，跟人間的景色一般。在這地底世界，同樣的有人來往，只不過長的比一般人矮，不但沒有影子，連走路都是用飄的。他們看見知縣便問說：「這不是人來的地方，你怎麼會出現在此處。」知縣說：「我是爲了豐縣的縣民而來，要跟閻王交涉燒冥紙一

十殿轉輪明王

事。」他們聽到知縣願意為了縣民冒險，感動的說：「如果眞是這樣，那你去見包閻王最合適。」知縣問出方向後便告別他們離去。

知縣往著他們指示的方向走，才剛剛停在宮殿前，就聽見有群聲音高喊：「豐縣知縣到！豐縣知縣到！」之後大門敞開，有個官員從門中走出，原來是包閻王親自迎接，閻王說明來意後，帶領知縣來到殿內坐下。知縣坐定後，再次向包閻王說明來意，閻王便說：「其實知縣只要按照你的心意作便可，那些燒紙錢的傳說，都是那些假道士隨口唬人，根本沒有這樣的規定，不過有勞知縣親自跑這一趟，我眞是佩服你的勇氣。」話未說完，天即刻降下一道紅光，告知伏魔大帝關帝來到。包閻王帶著知縣來到另一個房間後，獨自的回到殿上，這時有個身穿綠衣的人出現，原來是關帝，兩人便交談起來，突然間關帝驚訝的問：「奇怪，這裡怎會有個生人？」閻王便將事情原委說起。關帝感慨的說：「帶我去見這位勇士吧！」關帝問知縣民間的現況，還稱讚他的勇氣，於是知縣順利的完成任務後，平安的返回民間。

一殿秦廣王

延伸閱讀

人死後的世界，不同的民族有不同的解釋，地獄的面貌也不盡相同。中國相信人間有個地方可以直通地府，豐縣便成為這樣一個地點，現在的四川聽說還有這樣的一口井。另外燒冥紙的行為，在中國處處可見，每當中國人祭祀的時候，都可以看到這樣的習俗，不只是對鬼，連祭拜神明也是相同的方式，認為這就是另一個世界的金錢，尤其親人過世的時候，所燒的冥紙可說非常多，代表人們擔心親人死後沒錢可花的心態。

100

廣澤尊王——郭洪福的故事

前言

廣澤尊王本名爲郭洪福，是台灣著名的神明，只要是從泉州移民過來的台灣人，都特別的尊敬他，有人又稱他爲郭聖公、郭王公。

小時後便失去雙親的郭洪福，四處的流浪各地，直到有個陳氏的員外收留他爲止。在陳家的日子，郭伏洪每天的工作就是放牧，當個快樂的牧童哥，奇怪的是，雖然他每天都要賣掉幾匹羊，但隔天再數羊卻仍未減少，他心中十分納悶，只好當作是上天賜給的禮物。

某天，陳員外想要爲自己的親人找個墳墓，便請來風水師，看看那個墓地是不錯的龍穴，但不知爲何風水師明明早已知道位置，卻遲遲不肯說出。當時負責接待風水師的便是洪福，他親切的態度頗得風水師的好感。這天，風水師吃過羊肉後，跟洪福提起自己最喜歡的食物就是羊肉，哪知洪福竟然說，剛剛吃的羊是不小心掉到水裡，所以才殺來吃的。風水師看他如此的愛惜生命，便問他：「你父母親的墓地葬在哪？」洪福坦白的說：「到目前爲止仍未下葬。」風水師進一步問：「哪你有沒有想過將來要做些什麼？想當皇帝還是神仙？」洪福想想當皇帝太累，便回答說神仙。風水師便要洪福將父母的屍骨焚化，再將骨灰灑在牧羊屋舍的四周，洪福擔心這樣不就是讓父母每天給羊踐踏，便不肯如此做，風水師卻勸他說：「你別擔心這事，照我交代做的便是。」忽然間在牧羊的屋舍旁，浮現一個龐大的墳墓，風水師接著說：「待會將出現蜂群，你往有銅笠、牛騎人跟魚上樹的方向跑，最後看到一顆大石，坐在上面你就可以成仙。」因為剛剛的神跡，雖然他說的事都不合常理，洪福還是不得不相信。果然一會兒，有群兇猛的蜂群蜂擁而致，洪福慌張的逃跑，在逃跑的途中，瞧見有個和尚將銅頂在頭上避雨，馬上聯想起銅笠兩字，接著又看到有個小孩躲在牛底下，旁邊還有個漁夫拿著釣竿，釣勾上的魚高高的掛在樹上。洪福心想，那風水師真是料事如神，每件都被他猜中，那大石在哪裡呢？正當這麼想時，眼前突然看到一顆巨大的石頭，洪福連忙的爬上，按照風水師的指示，也就是如此，洪福便羽化成仙。

附近的居民聽了此事，認為那塊石頭是個福地，便在當地建造一座鳳山寺，寺裡供奉洪福的牧童神像，從此香火絡繹不絕，以農曆二月二十二日為誕生日。

延伸閱讀

台灣人渡海來台時，不只有像媽祖般的女神，也有其他的神明，在鹿港的鳳山寺即是主祀廣澤尊王，建於乾隆四十五年，道光三年擴建，廣澤尊王又稱保安尊王、郭聖公、郭王公，為泉州人最崇拜的神明。

寓言堂

❶ 

《伊索寓言的智慧》

＜龜兔賽跑＞、＜狼來了＞、＜北風和太陽＞、＜城市老鼠和鄉下老鼠＞……等120篇精彩故事完整收錄。現代觀點重新詮釋，開啓塵封思路汲飲智慧活泉。

附英文版原文　作者／伊索　改寫／劉怡君／定價250元／特價99元

❷ 

《中國寓言的智慧》

精選120篇中國寓言，如「守株待兔」、「鷸蚌相爭」、「鄭人買履」、「螳螂抵臂」……等等，反映人生大局，啓迪思維，開闊視野，是五千年來中國人智慧的萃鍊，而能應用於現今e世代人們，是一本耐讀耐思，開卷有益的書。

引錄原文　編著／石良德／定價250元／特價99元

❸ 

《佛經寓言的智慧》

本書摘錄了120篇寓言，並分爲「智慧篇」、「慈悲篇」、「戒愼篇」、「精進篇」四章，拾取佛陀的智慧將之融入生活，使您播開人世的紛擾，突破一切生死罣礙，澄澈心靈，不再困惑於炫麗的大千世界。

引錄原文　編著／王雅慧／定價230元／特價99元

❹ 

《卡夫卡的寓言智慧》

此書選取卡夫卡作品裡的69篇寓言，編者從電影、文學、生活現代化的角度和眼光來闡釋《蛻變》、《城堡》、《審判》等作品，輕鬆剖析卡夫卡的寓言爲何充滿現代人的生活智慧，並探討卡夫卡洞察人性的智慧和眞知見解，解開現代人生存的迷惑和無奈。

引錄原文　編著／張秀琴／定價200元

❺ 

《寓言的密碼》

你知道寓言中的「知魚之樂」，當惠施與莊子辯駁時，莊子是如何的強詞奪理？韓非子寓言的「和氏獻璧」中，和氏竟是最無私的奴才？而列子的「愚公移山」，假如是智叟來總結報告，那又是什麼狀況呢？人文思想家張遠山即以他鋒利的文筆解析千年來的歷史現象，還原寓言最初的精神。

引錄原文　編著／張遠山／定價230元

6

《百喻經的寓言智慧》

文學家魯迅極力推崇，《百喻經》原名爲《癡華鬘經》是一部古老的佛經寓言，以九十八個寓言，合卷首的引言和卷末的偈頌，共一百篇，簡單的寓言卻深含哲理，古老的故事卻透露出現代人類的荒謬，不僅是人生的寫照，也是一面時時刻刻可反省的鏡子。

引錄原文　編著／王雅慧／定價230元／特價149元

7

《托爾斯泰的寓言智慧》

此書蒐集俄國大文豪－托爾斯泰的123篇智慧寓言，他的寓言故事裏的主要角色爲民間的一般階層如農夫和商人，並藉由動物故事如＜狐狼與大象＞、＜三個問題＞、＜說謊的小孩＞、＜豪豬與野兔＞當做題材來諷諭人類達到道德性的啓發和教育的意義，蘊含高度人生智慧，深深地諷喻人性的弱點，作品表現高度的藝術成就。

編著／徐竹／定價190元／特價129元

8

《克雷洛夫的寓言智慧》

此書蒐集俄國的最偉大寓言家－克雷洛夫的200篇寓言，其寓言特色是善用動物寓言來嘲諷當時社會的腐敗及貴族的墮落，藉由作品的批判來表達他對社會的人道關懷，並把寓言的警示意味和俄羅斯的文學特色結合起來，使其每一篇寓言都非常生動和有趣。

編著／張秀琴、張合宜／定價350元／特價199元

9

《拉封丹的寓言智慧》

拉封丹的寓言詩以小故事，生動地刻劃人物性格和心理，利用12種常見的角色，像是神、狐狸、鳥類、老鼠、驢子、獅子等等，來描寫人類社會的現實面，將活潑的故事情節帶入平淡的寓言裡，並從動人的故事內容，點明深度的人生哲理，作品充分顯示傲人的藝術才華，被喻爲繼伊索之後最偉大的寓言詩詩人。

編著／涂頤珊／定價300元/特價199元

國家圖書館出版品預行編目資料

神的故事
星佑編著.　　　　初版.——臺中市　：
好讀, 2002［民91］
面：　公分，——（人物誌;03）
ISBN 957-455-152-0（平裝）

539.582　　　　91000827

人物誌 03

神的故事

編　　著／星　佑
文字編輯／石良德
美術編輯／許心怡
發行所／好讀出版有限公司
台中市407西屯區何厝里19鄰大有街13號
TEL:04-23157795　FAX:04-23144188
e-mail:howdo@morningstar.com.tw
http://www.morningstar.com.tw
法律顧問／甘龍強律師
印製／知文企業（股）公司 TEL:04-23581803
2002年5月1日初版發行
定價：220元

總經銷／知己圖書股份有限公司
郵政劃撥：15060393
台北公司：台北市106羅斯福路二段79號4樓之9
TEL:02-23672044　FAX:02-23635741
台中公司：台中市407工業區30路1號
TEL:04-23595820　FAX:04-23597123

Published by How Do Publishing Co.LTD.
2002 Printed in Taiwan

ISBN 957-455-152-0

讀者迴響

書名：神的故事

1. 姓名：＿＿＿＿＿＿ □♀ □♂ 出生：＿年＿月＿日
2. 我的專線：（H）＿＿＿＿＿＿ （O）＿＿＿＿＿＿

   FAX ＿＿＿＿＿＿ E-mail ＿＿＿＿＿＿
3. 住址：□□□＿＿＿＿＿＿＿＿＿＿
4. 職業：

   □學生 □資訊業 □製造業 □服務業 □金融業 □老師

   □SOHO族 □自由業 □家庭主婦 □文化傳播業 □其他＿＿＿
5. 何處發現這本書：

   □書局 □報章雜誌 □廣播 □書展 □朋友介紹 □其他＿＿＿
6. 我喜歡它的：

   □內容 □封面 □題材 □價格 □其他＿＿＿
7. 我的閱讀嗜好：

   □哲學 □心理學 □宗教 □自然生態 □流行趨勢 □醫療保健

   □財經管理 □史地 □傳記 □文學 □散文 □小說 □原住民

   □童書 □休閒旅遊 □其他
8. 我怎麼愛上這一本書：

＿＿＿＿＿＿＿＿＿＿＿＿＿＿＿＿

＿＿＿＿＿＿＿＿＿＿＿＿＿＿＿＿

＿＿＿＿＿＿＿＿＿＿＿＿＿＿＿＿

『輕鬆好讀，智慧經典』

有各位的支持，我們才能走出這條偉大的道路。

好讀出版有限公司編輯部　謝謝您！

請填妥後對折裝訂，直接投郵即可，免貼郵票。

廣告回函
台灣中區郵政管理局
登記證第3877號
免貼郵票

好讀出版社　編輯部收

407 台中市西屯區何厝里大有街13號1樓

電話：04-23157795　傳真：04-23144188

E-mail:howdo@morningstar.com.tw

新讀書主義─輕鬆好讀，品味經典

請沿虛線摺下裝訂，謝謝！

更方便的購書方式：

(1)信用卡訂購　填妥「信用卡訂購單」，傳真或郵寄至本公司。

(2)郵政劃撥　帳戶：知己圖書股份有限公司　帳號：15060393
在通信欄中填明叢書編號、書名及數量即可。

(3)通信訂購　填妥訂購人姓名、地址及購買明細資料，連同支票或匯票寄至本社。

◉單本以上九折優待，五本以上八五折優待，十本以上八折優待。

◉訂購3本以下如需掛號請另付掛號費30元。

◉服務專線：(04)23595819-231　FAX：(04)23597123

◉網　　址：http://www.morningstar.com.tw